数学教学中的研与思

——我们的专业提升之路

主编　荣秀梅

中国海洋大学出版社

·青岛·

图书在版编目(CIP)数据

数学教学中的研与思：我们的专业提升之路 / 荣秀梅主编. —青岛：中国海洋大学出版社，2022.8

ISBN 978-7-5670-3234-7

Ⅰ.①数… Ⅱ.①荣… Ⅲ.①中学数学课－教学研究

Ⅳ.①G633.602

中国版本图书馆 CIP 数据核字(2022)第 152646 号

出版发行	中国海洋大学出版社	
社　　址	青岛市香港东路 23 号	邮政编码　266071
出 版 人	杨立敏	
网　　址	http://pub.ouc.edu.cn	
电子信箱	369839221@qq.com	
订购电话	0532－82032573(传真)	
责任编辑	韩玉堂	电　　话　0532－85902349
印　　制	日照报业印刷有限公司	
版　　次	2022 年 8 月第 1 版	
印　　次	2022 年 8 月第 1 次印刷	
成品尺寸	170 mm×240 mm	
印　　张	18.75	
字　　数	300 千	
印　　数	1～2000	
定　　价	59.00 元	

如发现印装质量问题，请致电 0633－8221365，由印刷厂负责调换。

编 委 会

主　编　荣秀梅

编　委　（以姓氏笔画为序）

于泽波　王永钢　任　燕　赵丛丛

段琴琴　袁翠洁　姜旗旗　曹晓冬

舒　畅　綦家武

（青岛市名师工作室主持人　荣秀梅）

　　荣秀梅，青岛三十九中数学教研组长。青岛市名师，青岛市十佳最美教师，青岛市学科带头人，青岛市教学能手，青岛市工人先锋，青岛市十佳五好职工。

　　多次开设市公开课和优质课，获山东省优质课一等奖、青岛市优质课一等奖。在国家级及省、市级教育刊物上发表多篇论文。作为青岛市课程改革小组核心成员，积极进行课题研究，参与撰写了青岛市初中数学整合教材。

　　多次参加青岛市教研室组织的材料编写和命题工作，被评为全国优质课优秀指导教师和青岛市中考命、审题专家，并被评为青岛市年度领导力教师。

前　言

　　为充分发挥名师引领带动作用,组织教师团队开展深度研讨、跟岗实践、课题研究、成果培育等工作室研修活动,培养一批业务能力强、教育教学水平高的优秀青年教师,带动全市中小学教师队伍整体素质提升,2020年青岛市教育局启动了第三批青岛名师工作室遴选建设工作。根据青岛市教育局办公室《关于遴选建设第三批青岛名师工作室的通知》(青教办字〔2020〕94号)要求,经个人申报、学校推荐、区级和市级遴选、公示等程序,从在职在岗的中小学、幼儿园青岛名师(包括齐鲁名师、国家教学名师,不含培养期名师人选)中遴选工作室主持人60人,建设60个青岛市名师工作室。工作周期三年。

　　每个名师工作室可聘请1~2名导师,选配8~10名优秀青年教师作为成员,帮扶1~2所乡村学校,提升教师专业成长能力。其中,工作室成员中优秀青年乡村教师占比不低于30%,形成合作互动的学习共同体。

　　青岛市名师工作室发挥名师效能,带领工作室团队立足教育教学一线工作,通过专题讲座、研讨、送课下乡、课题研究等途径开展教育教学创新研究,向其他学校、区域传播名师教育教学的优秀经验,让更多的青年教师、学生和家长受益。

　　荣秀梅名师工作室是青岛市教育局的名师工作室之一,工作室成员经教育局严格选拔,包括青岛第三十九中学曹晓冬、青岛第三十三中学袁翠洁、崂山区实验初级中学王永钢、青岛第三十九中学市北分校任燕、青岛第三十九中学市北分校綦家武、平度市同和街道办事处朝阳中学赵丛丛、莱西市河头镇南岚中学段琴琴、青岛第三十九中学舒畅、胶州市第十八中学姜旗旗9名教师。工作室自成立以来,已多次开展名著阅读、听课评课、送课下乡、公益课堂等交流活动,在提升成员教育教学能力的同时,在教科研方面也起到了很好的辐射和引领作用,充分体现了青岛市名师工作室成立的重要意义。

　　《数学教学中的研与思——我们的专业提升之路》一书是荣秀梅名师工作室教育科研系列成果之一。编写此书的目的：一是为了对既往工作进行反思和总结，提升我们自身的教育教学水平；二是希望我们走过的专业提升之路，能够给青年教师和即将入职的新教师提供一点借鉴。

　　本书由荣秀梅名师工作室的老师们结合自己的从教经历和切身感悟撰写而成。研——钻研、研究、研讨，思——思考、思路、反思。本书分为"学中思""思中行""行中研""研中升"四章，以教师的成长、成熟为主线，从学习提升、教学相长、课题研究等方面，进行了反思与提炼，概述了教师专业成长的方方面面。

　　书中收录了老师们在平时教学中通过研究、反思而收获的课堂教学设计、课堂评析、学习感悟以及相关的论文和课题研究成果。本书坚持简明务实的原则，追求朴素实用的效果，期望给年轻教师的成长提升提供借鉴、促其迅速成长，为数学教育奉献一分力量。

　　本书的出版得益于荣秀梅名师工作室全体成员的共同努力，大家的勤奋与优秀为本书的编写构筑了坚实的基础。现对各位成员简介如下。

　　曹晓冬，青岛第三十九中学数学教师，先后任教于高中部和初中部，能够整体把握初、高中教材和教学。曾荣获山东省中学生数学竞赛优秀指导教师，山东省远程研修优秀学员称号；工作踏实努力，成绩突出，多次被评为校优秀教师；曾获得山东省一师一优课比赛二等奖，青岛市一师一优课比赛一等奖、青岛市优质课比赛二等奖，开设区片公开课和青岛市公开课；曾就毕业年级备考经验在全市进行大会交流，先后在各级刊物上发表 4 篇论文；担任班主任工作，所带班级团支部获得青岛市先进团支部荣誉称号。

袁翠洁,2005 年本科毕业,于青岛三十三中工作至今。担任班主任 14 年,多次获得校优秀班主任称号。所带班级多次被评为区、市级先进班集体。工作以来认真钻研教材,教学成绩优秀,获区优质课一

等奖、二等奖,多次开设区公开课、进行区经验介绍,获青岛市微课比赛二等奖。撰写的论文发表在省级、国家级刊物。指导学生参加数学建模大赛获得青岛市二等奖。2021 年获李沧区爱校如家优秀教师称号。

慕家武,青岛三十九中分校数学教师,多年担任班主任、数学集备组长,获得过校优秀个人、优秀班主任等称号,指导学生参加区级、市级竞赛,多次获一、二等奖。先后开设区公开课、青岛市城乡交流课、青岛市优课;在青岛市微课比赛中获一等奖。参与"北师大"微课平台建设,发表多篇论文并获奖。在班主任工作方面,带领班级学生参加全国"斯德哥尔摩杯"水科技比赛,荣获全国二等奖,并获优秀指导教师称号。

任燕,青岛三十九中分校数学教师,硕士研究生学历,中学一级教师。开设青岛市公开课,曾多次开设区公开课并做经验交流。执教课"怎样挑出残次品"在全国第九届中小学数学建模优质课评选中获一等奖。积极参与课题研究,2014年担任主持人的市北区"草根·初高中数学知识衔接问题的研究"顺利结题。参与青岛市初中数学精品课程的编写。担任班主任6年,所带班级被评为青岛市优秀班集体,本人多次获校级优秀班主任称号。

王永钢,2006年参加工作,担任班主任14年。崂山实验初级中学数学集备组长,崂山区中考"5+1"命题研究小组成员,区初中信息技术团队负责人。获得数学建模类全国优质课一等奖、录像课一等奖,省级信息技术优质课一等奖。青岛市一师一优课、微课比赛一等奖。先后开设多节区公开课。参与并主持多项省级、区级课题。多篇论文发表于国家级刊物。擅长信息化教学。

段琴琴，莱西市河头店镇南岚中学数学教师。2009年参加工作以来，先后获得青岛市级一师一优课，青岛市优质课三等奖；莱西市融合优质课一等奖，莱西市优质课一等奖，莱西市教学微视频一等奖。出示青岛市名师开放课，青岛市城乡交流课，莱西市公开课。积极参与课题研究，所撰写论文发表在省级、国家级刊物上。

赵丛丛，中共党员，2016年毕业于山东师范大学计算数学专业，研究生学历，硕士学位。2016年进入平度市朝阳中学，现任朝阳中学数学教研组组长。2019年参加青岛市青年教师基本功比赛，荣获三等奖；2020年荣获平度市微课比赛一等奖；2020年参评课例被评为青岛市"一师一优课"二等奖；2021年被评为平度市优秀教师。2021年参加青岛市优质课比赛荣获三等奖。

舒畅，青岛第三十九中学数学教师，毕业于东北师范大学数学与应用数学专业。曾获青岛市青年教师基本功大赛二等奖，青岛市局属学校录像课二等奖。开设青岛市局属公开课"频率的稳定性"。工作态度认真负责，多次获校级优秀教师称号。有较为丰富的教学研究经验，并多次开设校级项目式展示课。

姜旗旗，胶州市第十八中学数学教师。2019 年获青岛市青年教师基本功比赛二等奖。2020 年出示胶州市公开课和青岛市城乡交流课。2020 年"京师杯"全国中小学教师数字化教学能力展示活动中获山东省一等奖、全国三等奖。

　　于泽波,青岛电子学校数学教师,中学一级教师,毕业于青岛大学师范学院数学系。曾连续两次获得青岛市优质课二等奖,获得青岛市中等职业学校数学专业技能比武一等奖。长期承担数学竞赛辅导工作,所辅导学生获青岛市数学竞赛一等奖,个人获优秀辅导教师奖。

　　本书的出版得到了青岛市教育局领导、青岛第三十九中学领导及工作室成员所在学校领导的大力支持和帮助。在此,我们向各级领导、向有关单位和个人表示衷心的感谢!

　　在本书的编写过程中,我们参阅了大量文献资料,也尽己所能对书稿进行多次修订完善。但由于我们水平有限,书中不足之处在所难免,欢迎广大读者批评指正!

荣秀梅

2022 年 1 月于青岛

目　录

第一章　学中思

学习知识要善于思考,思考,再思考。

——爱因斯坦

习近平总书记在党的十九大报告中指出,建设教育强国是中华民族伟大复兴的基础工程,必须把教育事业放在优先位置,加快教育现代化,办好人民满意的教育。

作为新时代的教师,我们必须树立终身学习的观念,并且要善于在学习中思考,进而把思考所得付诸实践,这样才能跟得上时代的脚步。在教学工作中,我们只有边教边学,才能在学习实践中提高自身的业务素质,让自身的内在结构不断进步和成长,做一名合格的人民教师。

本章主要收录的是工作室老师们在教学期间的读书感悟、外出学习反思以及专家讲座心得等。

第一节 读万卷书 博众家长

教书育人从改变自己的课堂做起

青岛第三十九中学 荣秀梅

从党的十八大开始,立德树人就已经成为教育的根本任务。作为一名教师,怎样在教学一线中身体力行这一根本任务,不能仅仅是思想上做一名好教师,更重要的是落实到行动上。要能做,会做。不能仅仅满足做一名教书匠,还需要我们能对学生的成长产生更积极、深远的影响。这需要我们学习新理念,提升自己立德树人的能力。

最近,利用两周以来的每一个夜晚,我认真阅读了袁振国先生所著的《教育新理念》一书。这本书没有那种高深的理论,而是关注现实,用生动的故事讲述了深刻的道理,是融理论与现实的一部佳作。该书从课堂教学、学科教育、教学方式、素质教育、理想教育、文化使命、教育家的诞生等7个方面进行了深入的阐述,让我的头脑经历了一番洗礼,使我感触特别多,同时也让我深深地体会到,立德树人是需要方法的。

一、教学应以问题为纽带

是否有创新能力,是一个民族是否具有竞争能力、是否立于不败之地的关键。而从学校的角度出发,创新更在于创新意识的培养。那么,怎样培养具有创新意识的人才呢? 袁振国先生认为:要保护和发展学生的创新意识,首先要保护和发展学生的问题意识,进行问题教学。因为,有了问题才会思考;有了思考,才有解决问题的方法。也正因如此,陶行知先生才言简意赅地说:"创造始于问题。"

既然"创造始于问题",那么,在我们的课堂上,如何保护和发展学生的问题意识就很重要了。为什么在学校的课堂上,年级越高,举手的同学就越少? 是他们全会了吗? 不! 是他们已经没有回答问题和提出问题的欲望了。长此以往,学生提出问题的意识会逐渐淡化,发现问题的能力也会逐渐下降。

问题出在哪里？我认为，在学生回答问题出现错误时，我们老师的态度占了很重要的一个方面。课堂上我们不能怕同学犯错误，而应该鼓励学生展现自己的错误。因为失败乃成功之母，这些错误正是我们需要的教育机会和教育资源。学生只有在不断地犯错、纠错中，才能找到解决问题的正确方向。课堂上学生出现错误十分正常。但我们必须认识到，探索过程中的错误，也是一种宝贵的资源，不能随意弃之、甚至嘲笑。有时学生学习不积极，回答问题不主动，往往是我们自己的行为把学生塑造成这样的。在课堂上，会有同学犯错，也会有同学走弯路，可是那正是他们坐在这里学知识的缘由啊！所以，我们要满怀爱意，调动我们的教育智慧，把这些"错误"变成提升学生积极性的砝码。例如，有一位同学回答问题啰唆，其他同学很着急。我们可以说："咱们同学不要急，要学会静下心来倾听。等同学说完，你再帮助调整或改正。"再比如，虽然学生出现了错误，但在老师教育智慧的引导下，让班级同学对这个问题有了新的发现，那么这个错误就是有价值的。当老师为学生有价值的错误向其表示感谢时，相信学生一定是有感触的。只有这样，学生才会在后续的学习中一如既往地、勇敢地站起来。因为，站起来不丢人。这样的学生多了，我们的课堂又怎会不活跃呢?！这样处理，保全了孩子的自尊，最重要的是，还抓住了宝贵的生成资源。反之，如果老师直接让孩子坐下，问题就此打住的话，既打击了出差错的孩子，又让全班错失了很好的教育资源，长此以往，课堂必然沉闷。这是多么截然不同的结果呀！

另一方面，老师的教学是以知识为目的，还是以激发学生的问题意识、加深问题的深度、探求解决问题的方法、形成自己对解决问题的独立见解为目的，其结果是完全不同的。提出问题的能力在于学生，能否以问题贯穿教学在于老师。让问题成为我们日常教学的纽带吧！"十年树木，百年树人"，我们培养的是有问题意识、有创新意识的人，而不仅仅是只会模仿、只会解题的机器！

二、教学应化结果为过程

袁先生在书中有这样几个反问句："我们进行知识教育的目的到底是什么？难道学习知识仅仅是为了记住知识？难道证明定理的目的仅仅是为了

确信定理是正确的吗?"这些话犹如一束强光,让我看到了方向。这几个问题的答案显然都是否定的。学习知识是为了运用知识解决问题。一个人的生命是有限的,穷其一生,也不可能学会全人类的知识。想想吧,仅仅400多年,也就是从我们现在向前推大约十代人,他们还在"地心说"的知识里遨游,而现在的科学家已经进入了遨游月球、火星的时代,科学的发展是多么迅猛!

因此,在这样一个知识和信息日新月异的时代,我们不仅希望学生掌握知识,更希望学生掌握分析知识、选择知识、更新知识的能力。这说明:"智慧比知识更重要,过程比结果更重要,知识是启发智慧的手段,过程是结果的动态延伸。"[1]在实际教学中,只有把结果变为过程,才能把知识变成智慧!因此,作为一名教书育人的老师,在三尺讲台上,我们一定要有耐心。孩子很可爱,但孩子也会犯错误。如果我们只把结果告诉孩子,不让他们犯错误,无疑,我们就剥夺了孩子成长的机会。而只有耐心地让孩子去经历探索的过程,他们才会知道知识的由来,才会由知识形成智慧,我们的教书育人也才会有意义。

三、教学中注意开放性

袁先生在书中还说:"数学教育的目的是使学生学会运用数学。数学学习最重要的成果就是学会建立数学模型,用来解决实际问题。"[2]然而,由于教育竞争的压力,由于"应试教育"的扭曲,我们的数学教育成了封闭的系统,成了固定的逻辑模式,成了解题的工具。也正因这一点,如果我们的教育只注重教会学生怎样将数据代入公式,而不是教学生怎样寻找解决问题的思路和方法,那么,我们的学生中高分低能的情况就会普遍存在。

教师的教育理念是很重要的。不同的教育观念、不同的思想定位会有不同的教学思路和教学方法,学生也就会有不同的发展结果。一位不求创新、故步自封的老师不可能教育出创新能力强的学生。

常言道,活到老,学到老。时代在进步,孩子在成长,对教师的要求自然也会提高。教师要不断学习,并活学活用,把学习到的新理念应用到自己的日常教学中,积极寻找更有助于立德树人的教育教学方法。课堂教学是组

① 袁振国. 教育新理念[M]. 北京:教育科学出版社,2007:14.
② 袁振国. 教育新理念[M]. 北京:教育科学出版社,2007:40.

织教育的主渠道，也是教育改革的原点。让我们改变自己，让课堂成为教书育人最好的载体！

用数学的眼光认识世界

——《数学基本思想 18 讲》读后感

青岛第三十三中学　袁翠洁

书是桥，读书接通了彼此的岸；书是灯，读书照亮了前行的路。假期里我非常有幸和同伴们一起学习了史宁中教授的专著《数学基本思想 18 讲》。

一拿到这本书，随手翻开，入眼的都是一长串的数学公式，我心里不由地忐忑：这么专业的书籍，又涉及高深的微积分，我那点大学知识能支撑我读下来吗？但是细细品读，我发现史宁中教授全书深入浅出，从浅显易懂的自然数开始，到抽丝剥茧地分析了数的发展过程；从形象直观的几何图形的度量，到层层递进地讲述了几何学的演变；从严谨的三段论演绎推理，到基于经验的归纳推理；从数学自身的发展，到数学与现实生活的联系。史教授把知识的产生、发展和知识之间的联系解释得淋漓尽致。全书高深的理论讲起来丝毫没有枯燥乏味，让我在不知不觉中对数学教育及数学思想的理解更加深入。

在读第一部分——数系由有理数扩充到实数时，我了解到无理数的发现经历了一个漫长、曲折、艰辛的过程。这让我回忆起曾经上过的一节课——"勾股定理"的第二课时。临近下课时，一个小姑娘悄悄地问我："老师，用勾股定理，有的三角形的边求不出来呀！这样的数如何表示啊？"现在回想起来，这个小姑娘的数学思维是多么敏锐啊！她首先发现有这样一些数，不同于以前的有理数，她还发现这些数无法用学过的任何方式表示，并且有意识地想要去表示它们。我想，这才是我们数学课堂中真正应该呈现的，这不就是数学教学要真正培养的发现问题的能力吗？而这正是课本将勾股定理这部分知识，置于无理数之前的原因吧。正像史宁中教授所说："思想的感悟和经验的积累是一种隐性的东西，但恰恰就是这种隐性的东西在很大程度上影响人的思想方法。因此，对学生，特别是那些未来不从事数学工作的学生的重要性是不言而喻的。这是学生数学素养的集中体现，也是'育人为本'教育理念在数学学科的具体体现。……思想的感悟和经验的积累仅仅依赖教师的讲授是不行的,更主要的是依赖学生亲自参与其中的数学活动,依赖学生的独立思考,这是一种过程的教育。"[1]学生思维能力的获得必须依赖于我们教师创建更多的、更合适的教学情境。课堂教学中我们只有让学生充分地体会和感悟,才能逐步培养学生数学思维的习惯,从而教会学生如何在错综复杂的事物中把握本质,如何在千头万绪的事物中发现规律。

史宁中教授在《数学基本思想18讲》书中多次提道:"模型就是用数学的语言讲述现实世界中与数量、图形有关的故事。"[2]正是不断地告诫我们,数学不能仅仅沉迷于符号、概念的教学,更重要的是让学生在情境中理解数学概念和运算法则,让学生感悟问题的本源和数学表达的意义。因此,创设合适的情境,促使学生积极地进行自主探究、动手实践、合作交流具有极其重要的意义。当今世界日益进入知识经济时代,知识总量的迅猛膨胀、更新周期的缩短,都会让我们面对很多不知道答案的问题,面对很多不知道如何处置的情境。因此,培养学生能有效地从面对的情境中发现问题、分析问题并形成解决问题的意识、习惯和能力,无疑是基础教育课程改革追求的目标。让我们从课堂教学入手,从创设问题情境开始努力吧!

史教授在书中引经据典,通过时空模型、引力模型以及投资、养老金、住房贷款等一系列生动的例子,我再次体会到数学并不是枯燥无味的数字、符号运算,它更应该是富有灵性、优美的思维过程。而我们的数学教育应该培养的正是学生的这种灵性的、优美的思维能力,这种用数学的眼光发现规律、应用规律的能力。这是学生数学素养的集中体现,也是"育人为本"的教育理念在数学学科中的具体体现。

日常教学中,我们要重视学生对知识的掌握,更要重视数学基本思想方法的渗透与基本活动经验的积累。《礼记·学记》有云:"君子知至学之难易,而知其美恶,然后能博喻;能博喻,然后能为师;能为师,然后能为长;能为长,然后能为君。"对知识的难易程度的把握,对知识来龙去脉的了解是我们日常教学必不可少的基本功。而数学专业书籍的阅读,可以给我们的数学教学注入源源不断的活水,让我们可以在日常教学中游刃有余。

---

[1]　史宁中. 义务教育数学课程标准(2011年版)解读[M]. 北京:北京师范大学出版社,2012:2.

[2]　史宁中. 数学基本思想18讲[M]. 北京:北京师范大学出版社,2016:6.

《你能成为最好的数学教师》读书感悟

青岛第三十九中学　曹晓冬

　　《你能成为最好的数学教师》这本书的作者是全国著名的特级教师任勇。全书共8篇：名师篇、教学篇、课程篇、育人篇、学习篇、教研篇、艺术篇、发展篇，为我们细化了走向优秀之道。任老师结合自己多年来给教师培训的鲜活案例，以及潜心研究过的名师特征，将成为最优秀数学教师的秘籍，向我们娓娓道来。书中的案例、技巧和方法，都来源于他数年的课堂实践和理论研究，既令人倍感亲切，又无比实用。

　　书中令我印象最深的一段话是：教学永远都是不完美的艺术，但追求有魅力的教学，是所有老师的共同愿望。教学之道施展的主阵地是课堂，唯有聚焦课堂、激活课堂，才能回归教育本身。

　　教师要走向优秀，教学是最重要的基本功。

　　立足于备课，决战于课堂，习惯于反思，是智慧教师的基本教学行为。

　　前苏联教育家加里宁曾说：教师应该首先精通他所教的学科，不懂得这一门学科或对这一门学科了解得不够，那么，他在教学上就不会有成绩。所以，作为教师首先要精通所教的学科，了解本学科的前沿动态。在书中，任勇分享了他的育己之道：天天学习，天天进步；终身学习，终身受益；自主学习，自我发展。在任勇看来，教育科研使他由一名普通的师专生成为一名特级教师。教育科研并没有我们想象得那么深奥难懂。我们完全可以从身边的小事开始、从教学的细节做起。研究对象可以是我们的学生、班级乃至所教的年级、所在的学校；研究的内容可以是一次备课、一次讲课、一次作业批改、一道题、一次测验。

　　教师的工作具有典型的实践性，为了提升实践和超越经验，目前最有效的方式是进行教学反思。作为教师要时时反思自己，把自己作为研究对象，研究自己的教育理念和教育实践，反省自己的教育教学实践，反省自己的教育观、教育行为及教育效果，以便调整、改进和提升。教师反思的本质是一种理解与实践之间的对话，是二者之间相互沟通的桥梁。应当指出的是，反思并非教师对教育教学工作进行一般意义上的思考和回顾，而是根据反思对象的不同,采取相应的方法和策略,达到反思的目的。教师的反思能力是其专业发展和自我成长的核心要素,更是名师素质的重要组成部分。教师想要实现自我专业发展,就必须提升自我反思能力,尤其是教学反思能力。教学反思是教学工作不可缺少的一个过程,更是名师成长的重要历程。

叶澜教授曾说,一个教师写一辈子教案不一定成为名师,如果一个教师写三年的教学反思,就有可能成为名师。教学反思,是教学实践中一个过程的结束,同时又是新的教学实践的开始。只要我们对教学活动坚持不懈地进行反思,一定能不断提高对教学的认识,发展教学实践智慧,在反思的螺旋式上升中,实现自己的专业成长。

在教学中,我也经常反思自己。

第一,教育教学理念的反思。我现在需要什么样的教育理念;适合的教育理念怎样应用于教学;我以往的言论和行为体现了什么样的教育理念和教育价值;新的教育理念在本节课中我用了哪些;我应该怎么做才能符合新理念的要求。

第二,教师角色地位的反思。在教育教学过程中,我充当的既是传道、授业、解惑者,又是课堂的引导者、管理者、学生发展的促进者;在言行上,我是否体现出与学生的平等、合作、分享的理念;我设计了什么样的教育教学活动,让学生进行主动探究,而不是直接告诉他们现成的结论。

第三,教育教学知识内容方面的反思。我传授给学生的知识是否准确无误;我向学生介绍的知识是否符合学生的需要;我是否使学生了解了知识的重点;在课堂上,我的知识储备能否熟练地把握知识的关联;我是否能满足学生旺盛的求知欲等等。

第四,教育教学活动组织与开展过程的反思。我习惯使用的教育教学手段是什么,这些方式方法的效果如何;我在某一个环节中的方式方法的依据是什么;在遇到偶发事件时,我的处理方法是什么,效果如何,依据是什么;我对这节课的教育教学过程整体感觉如何,同事、专家、学生等有何评价;自己最得意的环节是什么;这节课学生最感兴趣、受益最大的环节是什么;我准备如何改进;等等。

其实,每位教师都期望成为优秀教师。任勇老师的《你能成为最好的数学教师》,就为我们展现了一条走向优秀的道路。尽管优秀之路艰辛而遥远,但许多教师始终坚持探索,并留下了成长的足迹。只要踏踏实实地坚持下去,只要耐得住教育探索的艰辛,一路坚持不懈,平凡的教师也能一点点地走向优秀,实现人生的价值和追求。

学习、反思、提升
——《数学基本思想 18 讲》读书心得

青岛第三十九中学市北分校　慕家武

2021 年我有幸参加了"青岛市荣秀梅名师工作室",在荣老师的支持和鼓励下,我利用假期学习了史宁中教授的《数学基本思想 18 讲》。该书是东北师范大学资深教授史宁中在几十年的数学科研中,汇总了近 10 年的深入思考,阐释了什么是数学基本思想以及数学基本思想在数学教学中的地位和作用。书中明确指出:数学核心素养的本质就是抽象、推理、模型;数学教学的最终目标是,让学习者会用数学的眼光观察现实世界,会用数学的思维思考现实世界,会用数学的语言表达现实世界。而数学的眼光就是抽象,数学的思维就是推理,数学的语言就是模型。

一、拓宽视野　解答教学困惑

阅读学习这本书,对于我来说,是多年数学教学经历的一次反思与升华。读书过程中我惊喜于史教授高屋建瓴的讲解,解决了我之前教学中的困惑,让我豁然开朗。我从事初中数学教学多年,对于《义务教育数学课程标准(2011 版)》中"四基"的要求非常熟悉,在实际的教学实践中,对"基础知识"和"基本技能"理解和落实也比较到位。但对课程标准(2011 版)中后来增加的"基本思想"和"基本活动经验"两个维度,我在日常教学中不仅容易忽略,而且有时即使有心也不知道如何具体引导。通过研读该书,我茅塞顿开,对课标中的"四基"有了更好的理解和把握。

《数学基本思想 18 讲》一书,内容涉及整个数学领域,虽然很多微积分、函数和高等几何的知识已被我遗忘,但书中对于所讲知识的产生、发展,到最终形成理论的过程,以及在现实生产生活中的应用等方面的系统阐释,让我对整个近现代数学知识体系的形成和发展有了更好的理解,并为我今后教学中要让学生"知其然,更知其所以然"提供了更多的知识和理论储备。

二、理解原则 清楚数学思想

判定数学基本思想的两个原则:一是数学产生和发展所必须依赖的那些思想;二是学习过数学的人都应该具有的基本思维特征。数学基本思想的核心要素是抽象、推理和模型,这三者互相合作、密切联系。

该书共 18 讲,前面 9 讲主要介绍数学抽象,中间 6 讲主要介绍数学推理,后面 3 讲主要介绍数学模型。通过抽象,人们把现实世界中与数学有关的东西抽象到数学内部,形成数学研究对象,思维特征是抽象能力强;通过推理,人们从数学研究对象出发,在一些假设条件下,有逻辑地研究对象的性质以及描述研究对象之间关系的命题和计算结果,促进教学内部的发展,思维特征是逻辑思维能力强;通过模型,人们用数学所创造的语言、符号和方法,描述现实世界中的故事,构建了数学与现实世界的桥梁,思维特征是表达事物规律的能力强。

具体教学过程中,抽象、推理、模型三者互相合作,完成数学知识的表示和证明。在推理过程中,往往需要从数学知识出发,抽象出那些并不是直接来源于现实世界的概念和运算法则。在构建模型过程中,往往需要从错综复杂的现实世界中抽象出最本质的关系,并且用数学语言予以表达。反之,抽象过程往往需要借助逻辑推理。因此,在数学研究和学习过程中,抽象、推理、模型三者之间常常是你中有我,我中有你。

三、明确目标 指引教学方向

面对时代的发展,面对一届又一届学生对终身受益的数学知识和方法的需求,我经常想,应该怎样教数学,才能让我的学生既能以优秀的成绩升入高一级学校,又能在如今激烈的社会竞争中有更好的思维和判断能力,书中给我指明了方向。

对于数学教育,"过程教育"所说的"过程",不是数学知识产生的过程,也不是数学家所描述的数学思维过程,而是学生自己理解数学的思维过程。一个人会想问题,不是学习的结果,而是经验的积累,是学生独立思考的过程中逐渐形成的思维习惯。因此,在基础教育阶段,一个好的数学教育,应当更多地倾向于培养学生数学思维习惯;会在错综复杂的事物中把握本质,进而抽象能力强;会在杂乱无章的事物中理清头绪,进而推理能力强;会在千头万绪的事物中发现规律,进而建模能力强。这些就是数学基本思想的核心。

通过阅读《数学基本思想18讲》,我进一步明确了自己的教学方向和目标,在日常备课中,要适当地准备所教授知识的产生和发展背景,设计相应的环节,留出足够的时间给学生独立思考;在课堂授课中,要随时关注学生的困惑点,用更有利于学生形成独立思考能力的方式,引导和帮助学生解决困惑,少用一些灌输的方式讲授知识;课后给学生留出一定锻炼和提升思维的作业;更多地关注和参与学生的合作学习与问题研究的过程。

古语说,授之以鱼,不如授之以渔。教会学生知识不如教会方法和技巧,教会方法和技巧不如帮助学生形成独立思考的能力和积极的思维习惯。作为一名优秀教师,我有责任和义务让自己具备更高的能力、更好的方法,帮助学生成就更好的明天。

《怎样解题》读后感

平度市同和街道办事处朝阳中学　赵丛丛

在荣秀梅老师的推荐下,我拜读了美国著名数学家和数学教育家G.波利亚的名著《怎样解题》。在未读之前,我以为这本书是教学生怎样掌握解题技巧的,怎样在考试中快速解题,以及怎样拿到高分的。可是,阅读中我才发现,我的想法是多么的狭隘与片面。在本书中,波利亚认为数学教育的根本宗旨是教会学生思考。他把"解题"作为培养学生数学才能和教会他们思考的一种手段和途径,而并非仅仅局限于教学生简单机械地做题、得到正确答案、拿到高分。本书主要围绕"怎样解题"表格中的问题与建议展开,波利亚在详述例题的过程中也是按照表中的问题与建议来引导学生的,循序渐进,让学生自己总结思考,进而归纳出做题的规律。

波利亚在书中还提出了一个观点:学好数学不只在于练习、操作、演算,最重要的是从心底萌发出的、对数学的浓厚兴趣与自我归纳理解后的解题思路。

书中我感受最深的是发散性思维,它是一种从不同方向、途径和角度去设想,探求多种答案,最终使问题获得圆满解决的思维方法。发散性思维的特点是:充分发挥人的想象力,突破原有的知识圈,从一点向四面八方发散开去,并通过知识、观念的重新组合,寻找更新更多的设想、答案或方法。

作为一名数学教师,在教学中,我更要注重培养学生的发散思维。

一、注重启发想象 让学生插上发散思维的翅膀

俄国教育家乌申斯基(1823—1870)说过,强烈的活跃的想象是通向创新的翅膀。教师应该创造条件,正确启发学生进行想象,促进其创新思维能力的发展。老师传递出的思维信号,使学生的想象一如天马行空,在学生已有的生活经验的引导上,做出合情合理而又丰富多彩的回答,有效地培养学生思维的广阔性,拓展学生的创新思维空间,突破单一的思维模式,诱导他们转换角度,多方思考、探询多种解决问题的途径,有利于培养发散思维能力。

二、开放教学过程 营造学生发散思维的环境

我们应以培养学生发散思维为目的,为学生营造一种宽松和谐的教育环境。小组合作是一种使用较普遍而有效的方法,既有利于培养学生敢于质疑、敢于批判的精神,有利于培养学生思维的敏捷性,又有利于学生不受老师讲解的束缚,互相之间多向交流,取长补短。在新课讲授时,我会让学生以小组合作的方式,主动探索和发现问题的解决之道,在学生分析、研究过程中,我始终参与他们的分析与讨论,认真听取他们的意见,充分激发学生的创造力,培养了学生的创新精神和实践能力。

三、坚持授之以渔 教给学生发散思维的方法

在日常教学中,我们要教给学生发散思维的基本方法,如逆向思维、想象、联想等。学生只有掌握了发散思维的基本方法,才能有效地突破思维定式,变单向思维为多向思维,从而提高思维的独特性。我想,这种发散性思维训练,对提高学生思维的变通性、灵活性是有很大帮助的。学生通过逆向思维,可以求得富有独特性的答案。

四、合理设计练习 给予学生发散思维的训练

在设计拓展性作业的时候,要以多变的形式、新颖的题型激发学生的学习兴趣;以综合的问题、多样的解题方法、不唯一的问题答案,调动学生的学

习热情;促进学生的思维发展,帮助学生克服思维定式,提高其分析问题、解决问题的能力,形成解决实际问题的思维品质。

欧美国家的数学家曾经呼吁:学数学的人,要读读波利亚;不学数学的人,也要读读波利亚。阅读《怎样解题》这本书后,我非常赞同这个观点。作为数学老师,以后在授课过程中我要时刻记住"引导"这个词语,要教会学生数学解题的思维方式而并非解题的固有步骤。即使不学数学的人,我觉得也可以读读这本书。因为这本书也为我们提供了一些解决问题的普遍原则,这些原则不仅适用于数学问题,也同样适用于实际生活。每天的生活对我们而言,本身就是一道题目,所以,生活的过程就是解题的过程,我们在生活中不妨借鉴这本书的内容,找到生活的真正意义之所在,活出真实,活出精彩。

第二节 行万里路 采他山石

谈小组合作学习

青岛第三十九中学 曹晓冬

2021年6月,我到南京师范大学进行了为期6天的学习和交流。期间我聆听了南京师范大学黄伟教授所作"小组合作学习漫谈"的主题报告。我校开展小组合作学习已有多年,在指导学生进行小组合作时,我常常发现,很多活动的组织流于形式,小组活动停留在肤浅的"你说我说"的层面上,没有实现学习伙伴之间真正意义上的思想交流、沟通、互动、碰撞。如何在课堂教学中加强小组活动的有效性? 这次学习,让我对有效开展小组合作有了新的心得和体会。

一、要培养小组的团队精神和合作意识

教师要通过适时的点拨和引导,使学生意识到,一个小组就是一个相对独立的群体,每一个小组成员都是这个群体的一分子。小组的健康成长,既需要每个成员自身的努力,也需要小组成员之间相互的帮助、提携、合作、促

进。小组的点滴进步,意味着小组成员每个人的努力,也意味着大家共同的荣誉。

实践中我发现,当教师的引导经常关注到群体的活动时,学生的合作意识就会慢慢产生;当教师的评价经常关注到小组的发展时,学生的团队精神就会逐渐得到培养。例如:

"第三小组的成员讨论时都在积极地发言、认真地倾听,他们合作得多好啊!"

"把你们小组的讨论结果向大家汇报一下,好吗?"(提示学生汇报反馈的结果是代表小组群体的意见,其他小组成员也可以补充。)

"老师发现,第五小组的张瑜同学在把两个三角形拼成一个四边形时遇到了困难,小组的其他同学都来帮她,使他们小组的全体同学都顺利完成了任务!"

"谁愿意代表自己的小组来表演一下?"

学生的团队精神和合作意识需要教师不断地引导和培植才能逐步形成。只有学生在小组中逐步感受到在集体中生活和学习的愉悦,才会客观地看待个体与集体的关系,从而产生集体的荣誉感。

二、要对合作学习的方法予以必要的指导

教学中经常可以看到,教师安排了很多合作学习的形式,但学生除了在小组中无序地发表自己的观点外,并没有产生较深入的合作成效。这时教师在对学生合作方法进行指导时,要转变角色,俯下身子与学生交流,可以把自己当作小组长或小组成员,身体力行地参与其中,给学生示范,给学生切实的感悟和体验。实践中我还发现,小组合作学习需要得力的组织者,因此,老师要特别注意培养小组长的组织协调能力,使他们能很快把握合作学习的内容,并能在老师的指导下,适当选择合作学习的策略,会对小组成员合理分工,组织大家有序活动,鼓励全体成员积极参与,能对合作学习的成果做简要的总结和评价。

教师要通过示范、引导,使小组成员逐步体会到,在参与小组活动时,除了主动发言、积极协作之外,认真倾听、仔细观察、深入思考也是参与的重要形式。通过深入地小组交流,使学生意识到,在别人的启发下,自己思维的灵感得以爆发,在原有的基础上做得更好,想得更深入,这样的合作才有意义。

我在引导学生进行小组合作解决问题时,是这样安排的:

第一步,自己读一读题目,想一想自己读懂了什么,还有什么不懂的,能提出什么问题供大家思考;

第二步,在小组长的组织安排下,在小组内谈自己学到了什么,并提出问题,共同讨论,要注意倾听和思考别人的意见;

第三步,选出小代表,在全班汇报学习结果。

在学生合作学习时,教师不断深入各个小组,帮助小组长组织、协调,鼓励小组成员参与、互动。

学生只有明白了什么是合作学习,怎样合作学习,才能在小组活动中找准自己的位置,积极参与,小组活动才能有序、有效地进行。

三、合作学习要建立在自主探究的基础上

自主、合作、探究的学习方式,并不是相互孤立的,它们常常是需要被综合运用才能产生好的效果。教学中我发现,如果提出探究问题后,没有进行必要的引导,使学生体会到思考和解决问题的切入点,也没有给学生独立思考的时间和机会,就急于安排小组合作学习,学生在合作学习中的表现要么是一片茫然,不知如何参与,要么是乱哄哄一片,不着边际,不抓要点,这样的小组合作学习往往是安排与没有安排一个样,活动后的效果不理想,教师还得回到原来提出问题时的环节重新引导,白白浪费了教学时间。

四、抓住契机　恰当安排小组合作学习

新课程实施以来,在课堂教学中我们看到了比较频繁的小组合作学习形式的安排,但学生的交往共处、合作探究能力并没有得到有效培养。究其原因,我发现,是教师没有认真思考什么内容、哪个环节适合合作学习,以什么形式(如2人小组、4人小组、6人小组、师生合作)合作学习,怎样指导和调控学生的合作学习。我认为,抓住以下契机,适时组织合作学习,能取得较好的效果。

1. 当学生人人都想参与的时候

有时候,安排一项学习活动,如背诵知识点、自己出题,学生都有能力参与,都有表现的欲望,但教学中又不可能给每个学生在全班表现的机会,这时安排学生在小组内交流,既给了大多数学生实践的机会,又使学生的个性

得到张扬，表现欲得到满足，还有利于教师得到全面的教学反馈，适时调整课堂教学。

2. 当学生需要与人沟通的时候

教学活动如果真正触发了学生思维的灵感，如果真正意义上实现了学生与文本、与教师、与同学的心灵互动，那么，学生就会产生与人交流沟通的强烈愿望。学生既想让同学了解自己的所思所想，也想了解同学的所感所悟，这时如果及时安排学生在小组内交流，必然能营造出探究的氛围，碰撞出创新的火花。

3. 当学生需要协作完成的时候

有些教学内容，本身就蕴涵着很强的合作学习的要求，如学习统计时分工完成数据的收集、汇总、分析。这时，抓住契机，适当安排小组活动，必然能取得好的效果。还有些教学内容，学生一个人操作，单调重复，费时低效，也可以小组活动协作完成。学生在协作完成的过程中，不但加深了对教学内容的感悟和体验，也使合作、交往、共处的能力得到培养。

4. 当学生遇到困难需要帮助的时候

学生的个体差异，必然会造成不同的学习能力，产生不同的学习效果。一个教学班中，肯定会有一部分学生接受知识慢，产生的困难多。如果这些困难都要老师帮助解决的话，一是课堂上不可能有如此多的时间，二是其效果也不如学习伙伴的提醒和帮助更感性和易于被学生接受。在解决问题时，小组同学之间的启发、互动，更能激发学生的思维灵感，挖掘其学习潜力。

五、要通过适时的评价促进小组发展

对小组的成长来说，及时恰当的评价非常必要。在小组的使用中，教师要注意给各个小组相对均等的参与机会，对合作学习的情况进行及时的、面向各个小组的评价，即建立"组内合作、组间竞争"的评价机制。对小组合作成效的反馈，要立足于发展的原则，使学生明白，自己小组的活动好在哪儿，应继续发扬；还有哪些不足，要努力克服和改进。我们要通过运用一些活泼的、易于被学生接受的形式，展示评价的结果，使评价成为学生更好地合作学习的动力。

"激励板"是及时评价小组发展的一个非常受学生欢迎的载体，也是我们展示评价结果有力的工具。首先，我们可以在教室里布置一个显示各个小组合作学习结果的栏目,如登山比赛、夺红旗比赛等,哪个小组活动做得好,就可以攀登一座山峰或夺得一面红旗。这种非常形象的手段,既能使学生对自己小组在班级中所处的位置有一个感性的认识,又把学生喜欢的竞争机制引入了课堂,产生了一定的对抗性,很能激发学生学习的积极性。在教学实践中我尝试用"激励板"评价小组活动的即时情况,效果比较好。其次,对于小组的发展来说,除了建立即时评价小组发展的机制,在教室内设置评价小组长远发展的栏目也很必要。在对小组的评价中我发现,"激励板"只能显示小组活动短时间的情况,不能展示小组在一段时间内长期的发展情况,学生由评价而产生的热情和动力会慢慢减弱。为解决这一问题,我在教室内建立了评价小组长远发展的栏目,把每次对"激励板"评价的总结显示在长远评价的栏目中,也收到了非常好的效果。

总之,合作、交往、共享、共处,是 21 世纪人际关系的重要内容。学会合作交流是新课程人才培养的重要目标,如何组织有效的合作学习活动是课堂改革的重要环节之一。

溯根求源 回归本真

青岛第三十三中学 袁翠洁

为了更好地了解初中数学命题动向,聚焦数学核心素养,更有针对性地进行课堂教学,2021 年 7 月 19 日,我有幸参加了北京师范大学新世纪初中数学教材编委会举办的第四期解题—命题研修班。

一、精选母题

苏步青数学教育奖获得者、江西省学科带头人陈莉红老师,潜心研究各地历年中考真题,以历年中考真题为例,结合自己多年从事中学试题研究的深厚经验,对所选母体加以剖析,对每一道母题提出多个改编方向,并对改编后的题目进行点评。陈老师通过几道精选的母题,贯穿整个初中数学知识体系,完美地实现了对学生数学核心素养的培养。陈老师对于试题的研究为我选择复习课练习题提供了新的思路:题不在多,而在于精,最终呈现给学生的题目必须是精挑细选的。

二、改编母题

天元数学名师课堂首席讲师、多次参与南京市中考数学命题的优秀青年教师濮磊,则带领老师们进入了一个从规范命题到高效命题、从粗放命题再到高品质命题的世界。他现场与大家一同经历命题的过程,深入探讨、分享了数学命题的细节,带领我们一览试题背后的故事。在此期间,我不仅感受到濮磊老师对数学命题的热爱,而且深受他幽默风趣的教学风格的感染。这让我反思自己平日的课堂,应该也向濮磊老师学习,增加课堂幽默感,并尝试多联系生活实际,让学生更多地感受到学习数学的乐趣,从而提高学生的学习积极性。

在濮磊老师眼中,母题改编很有趣,也很简单。根据题目内容,最简单的改编是变数。我回想自己的课堂,学生也经常会用此方法进行简单的变式。那么,我何不让学生改编例题,然后小组合作完成对方的变式呢?而针对几何题的改编,可以改变图形的位置关系,例如,将点在图形内部改为点在图形外部;或者将特殊图形一般化,例如,将正方形一般化后变为菱形;还可以从改变数量关系入手,例如,将几条线段之间的等量关系变为不等关系。以上命题的思路与方式给了我很多启发,在今后的课堂教学中,我应该针对所讲例题,尝试从以上几个方面进行变式,并且引导学生思考还可以怎样改编,逐步提升学生举一反三的能力。

三、活用母题

在听完报告后,结合专家的讲解,我深刻意识到,在今后的教学中,我要更加重视教材的作用,继续深挖课本例题和习题的育人功能,从多角度打开学生的思路、拓宽学生的视角,关注开放性问题、作图题等经常被我们忽视的问题。在立足培养学生核心素养的今天,为减轻学生过重的课业负担,应坚决抛弃题海战术,在提炼、总结、理解、应用等循环往复的教学过程中逐渐培养学生发现和提出问题、分析问题和解决问题的能力。

万物生生不息,皆始发于本源,以人为本,促进人的终身发展是教育的本真。时光匆匆,为期三天的研修课,让我收获满满。精彩的讲座情境历历在目,各位名师专家的妙语仍然回荡在耳边。这不仅是一场视听的盛宴,更是一次思想的碰撞。此次观摩学习,让我们深刻感受到了教育教学的深度和广度,我们将追随着名师的步伐,不断求知,不断探索,不断前行,坚守教育信仰,不忘教育初心,回归教育本真。

初识整体数学教学 聚焦数学核心素养

青岛第三十九中学市北分校 任燕

2021年4月16日,作为青岛市荣秀梅名师工作室的一员,我非常有幸参加了在胶州十七中举办的青岛市教研培训——关于"整体数学"的教学研究与实践活动。本次活动共有两节展示课,第一节课是刘乃志老师的"认识分式",第二节课是徐永文老师的项目式课题"寻找身边的数字黑洞"。这两节课从教学设计的意图、教学过程的实施和评价,到对学生后续学习能力的培养都给了我耳目一新的感觉。

日常教学中,我们很多教师为了赶教学进度,往往喜欢把当堂课的知识传授给学生,不重视知识的由来,也自然关注不到学生知识体系的生成。而刘老师的"认识分式"课,属于章节起始课,他类比分数引领学生思考,通过设计问题,不断地让学生从已有的知识经验出发,将小学和初中的知识系统地联系起来,水到渠成地扩大学生的知识面,在让学生接受新事物的同时,又为后续学习做了很好的铺垫,是一节非常典型的、有示范作用的公开课。

教师要想做好"整体数学教学",就必须在备课上下功夫。把握好小学、初中、高中的整体性,对数学内容的系统结构了如指掌,心中有一张"脉络图",才能准确把握教学的大方向,使得教学有的放矢。只有这样,才能使学生学到系统化、联系紧密的知识,从而具备知识的迁移能力。初中整体数学教学有助于教师系统地梳理知识结构,挖掘数学概念本质,把握学生学习的起点和难点。

刘老师这节课,深深地启发了我。我试着在自己的教学中,利用整体教学的思路备课、上课,取得了良好的效果。在2021年末,我还成功开设了一节青岛市公开课"平行线的判定"。本节课的知识内容比较简单,学生也很熟悉,利用整体数学教学的思路,我把这节课究竟要让学生学到什么样的数学能力,对后续的学习有什么样的作用,作为我教学设计的出发点。经过反复地修改,我把本节课的教学难点定为:理解由判定公理推出判定定理的过程,掌握证明一个命题是真命题的步骤和基本方法。

证明一个命题是真命题的过程,对学生来说比较陌生。将命题的文字语言结合图形,转化为已知、求证是非常困难的,所以,本节课铺设了很多台阶。第一,将"同位角相等,两直线平行"这一公理结合图形,写出符号语言,并进行板书。第二,进行命题证明时,先让学生自行选择一个命题来证明,并点明先画出图形,写出已知、求证。最后,以学生的证明过程为模板,提出问题:证明过程的依据有哪些? 让学生感知证明的出发点为公理、已知、定理、定义。

在一次次修改教学设计和上课的过程中,我对"整体数学教学"有了更深的认识。整体数学教学不单单是知识的延续和拓展,同时也是数学方法的学习和传承。整体教学就是将一节课的教学内容纳入系统,从整体上进行教材整合,让学生在学习一个单元的开始就对所学内容的系统结构了如指掌,从而心中有一张"数学脉络图",让后续学习变得有章可循。整体教学的视角唤醒了教师的主体意识,在创造性使用教材的过程中,教师的教学水平、教研能力都得到了提升。同时,整体数学教学,也可以让我们更好地聚焦数学的核心素养,提升学生提出问题、分析问题、解决问题的能力。

站在整体的高度进行数学教学

平度市同和街道办事处朝阳中学　赵丛丛

在数学教学中,我们要着眼于数学知识之间的联系与规律,着眼于数学思想方法的渗透,让知识、思想方法总是以整体的面貌出现在学生的面前。教师站在整体的高度进行数学教学,学生站在整体的高度去学习数学、掌握数学知识之间的联系与规律,这不仅使学生对知识的记忆更加牢固,还使学生形成良好的数学认知结构。这样,学生在解决问题时,就会有计划地激活和提取所学知识,有谋略地思考解决问题的方法。

一、站在整体的高度进行新授课教学

数学学习是特别讲究整体性的,只有在整体上把握各部分的局部,才能获得对数学知识的真正理解。教师应对所教的新知识统观全局,对每项知识本身以及与其他知识的内在关系有清楚的认识,对蕴含在知识背后的数学思想方法有透彻的理解,这样才能在数学教学中自觉地站在整体的高度去传授知识。

例如"二次函数的图像与性质",按照教科书的安排,一节课往往只讲一个知识点,学生需经过较长时间的学习之后才能回过头来进行小结。这样的学习安排,其实不利于学生把握全局,吃透基本原理,以致学生只记住了我们讲授的开口方向、顶点坐标等知识点,而不能很好地把握函数的精髓,自然也就不会有很好的解题策略。在新课讲授时,有时我们会只关注教材中提到的图像性质,老师教得太"死",学生学得不"活",限制了学生创新能力的提高。学生如果仅仅学会对例题的生搬硬套,就不能很好地深入理解概念、原理和方法。

在教学中,我们首先要让学生经历绘制函数图像的具体过程。对于函数图像的意义,只有在学生亲身经历了列表、描点、连线等绘制图像的具体过程后,才能知道函数图像的由来,才能了解图像上点的横、纵坐标与自变量、函数值的对应关系,才能为学生利用函数图像研究函数性质打好基础。

另外,我们不能急于给学生呈现画函数图像的简单画法。在探索具体函数形状时,不能取得点太少,否则学生无法发现点分布的规律,从而猜想出图像的形状。过早的强调图像的简单画法,追求方法的"最优化",缩短了学生对知识探索的过程,其实不利于学生能力的培养。

例如,对于具体的一次函数、反比例函数、二次函数的图像的认识。新课讲授时,我们应该让学生通过亲身画图,自己发现函数图像的形状、变化趋势,感悟不同函数图像之间的关系,为发现函数图像间的规律,探索函数的性质做好准备。

所以,在教新知识时,教师要允许学生从最简单甚至是最笨的方法做起,渐渐过渡到最佳方法的掌握,达到认识上的最佳状态。

二、站在整体的高度进行复习课教学

对于学生知识的建构而言,如果说新课的讲授是画龙,那么复习就是点睛。学生获得的知识是一点一滴积累起来的,如果没有完备的结构把它联在一起,那它多半会被遗忘。经过一段时间的学习后,教师要善于教给学生归纳整理知识的方法,把一些相近、易混淆的概念串成珠链,编成网络,配以图示,使学生获得一个有序的数学概念和知识整体。从整体中看部分,从部分中体现整体,这样得到的知识才牢固,易于迁移。

1. 以题带点,顺藤摸瓜

复习课上,可以通过精心设置题目,带动概念的复习。这样的复习方式,可以使学生在具体的题目情境中对所学知识进行再认识,同时加深对知识应用的理解。通过典型范例呈现相关章节的概念与知识,通过针对性的讲解增强知识点之间的融会贯通。例如,在反比例函数的复习时,可以这样设计。

例题 1:直线 $y=k_1x+b(k_1\neq0)$ 与双曲线 $y=\dfrac{k_2}{x}$ $(k_2\neq0)$ 只有一个交点 $A(1,2)$,且与 x 轴、y 轴分别交于 B、C 两点,AD 垂直平分 OB,垂足为 D,求直线与双曲线的解析式。

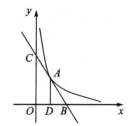

例题 1 知识点是:函数学习中的基本方法——“待定系数法”,“数形结合”的数学基本思想。

但是,以题带点的问题不可能包罗万象,如果选题不当,还会使得知识复习不够系统,这就要求教师在选题时一定要精挑细选,所选范例尽可能有典型性及对知识点覆盖的全面性。以一个知识点带出跨章节知识点,尽可能连线织“网”。

2. 以境串型,触类旁通

初中数学的问题情境,是通过创设各种与实际生活关联的问题,拉近数学知识与学生现实生活的距离,使学生感到数学知识与客观世界、现实生活的紧密联系。问题情境是联结数学和生活之间的纽带,在数学学习中发挥着积极作用。

以境串型,即将具有相同情境的问题,尤其是实际应用类问题串联在一起,并归纳出相应的数学模型,提高学生概括归纳的能力。

问题的串型,不仅能使学生把所学知识联系起来,进行联想、对比、转化,做到触类旁通,而且能调动学生学习的兴趣和积极性,发展思维能力,提高解决问题和对实际问题做出正确决策的能力。

通过题组有目的的操练,教师应指导学生着手建立属于自己的知识结构图,使知识点结构化、整体化,培养学生定期梳理知识结构的习惯,教会学生如何梳理知识结构的学习方法,让学生学会学习,也就是要“讲到关键”。

复习课要重视"文字语言的叙述、数学语言的表述、图形语言的描述"三位一体相结合。结合复习内容,全方位地给学生展现数学学科的表达多元化,提供给学生更广阔的数学思维空间。

总之,教师站在整体的高度进行数学教学,有益于提高学生对知识的系统归纳能力;把握数学知识之间的内在联系,也使得学生在知识建构的过程中,可以迁移到其他知识的研究、学习中去。这都会促进学生学习能力和解决问题能力的提升。

问渠哪得清如许 为有源头活水来

青岛第三十九中学 舒畅

2021年4月16日,我有幸参加了青岛市优秀教学成果推广与应用现场会。在会场上,我聆听了两节公开课,分别是胶州第十七中学刘乃志校长的"分式"和青岛第三十九中学徐永文老师的"寻找身边的数字黑洞",同时还聆听了刘校长对整体教学的研究与实践成果介绍,并在下午参加了傅海伦教授的讲座学习。一天的时间虽然短暂,但收获颇丰。

刘校长的"分式"这节课是本章的起始课,课堂从"任意写出两个整数,它们的和、差、积、商结果还是整数吗?"这个问题入手,围绕着从分数到分式的类比过程逐渐深入。在刘校长的启发下,学生根据分数的意义,体会到在商不为整数时用分数表示的必要性,进而类比完成了对分式定义的归纳,学生表现出的充满创造性的精彩发言将课堂气氛推向高潮。在学生得到分式定义后,刘校长又启发学生思考分式与整式的关系、分式与分数的关系,从特殊到一般的角度为分式这个知识点赋予了灵魂,让整个课堂得到了升华。刘校长与学生交流自然,课堂上时刻充满着温馨,无论学生是否得出正确的答案,刘校长都能找到发言的闪光点,并以学生的发言为基础继续引导,课堂里的每一位孩子都充满着自信。刘校长本人对整体教学有着非常深入的研究,这节课的设计充分关注到分数和分式之间的联系,将类比思想渗透到课堂的方方面面,每一个知识点的生成都是水到渠成,为学生构建起一个完整的知识网络,是一节充满生命力的数学课。

正当我还在回味第一节课的精彩时,徐永文老师的课开始了。徐老师的课是一节项目式教学展示课,学生完成的项目是"寻找身边的数字黑洞"。黑洞这个词一下子就吸引了学生的目光,在学生准确解释了天文学中的黑洞为"光也无法逃出的天体"之后,徐老师引入数字中的黑洞这个名词,比喻那些"数也无法逃出"的运算,这个比喻吸引了会场中每个人的目光,学生的探索热情很快被带动起来。徐老师首先以四位数的运算为例,引导学生发现规律:多次重复运算后变为 6 174,然后由学生自主计算三位数的实例,发现多次重复运算后会变成 495,于是有学生归纳出结论:对于任意整数,根据固定的运算程序多次重复运算后,运算结果都会变成由一个数组成的循环。徐老师没有直接评价结论的正确性,而是继续引导学生计算两位数和五位数的情况,这时候学生又发现了计算结果也可以是由多个数组成的循环。在徐老师的解释下,学生们才知道:原来这个运算程序是数学家卡布列克最早提出的,由一个数组成的循环称为"卡布列克常数",多个数组成的循环称为"卡布列克圆舞曲"。常数和圆舞曲的发现令学生惊叹不已,徐老师在此基础上继续引导学生用同样的方法研究另一个程序,发现不止卡布列克设计的运算程序中有这样的现象,其他运算程序中也有类似的现象,这大大激发了学生设计自己的运算程序的兴趣。在不断尝试下,经历了探索过程的学生们顺利设计出了很多拥有常数或圆舞曲的计算程序,最后徐老师向学生简单介绍了这类现象产生的原因,为本节课画上了圆满的句号。

两位老师的课堂对学生能力的要求不同,刘校长侧重类比思想的渗透,徐老师侧重探究意识的培养。面对不同的课程内容和不同的能力要求,两位老师选择了不同的方法来帮助学生完成对新知识的构建。"分式"这节课以分数为基础,借助类比思想,使学生在分数的知识基础上构建起对分式的新知。"寻找身边的数字黑洞"这节课以计算活动为依托,学生从多次计算活动中积累经验,构建起对数字黑洞的新知。合理地建构新知是数学课堂的重要任务,两位老师针对不同的能力要求,选择符合学生认知的方法构建新知,这样设计出的课堂才能走进学生的内心,实现水到渠成的教学。

无论是刘校长的"分式"还是徐老师的"寻找身边的数字黑洞",这两节课都在引导学生自主探究并生成新知,两位老师选择了不同的课题,设计出了同样精彩的课堂,学生在刘校长的课上感受到了分式与分数的同源同法,在徐老师的课上感受到了发现并创造常数和圆舞曲的新奇。学生在两位老师的引导下体会到研究问题的过程,感受到收获结论的快乐,体验到创造知识的欣喜。虽然初中的学生年纪尚小，但他们在两位老师的课堂上经历了像科学家一样的思考过程，收获了属于自己的成果。我想，经历过这两节课的学生一定难以忘记自己归纳出分式定义的激动，难以忘记自己得到卡布列克常数和圆舞曲那一刻的欣喜，即使他们将来走向社会的不同职业，这种尝试和体验也会给他们留下非常美好的回忆。

满满一天的学习使我充分体会到了教育的任重而道远，反思自己的日常教学，对知识连贯性的设计仍有不足。在今后的教学中，我会更加注意知识点之间的联系，把知识网络更加清晰地构建给学生，把教学重点从单纯的教授一个知识点转向教会学生思考问题的方法。另外，在今后的教学中我会多安排一些活动设计，引导学生参与具体问题的研究，将项目式教学融入课堂，给学生更多探究实践的机会。希望自己能够在今后的教学中学以致用，早日形成自己的风格，设计出像这两位老师一样优秀的课堂教学。

第三节　聆名师课　提自身艺

积极的思考、快乐的学习是课堂永恒的追求

青岛第三十九中学　荣秀梅

我曾经在华东师范大学参加过为期4天的业务培训。在这几天中，我与张奠宙等数学教育家零距离接触，聆听了他们的讲座，感受到了数学教育家的特殊风采和魅力。我还听了一批特级教师的讲课评课，让我了解和感悟到数学的魅力和真谛。几天的时间在轻松的氛围中一晃而过，让我们每一位参会教师品尝到了一份美味的精神大餐，使人流连忘返，回味无穷。

培训中最让我震撼的是江卫华老师的一节课。这是我听过的最好的课！原来数学课应该这样上！能让自己的学生积极主动地去思考，快乐自愿地去学习，这才是我们的课堂永恒的追求。

快乐主动地学习，是指在整个教学过程中，教师和学生双方的积极性都受到激发，师生双方在教学活动中都有一种积极情感的投入，教师教得积极，学生学得投入，学生的整个精神力量都受到激发。

有时我们可能以为,快乐主动地学习就是要降低教学的难度、降低教学的要求。其实不然,江老师是浙江人,到上海讲课,因为版本不同,所以,他把八年级的内容讲给了七年级的学生听。然而,就是在这种情况下,因为江老师不断地激励、充满激情地调动和返璞归真地启发,学生的热情空前高涨,课堂教学取得了极佳的效果。

这说明,快乐学习中既有压力,也有困惑,但这种压力和困惑是让位于快乐的。正是因为学习过程中生出了快乐这种情感因素,所以才促进学生进一步努力,把压力变成动力,把困惑变成成功。

我听了这节课,很受启发。在今后的课堂上,我们可以从以下几方面努力。

一、让幽默成为快乐的源泉

幽默最容易带给人轻松快乐,每个人都喜欢和幽默的人相处共事。大家之所以喜欢一些小品演员,就是因为他们的表演充满了幽默,给我们的生活带来了笑声。如果教师充满幽默,课堂就会充满笑声,学习必然就具有了快乐。我们瞧那些外教,有的都五六十岁了,在课堂上依然表现得那么天真可爱。他们和学生一起戴头饰装猴子、学鸟叫,看起来似乎有些别扭,但是,我们却发现,平时上课从不敢回答问题的所谓后进生都在与他们互动。我看江老师的课,也是充满幽默,笑声不断。记得在课堂上,他读四边形 ABCD 时故意说"阿波次的",全班同学哄然大笑,注意力也一下子集中了。

二、让包容闪耀出人性的温暖

包容错误也体现了一个老师良好的师德。我们不能怕同学犯错误。一旦学生出现错误,我们也要把它生成为教育资源,变成学生的学习机会。学生正是在不断地犯错、纠错中寻找到正确方向的。有一种说法,成人之所以犯错误,是因为他小的时候犯的错误不够!该说法虽偏颇却发人深思。

课堂上学生出现错误十分正常,错误无法避免,但是我们对待错误的态度却可以改变。有时我们埋怨学生学习不积极,回答问题不主动,其实是我们自己的行为把学生塑造成这样的。学生回答错误,作业出现错误,我们是怎么做的?是严厉批评,让他们如坐针毡?还是耐心引导,把错误变成鼓励?我们看江老师是怎么做的。在江老师的课堂上,也有同学犯错误,也有同学走弯路,可是却在江老师的激励下,全都变成了调动学生积极性的砝码。像有一位同学,上黑板讲题,讲不下去了,江老师说:"没关系,你离成功只有一步之遥。你前面所做的努力将给其他同学很好的启发。"有一位同学回答问题太慢,其他同学着急,江老师说:"大家不要急,让他慢慢说,数学需要等待。"……这样的例子很多,贯穿于江老师课堂的始终。

三、让体验成为快乐的历程

提高课堂效率,常被理解为在很短的时间内达到教学目标。至于知识形成的过程、学生主动参与学习的过程、每个学习个体认知水平的不同发展等,则被放到相对轻的位置。完成教学目标,不能让教学脱离了学生认知的实际,赶走了学生的猜想、操作、归纳、探究、验证等丰富的学习经历,那么带来的必然是教师包办一切,学生就变成了一台接收器!

我看过这样一个教育故事,有一位教师,教两位数的减法"90−65"。有的学生用实物代替数字一点一点数出结果是 25;有的学生用画图的方法得出 25……前后折腾了两天才完成。在大部分教师看来,这样的课堂简直不可思议! 即便是一年级的小朋友,老师告诉他们减法的法则,10 分钟就学会了。但试想,哪种教学的效果好呢? 哪种教学是建立在儿童已有的知识基础和认知水平之上呢? 哪种教学在培养创新人才呢? 我们的教学应该摒弃那种注重结果、忽视过程的模式,让学生的每一次学习都是他的创造与发现。我们只有在课堂上提供尽可能丰富的教学资源,让学生在学习过程中的显著地位得到确立,才有引人入胜的课堂,也才能让学生体会到学习的快乐!

江老师就很好地做到了这一点。在他的课堂上,你可以看到真正的以学生为本。虽然这节课教的是四边形,他却让学生通过思考、讨论、探究等抓住了解决问题的一个灵魂:从三角形出发。举出这个"一",就必定能"反三"。于是,学生思维的渠道一下被打通,从而真地学会了如何去思考。体验提高了效率,效率带来了快乐。

四、让激情激活孩子的学习热情

一个好老师不仅应该有渊博的专业知识、良好的教学素养,更应该有无限的教学热情,应该是一个充满激情的师者。只有这样,我们才可能用自己的激情去感染学生,让学生也产生不尽的学习热情。在江老师充满激情的课堂上,每个孩子都争强好胜,积极表露自己的思路,总想用自己的想法说服别人,学生的学习热情被激发得淋漓尽致,学习的快乐不言而喻。

我回想自己的课堂,真的感觉到,自己要学的东西还有很多。因此,多想想学生,把学生的快乐放在心上,让学生在课堂上体会到学习的快乐,是我们每一节课都要努力的方向。

完善自我 与爱同行

莱西市河头店镇南岚中学 段琴琴

2022年1月5日,作为荣秀梅名师工作室的一员,有幸与工作室的伙伴及隋淑春工作室的各位老师齐聚在青岛七中,参加数学骨干教师强课提质高级培训班的学习。我们聆听了齐鲁名师刘同军老师的讲座,刘老师提出的一些问题和观点一直在我脑海中萦绕,听后感觉意犹未尽、收获颇丰。现将自己学习的感悟总结一二。

感悟之一:优秀是因努力与用心

无论是学生还是教师,以及各行各业的劳动者,优秀皆因努力与用心。元旦假期,刘老师听了28节优质课并以"看见"为题,将所听优课截图、整理、分类,并将观课思考整理成十个视点与我们交流。十个视点的展示,令我很震惊。这不就是每天都发生在我身边的事吗? 我不是一直都视若无睹?! 刘老师真的是个有心人! 刘老师的这种用心、努力以及对待工作的态度深深地震撼了我。

其中,刘老师提的视点四:"教师提问时是点名好还是点序号(如六组1号)好?"视点五:"小组讨论为什么自动起立?"视点六:"主板书上的课题是必须的吗?"这三个问题,引发了我对课堂教学模式的深入思考。

我在教学中也遇到同样的疑惑。领导听课,要求我们必须课前出示教学目标,每次出示时我都有疑问:我们出示的这个目标对学生来说有用吗?对于我们初中数学课堂来说,我们更注重学生探究和发现的过程,我们课前出示的目标会不会冲淡学生获得新知的喜悦? 目标的出示必须放在课前吗？教学中我经常遇到类似的问题，但是我从来没有像刘老师一样用心地记录下来，甚至为此专门研究讨论。

刘老师这种用心研究教学问题的工作态度太值得我们学习了。一个优秀的人一定是自己经历过、尝试过，努力过才会变得优秀，也一定是付出了比别人更多的时间，做了比别人更用心的事。优秀不是一蹴而就的，是通过日复一日的坚持和努力，让自己慢慢变得越来越好的。做一个有心人，在学习中多留心、多思考，蓦然回首，相信一定会让自己惊艳。

感悟之二：宽容有爱　静等花开

刘老师提出的十个视点当中有三个关注学生的视点，分别是：视点一，优质课需要选拔学生吗？视点二，学生座次怎样安排？学生朝哪坐？视点三，六组1号是什么意思？

这三个视点也是我们教学中很常见的问题，刘老师在讲座中提到：现在就选拔"好学生"合适吗？现在的小组合作，分1～6号，给学生贴上6（学习不好）的标签合适吗？是啊，合适吗？不合适的。前几年，我们学习"杜郎口"教学模式，将学生划分小组，然后分成1～6号。但这样做很大程度会对5、6号的学生造成伤害，过早地给他们贴上了"差生"的标签，没有充分尊重学生。课堂也更多地关注1～4号，只关注升学率，没有做到宽容有爱的对待每一位学生。"其实5、6号的学生同样有着更大的发展空间呀。"刘老师所言处处以学生为主，尊重学生，关爱学生，体现学生的主体地位，这正是我们学生需要的"宽容有爱"的教育。

爱是教育的灵魂，宽容是教育的载体。学生是发展中的人，不过早地贴标签，宽容有爱地对待每一位学生，时刻牢记"学生有无限可能，教师要静等花开"。

感悟之三：提升素养　完善自我

视点七：微课讲解与教师讲解哪种更高效？视点八：理念是包不住的。视点九：旋转，你能看出来吗？视点十：从零星素材到课程资源，中间隔着什么？

刘老师这几个视点从课题的引入、知识的讲解方式、教师对学情的把握、课程资源的开发等方面，深入剖析了教师的课堂教学应以学生为本，关注学生的学情，关注学生学习的实效。

尤其视点十,刘老师为我们展示了一位优秀的教师,是如何深度挖掘一个看似平常的问题,将其从零散的素材提炼成优质的课程资源的。课例中将边长为8的正方形按如图1所示方式分割,然后拼成图2。通过计算,我们发现正方形面积为64,但是长方形面积为65。老师通过这样一个非常新奇、有趣的例子,首先让学生亲身体会,仅凭直观观察得到的结论是不可靠的;进一步又引导学生研究为什么两者面积不一样;最后变化数据发现,不仅面积会增大,还有可能减少,又引发学生深入思考,如何分割会让两者面积刚好一样?将平时见过的素材,深度挖掘,在一个"母题"上进行变式,完全放手让学生独立解题,每一个题目又得出不同的方法,体现一题多解、一题多变,真正让学生体会到数学的魅力,锻炼学生思维的灵活性。既提高了课堂效率,又促进教师专业素养提升。

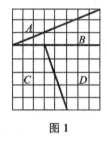

图1

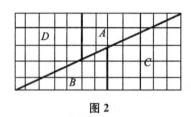

图2

在今后的教学中,我要做到时时用心、处处努力;做到既尊重课本,又深挖教材。通过自己深入浅出的讲解,让学生喜欢数学、爱上数学,让数学成为他们生活中不可缺少的一部分。我个人更要经常学习专业知识,丰富数学素养,不断完善自我。

有人说"生命的最高境界就是与事业同行"。我要让有爱的教育融入生命,让生命因教育事业绚烂多姿,让自己的教育生命越走越稳、越走越远。

精准备课 提高课堂教学质量

平度市同和街道办事处朝阳中学　赵丛丛

2021年12月11日,青岛第三十九中学邀请山东师范大学附属中学物理教研组组长、正高级教师翟厚岚,分享专业的备课经验,以促进教师们更好地开展新学期教育教学工作。本人有幸参加了这次培训,听了翟老师的讲座,我对备课有了更深入的理解。关于备课,翟老师提到:备课是一项很专业的技能,而备好课是提高课堂教学质量的有效保障,所以,老师们要有研究备课的冲动!

翟老师谈到,教学设计要解决三个问题:学习目标、教学活动、评估任务。以下就从这三方面谈谈我对初中数学备课的几点思考。

一、以课标为基准　定位学习目标

新课程标准明确提出"三维目标":知识和技能目标、过程和方法目标、情感态度和价值观目标。数学课程标准中的数学课程目标在坚持知识与技能目标的同时,对过程和方法目标、情感态度价值观目标进行了强调,并把它们融合在一起,具体阐述为"知识技能、数学思考、问题解决、情感态度"四个维度。在知识技能的学习中体现情感与态度,在数学思考与问题解决的过程中强调学生的体验和学习的方法,突出了以学生发展为本的思想,更有利于学生的全面发展。我们在备课中应该考虑两项内容:一是把握本节课对知识与技能的理解、掌握和应用的程度;二是学生学习方法的指导,每节课的学习都要让学生学会一定的探究方法或技巧。

二、关注学生的主体性　设计教学活动

新课程标准中强调:数学教学是数学活动的教学,"教师要向学生提供充分的从事数学活动的机会,帮助他们在自主探索和合作交流的过程中真正理解和掌握基本的数学知识和技能、数学思想和方法,获得广泛的数学活动经验。"小组合作就是一种经常使用的、学生从事数学活动的有效方法。小组合作较多的课堂,学生往往敢于提问题、敢于质疑、敢于批判,思维敏捷。这样的课堂,不受老师讲解的束缚,有利于学生之间的多向交流、取长补短。例如:"平方差公式"一节中,经历平方差公式的推导过程是学生学习的重点,如何归纳出公式是教学的难点。在教学中,可以出示4道计算题:

(1) $(x-4)(x+4)$　　　　(2) $(a+3)(a-3)$

(3) $(1+3x)(1-3x)$　　　　(4) $(100+2)(100-2)$

先让学生求出答案,再启发:大家想一想,这4道计算题有什么相同点?算式与结果之间有怎样的规律?你能得到什么结论?你能用语言叙述这个结论吗?经过几分钟的思考之后,再组织学生合作交流,这时教师要深入到

每个小组,针对不同情况加以指导,然后派出小组代表与全班同学交流,最终推导出平方差公式。这样可以较好地发挥自主探索和合作交流的效能。

三、关注个体差异 精选练习作业

备课时,我们应认真分析学生的知识水平的差异,认真分析学生的接受能力的差异,因材施教。使基础较差的学生"吃得进,消得了",使学有余力的学生"跳一跳,摘得到"。这样才能为每一个学生的发展创造条件,使学生全身心地投入到课堂学习活动中来,使每个人都获得身心的愉悦,并且在原有基础上有较大的发展。因此,教师精心地选择例题和练习题至关重要。

精选例题和习题的依据是什么? 当然就是学生的实际情况。学习有困难的学生做基础性练习;成绩中等的学生以基础性题目为主,同时配有少量略有提高的题目;优等生的习题则既要满足基础性,又要有一定的灵活性、综合性。分层的意义在于强化不同层次学生的学习成果,及时反馈、纠正。

我们可以根据教材内容,或重组教材中的例题习题,或重新选编不同层次的课外习题。题型应由易到难成阶梯形,供不同层次的学生选择。最后还要检测学习目标的达成情况,反馈教学信息,达到逐层落实目标的作用。

翟老师指出:学习备课是一项专业性很强的业务学习,或许它很枯燥,或许还不是很好理解,或许还不是很容易学会。但只要我们在工作中做个用心的人,在备课时做到脑中有课标、胸中有教材、目中有学生、心中有差异、手中有方法,这样的备课肯定能成就我们的高效课堂。

一路学习 一路成长

胶州市第十八中学 姜旗旗

2022年1月5日,新年伊始,我有幸与工作室老师们一同聆听了刘同军老师的讲座,再一次认识到自己与名师之间的差距,同时备受鼓舞。

首先,刘老师以"看见"为题,列举了自己在观课时的几点思考,在讲座中再次提出来也引发了在座老师们的交流与深思。

视点一:优(质)课需要选拔学生吗?

视点二:课堂上学生面朝哪坐更好?

视点三：数学课上小组讨论需要自动起立吗？

视点四：教师提问时是点名好还是点序号（如六组 1 号）好？

视点五：正襟危坐、课堂秩序与教学效果有什么关系？

视点六：主板书上的课题是必须的吗？如果是，应该在什么时候出示？

视点七：微课讲解与教师讲解哪种方式更好、更有利于学生的学习？

视点八：理念是包不住的。

视点九：旋转对学生而言真的好理解吗？

视点十：从零星素材到课程资源中间隔着什么？

这其中让我眼前一亮、感触最深的是视点十。在今天聆听刘老师的讲座以前我很少有将身边的素材应用到数学课堂的意识，也缺乏零星素材与课程资源的衔接能力。刘老师还举了这样一个案例：将边长为 8 的正方形按上面左图方式分割（$CG=DA=GH=BF=3$，$GE=AB=AH=EF=5$）后拼成如右图所示的长方形，面积变成 65，为什么面积变大了？我们可能都见过这个案例，但却从未想过要将其转化成课程资源。案例中这位老师则让学生探寻缘由所在。最终学生从多个角度说明三点不共线，从而找到了面积出现差别的原因。然而探究并没有到此结束，教师继续用几何画板进行直观演示，改变正方形边长的分割比例，会出现以下三种情况（图1，图2，图3）。

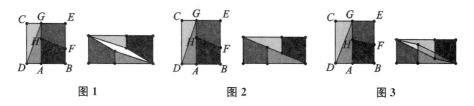

图1　　　　图2　　　　图3

即：正方形面积小于长方形面积，正方形面积等于长方形面积，正方形面积大于长方形面积。这样，既从视觉上给学生一个直观感受，又很好地调动了学生的探究欲望。紧接着老师将问题继续深化，追问学生：当分割的 CG 与 GE 满足什么条件时正方形面积正好等于长方形面积？学生经历一系列的探究过程之后，欣喜地发现，当 G 点恰巧是 CE 的黄金分割点，即 $\dfrac{CG}{GE}=\dfrac{\sqrt{5}-1}{2}$ 时，正方形面积等于长方形面积。此时，学生在充分探究的同时也领略到了数学的无限魅力。

在教师的精心设计下,这一问题变成了多好的课程资源啊!从中我也深受启发。作为教师,我们只有善于用数学的眼光观察现实世界、用数学的思维理解现实世界,才能将身边更多更好的素材转化成教育资源,以便更好地培养学生学习数学的好奇心和探究欲。

接着,刘老师还和我们分享了于漪老师的一段采访视频。于漪老师"一辈子做教师,一辈子学做教师"的座右铭让我很是敬佩。我也会继续努力,热爱自己的教育事业,向名师靠拢,不断学习怎样做一名优秀的教师。在当今信息网络高度发达的时代,教师行业也面临着巨大的挑战。我们的一言一行、一举一动都备受社会关注。因此,我们更不能故步自封,应不断学习先进的教育理念,不断改进自己的教育教学。正如荣秀梅老师在总结发言时所说,我们要做生活的有心人,做教育的有心人,善于思考,善于研究。我也会在自己所热爱的教育事业上,一路学习,一路成长。

"青岛市优秀教学成果推广与应用现场会"学习心得

青岛市崂山区实验初级中学　王永钢

2021年4月15—16日,青岛市优秀教学成果推广与应用现场会在胶州市第十七中学举行。此次活动由青岛市教育科学研究院主办,省内外的专家学者、基地校(工作室)代表和各学校数学骨干教师参加了本次活动。工作室的老师齐聚一堂,参与了此次活动。通过聆听专家的讲座和现场观课,我学习到整体数学的教学理念,初步了解了项目式教学的教学方法,收获颇丰。

4月16日上午,与会老师一起观摩了两堂现场课。其中,青岛第三十九中学徐永文老师开设的是一节项目式学习公开课"设计自己的运算程序"。这节课给我带来了很大的震撼。徐老师首先通过宇宙中的黑洞问题激发学生的学习兴趣,进而引出数字黑洞。徐老师让学生在经历充分的小组合作与课堂探究之后,将数字黑洞问题做出归纳总结。课堂上,徐老师让学生充分经历了发现问题、提出问题、分析问题和解决问题的完整过程,充分体现了项目教学的观念和主张。

在听徐老师的课之前,我自己对这节课并没有太深的理解,现在细细品味,才感受到,此类课题学习是培养学生数学学科素养的重要途径——数学抽象、数学建模、数学运算、逻辑推理、数据分析,这几个核心素养,都在这节课上得到了充分的体现。

整节课的教学设计分以下三个部分。

第一部分,课前学生通过小组合作,研究特定程序下不同数位数字之间的黑洞规律,并提出猜想。

分项目一:特定运算规则下的多位数黑洞

规则说明

第一步:任意写出一个四位数(四位数字全都相同的数除外);

第二步:重新排列各位数字,组成一个最大四位数和最小四位数(如含0,则最小数可以不是四位数);

第三步:用最大数减去最小数,得到差;

第四步:将得到的差作为新的四位数(如果差不足四位,则补0)。

重复这一过程……

先举个例子,任选一个四位数 5 286,则有以下计算流程:

	原数	最大数	最小数	差
第一次运算	写出 5 286 并重排	8 652	2 568	6 084 再次运算
第二次运算	6 084	8 640	468	8 172
第三次运算	8 172	8 721	1 278	7 443
第四次运算	7 443	……	……	……
……	……	……	……	……

自己写一个四位数试一试,耐心地算下去,注意计算不要出错,你发现了什么?

通过以上的举例运算,尝试总结一下:

我发现的现象:_____

我得出的猜想:_____

这一部分,主要是利用课前小组合作得到的结果,引导学生寻找四位数的黑洞规律:可以在七步内解决四位数黑洞问题,出现了卡布列克常数。并引导学生总结发现了数字黑洞的一类特征：有限性、答案的确定性。

第二部分，换个运算程序先验证，再提出猜想。

分项目二：任意写出一个三位数

1. 百位数字乘个位数字的积作为下一个数的百位数字；

2. 百位数字乘十位数字的积作为下一个数的十位数字；

3. 十位数字乘个位数字的积作为下一个数的个位数字。

在上面每次相乘的过程中：如果积大于 9，则将积的个位数字与十位数字相加；若和仍大于 9，则继续相加直到得出一位数。重复这一过程……

总结一下你的发现：_____

这一部分，则是由特殊到一般的的提升过程。教师层层启发，进一步深化总结，让学生感受不同的运算程序，也能形成黑洞问题。教会学生一种研究问题的方法——由特殊到一般。

第三部分，设计自己的运算程序。

分项目三：寻找自己的数字黑洞

规则设计实例

请你说出自己的猜想：

_____

_____

这一部分则是在学生的认知基础上，真正让他们展开项目研究：活学活用刚才的探究过程，设计自己的运算程序。探究期间，老师给学生留下充分的时间思考、讨论，老师深入小组去聆听、指导。

徐老师讲课的这三部分，每一部分都经历了"发现——猜想——归纳——验证"的过程。整个探究过程结构清晰，层层深入，引领学生不断深化认知；同时培养了学生的创造性和逻辑思维的严密性。学生主体地位在小组合作、小组互助、学生上台展示等环节中表现得淋漓尽致。整节课以数学探究方法贯穿始终，引导学生们学会了大胆猜想、小心验证。

通过这节课，我对数学建模又多了一些认识和思考：借助数学原型、构建数学模型可以大大促进学生对数学知识的认识理解。在建立模型、形成新的数学知识树的过程中，学生能深刻体会到数学与大自然以及数学与社会的必然联系，从而能做个有心人——试着从现实问题情景中学数学、做数学、用数学。

　　因此,在日常数学教学实践中,我们应该努力渗透建模思想。可以结合教材的具体内容,有针对性、循序渐进地分几个阶段进行。①可以借助实物,抽象出平面图形,帮助学生建立模型思想。②可以通过动手操作、观察比较,帮助学生建立模型思想。③可以借助多媒体教学,丰富学生想象力,帮助学生建立模型思想。④可以加大数学的实践应用,把身边的数学引入课堂,使学生觉得数学并不神秘,达到生活材料数学化、数学教学生活化。⑤注意引导学生从数学角度分析现实生活中的有关现象,增强学生学数学、用数学的信念。

　　总之,这次学习让我感受到了项目数学的教学魅力,并从数学素养这个方面理解了教材的设置目的。在后续教学中,我将积极投入到项目式教学研究之中,积极思考如何进行教材的深挖,如何有效地进行师生的互动,以期能更好地培养学生的数学素养。

第二章　思中行

业精于勤,荒于嬉;行成于思,毁于随。

——韩愈

实践是检验真理的唯一标准。教学的过程中,作为教师,必须要善于发现问题,并通过积极探索去寻找问题的答案。这就要求我们在教学的过程中要勤于思考,思考,再思考。思考可以构成一座桥,让我们通向解决问题的新方向。但思路是否可行? 唯有通过行动、通过实践,才能检验。本章主要收录老师们在日常工作实践中,对学情、教材、教学辅助手段等方面的思考形成的论文,以及经过反复思考打磨形成的优秀教学设计。

第一节　知生所需 开教学方

——基于学情的思考

意想不到的"生成"

青岛第三十九中学　荣秀梅

2019 年我接了两个班的数学课,这两个班的学生基础相差较大,在课堂上出现的生成性问题也就千差万别,这曾经让我大伤脑筋。因为不同的学情,几乎每一节课的内容都需要我有不同的准备。但经过半个学期的磨合后,我逐渐找到了感觉,适应了他们。这还得从两节内容相同却都偏离了主题的数学课说起。

那天,我讲二次函数的应用"最大面积是多少"。在备课过程中,我做了充分的准备。例题只有一个:一块直角三角形的土地,要建造一栋矩形大楼,甲、乙两位设计师分别设计如图 1、图 2 所示,问哪位设计师所设计的楼宇占地面积最大?（其中两直角边长分别为 60 米和 80 米）

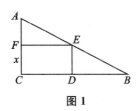

图 1

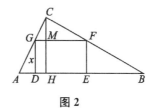

图 2

由于前面有了二次函数最值问题的铺垫,在 2 班上课的过程比较顺利。同学们根据两种方案,分别给出了面积 y 与矩形一边 x 的函数关系式,并求出了最值。最后发现两名设计师的楼宇设计占地面积相同,例题完成。（一切按计划进行,下面该做练习了。）

这时一个学生举手:"老师,真奇怪,为什么两种不同的设计,最后的答案却是相同的?"（这一点,并不是今天的主题,因此在备课过程中,我就没准备在课堂上加以体现。但所幸,我想过这个问题。）

既然学生提出,我就顺势发问:"是啊,我也很奇怪,为什么呢?"同学们有的开始沉思,有的七嘴八舌地讨论。过了一会儿,有的学生举手了。

(生):老师,两个最大面积相等,是因为它们都占三角形面积的一半。

(师):为什么会占一半呢?

(生):老师我知道,因为图 1 中的 E、F、D 是三角形的各边中点,图 2 中的 G、F 也是两直角边的中点。

(师):我还不是很清楚。

(生):老师,这样看,把图 2 沿高 CH 切割开。左侧 $\triangle ACH$,右侧 $\triangle CHB$ 都分别是图 1 的样子。因为 G、D、M、F、E 分别为相应三角形各边中点,由此可见,两侧小矩形的面积都占各自三角形面积的一半。它们相加后,就得到图 2 的大矩形面积,也是大三角形面积的一半了。

(师):太棒了,我听明白了。大家清楚了吗?

(学生纷纷点头)

(师):刚才同学的解答,让我受益匪浅,也让我想到一个我们以前学过的几何题,大家请看:(我在黑板上画了图 3)

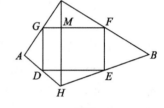

图3

(师):你能看出这个图形与图 2 的联系吗?

(生):老师,就是图 2 的 H 点不在 AB 那条线段上了,移出来了。

(师):很好,那这个图形让你们想到什么?

(生):顺次连接四边形各边中点,所得四边形的面积是原四边形面积的一半。

同学们恍然大悟,纷纷感叹:"数学真是太神奇了!"

这时下课铃响了,我原先准备的、和二次函数最值有关的几个练习未能完成。但看到学生们精神振奋的样子,我也心情舒畅。带着这种兴奋,我进入一班,准备把内容进行调整,按照在 2 班的思路进行。

然而,事实却出乎我的预料。1 班学生的基础较好,在分析图 1 时,我启发他们思考:要写出 y 和 x 的关系式,关键是什么?

(生):关键是用 x 表示出 CD 或 EF 的长。

(师):怎样表示呢?

(生):老师,我用三角形相似,由 $\triangle AFE \backsim \triangle ACB$,所以

$$\frac{EF}{80} = \frac{60-x}{60} \qquad \therefore EF = \frac{4}{3}(60-x)$$

（师）：很好，还有别的表示法吗？

（生）：老师，还可以用我们刚学过的三角函数：分别在△AFE 和△ACB 中，可得：

$$\tan A = \frac{EF}{60-x} = \frac{80}{60} \qquad \therefore EF = \frac{4}{3}(60-x)$$

（太好了，在备课过程中，我就准备了这两种方法，现在都已达到目的；比在 2 班进行的还要顺利。下面该分析矩形面积 y 与 x 的函数关系式了。这时，我发现还有一个同学在举着手。）

（师）：你还有别的表示方法吗？

（生）：老师，我还有一种方法，利用面积。

连接 CE，$\because S_{\triangle ACE} + S_{\triangle CEB} = S_{\triangle ACB}$

$$\therefore \frac{1}{2}EF \times 60 + \frac{1}{2} \times 80x = \frac{1}{2} \times 60 \times 80$$

表示出 EF 即可。

（师）：太巧妙了。还有别的方法吗？（现在我不敢盲目往下讲自己的内容了，因为 1 班的学生基础较好，思路更活跃。）果然，有同学举手了。

（生）：老师，我以 C 为坐标原点，以 CB 为 x 轴，CA 为 y 轴建立直角坐标系。根据题意可知：$A(0,60)$，$B(80,0)$，设 AB 所在直线方程为 $y = kx + b$，带入点 A、点 B 的坐标，可以求出直线解析式。再设 $EF = a$，将 $E(a,x)$ 代入直线解析式，即可用 x 表示出 EF。（看！解析几何的方法都出来了，我简直都崇拜这帮孩子了……）

理所当然的，在 1 班，我同样没有完成教学计划。可是，面对这样两节教学内容相同、实践过程却迥异的课，我却如此快乐，同时又伴随着一丝后怕：假如在课堂上，我因为初三时间紧就剥夺了孩子们的表达机会，只是把本节课的重点、难点清晰讲述下来，那么，孩子们学到了一些死知识，这样他们失去的将是什么呢？

在我们的平日教学中，最好教的课就是以自己为中心、娓娓道来的课。最难教的课是把时间还给学生，老师宏观驾驭，解答、引领生成性问题的课。那么，一节课应该如何上呢？怎样的一节课才算好课？我亲身的经历又一次推动自己思考北京市第五中学副校长张毅的话：对的教学不一定是好的教学。就像学骑自行车一样，只有学生实际参与，才能推动学习过程；只有学生亲身的经历和体验，才能学会隐性知识。

因此,面对富有价值的生成资源,我们教师不应拘泥于预设的教学过程,而应独具慧眼,捕捉"弱性灵活的成分、始料未及的信息"等生成性资源,即时合理地纳入课堂临场设计的范畴之中,从而真正让课堂教学呈现出灵动的生机和跳跃的活力。也就是说,教学的流程可以在生成中即时"变奏",预设的目标可以在生成中合理"升降",环节的推进可以在生成中适时"增删"……使课堂教学的既定目标能够更加有效而深层地完成。

总之,一个充满生命活力的课堂,需要教师在围绕课程目标精心设计教案的基础上,依循学生认知的曲线、思维的张弛以及情感的波澜,以灵动的教育机智随时处理生成的信息,即时调整教学进程。让我们的教育不仅关注文本,更关注每一个学生的发展。预设固然重要,生成的内容却更鲜活灵动,两者相辅相成,缺一不可。正确处理好两者之间的关系,必定会使教学更加生动、更加成功!

寻根求源 做好初高数学衔接

青岛第三十二中学　于泽波

学生经过初中三年的学习,通过初升高的选拔考试后进入高中。但进入高中后不久,好多同学都感觉数学特别难学,非常不适应,甚至有很多同学成绩挂起红灯。为什么会出现这种状况呢?初中数学和高中数学都存在着哪些差异?在日常教学中又该如何调整,才能让同学们迅速过渡呢?这是我们今天要研究的问题。

一、初、高中数学之间存在的差异

初中数学和高中数学在教材内容、教学方法、学习方式等方面都存在着较大差异,具体表现如下。

1. 教材内容差异

初中数学知识少、浅、易,而高中数学知识多、深、难。特别是新课程改革之后,初中数学降低了难度,但高中数学由于高考等客观因素的存在,难度并未降低,这无形中又拉大了初、高中数学的难度差异。高中数学语言比初中数学语言抽象。初中数学主要以形象、通俗的语言方式表达,而高一数学一下子就触及比较抽象的集合语言、逻辑运算语言、函数语言、图形语言了。这些让学生理解起来非常困难，造成了对数学学习的恐惧。初中数学重结论、重应用，而高中数学重过程、重推理。

2. 教学方法差异

初中数学教材单一直观、难度不大，习题类型较少，教学中采用的大都是模式教学，即老师把各种题型归类，讲授各类题型的解法，为学生示范，供学生模仿，学生只要记住定义、定理、公式和各类题型的解法，一般都能学好。而高一阶段数学教材容量大、题型多、灵活性强、概念较为抽象、课时相对紧张、教学节奏快，老师只能选重点、抓典型、讲规律，无法讲全各类题型，也无法对各类题型具体归类，一些疑难问题也无法反复强调。这对已经习惯了初中数学学习方式的高一学生来说，是难以适应的。

3. 学习方式差异

初中学生学习重模仿，对老师依赖性强，而高中学生学习重创新，需要打破思维定式。初中生年龄小，自主学习能力还较弱，往往依赖于教师的教和完成老师安排的任务，教多少学多少，留多少做多少，教多少考多少；而高中题型多，题目灵活，光靠老师教绝对不行，还需学生自学自研，大量做题，深刻理解，举一反三，触类旁通。

二、怎样做好初、高中数学教学衔接

上述可见，高中数学与初中数学相比，有明显差异。高中数学内容复杂多样，逻辑推理要求更高，知识理论抽象难懂，教学进度又快马加鞭，这就使得一些原来对数学很有兴趣、成绩也不错的学生，突然觉得对数学陌生起来：上课听不懂，作业不会做，致使部分同学无法适应，丧失学习兴趣，成绩一落千丈。因此，不论是教师，还是学生，都很有必要认真研究并做好初、高中数学衔接，让新入学的高一新生们，能够更好地适应高中的数学学习。要做好初高衔接，我认为可以从以下三个方面入手。

1. 做好教材内容的衔接工作

初、高中的数学教材虽然存在着显著的差异，但是，它们之间还是有着千丝万缕的关联。大部分初中教材中的重点知识在高中仍然占有至关重要的地位。例如，初中数学的函数以二次函数为主，学生对二次函数的顶点、对称轴、最大值和最小值还是比较熟悉的；而高中数学函数的学习（如三次函数),则是通过导数,将三次函数先转化为二次函数再进行研究。因此,教师在教学过程中可以先复习初中的二次函数性质,从学生熟悉的初中旧知识入手,慢慢过渡到高中的新知识。同时,还有一些在初中教材中被删除的部分,在高中却成了必备的工具,如立方和公式、立方差公式、十字相乘法等。这些知识在高中都是需要掌握的,因此就需要教师在恰当的时机做适当的补充,让学生掌握这些工具,为高中数学学习服务。

2. 做好教学方法的衔接工作

依照学生的成长规律,初中生的学习更多是依靠感性认识、直观判断,学生善于模仿,对老师依赖性强;到了高中,学生的理性思考、抽象概括、独立思考、创造能力慢慢发展起来,教师在教学过程中应该注意培养学生的这些能力,但切忌揠苗助长。要客观地看待初中毕业生的知识结构和认知水平,放慢教学进度,调适教学策略。例如,高一数学第一章"集合与简易逻辑",内容抽象,概念较多,符号语言、图形语言较多,针对这些特点,在刚开始讲课时,教师应尽可能讲解得细致些,板书详细些,多用初中生熟悉的语言,努力做到通俗易懂,让学生觉得高中数学并没有那么难学。另一方面,随着课程的逐步深入,学生的理解力得到提高,教学中就应该更注重学生的独立活动,激发学生的创造性思维,多给学生机会,让学生去观察、去思考、去自己探索数学规律、去总结数学结论,真正做到让学生自主学习,从而提高其创造性和独立思考能力。

3. 做好学习方法的衔接工作

其实对学生来说,高中和初中相比,最大的区别在于,学习的科目更多了,而每个学科的内容更加专业,概念更加抽象,规律和结论更加严密。因此,如果能让学生在自己的学习中,注重这一变化,就能让他们的学习从感性认知上升到理性思考的高度,从而得到思维发展的飞跃。只有像这样做好学习方法的转变,学生才能真正地适应高中阶段的学习,才能得到逻辑推理思维和独立思考能力的成长。其实,高一数学教材中许多内容都是与初中数学内容有密切联系的,如果能抓住它们的内在联系,进行对比分析、理解,那么就会让学生学习起来感到轻松、自然并扫除学习障碍。例如,对函数概念的理解,高中学生普遍感到困难,一个重要的原因就是对初、高中数学两种叙述定义的类比不够,造成了学生理解上的难度。初中数学定义为:"设在一个变化过程中有两个变量 x 与 y,如果对于 x 的每一个值,y 都有唯一的值与它对应，那么就说 x 是自变量，y 是 x 的函数。"事实上，在这个定义中，我们完全可以找出高中数学函数定义中的"集合 A、集合 B 和对应法则 f"："在一个变化过程中 x 的每一个值"就构成集合 A（函数的定义域）；"与每一个 x 唯一对应的 y 值"就构成集合 B（函数的值域），B 在映射中并没有要求 B 中的元素都有原象；"对于 x 的每一个值，y 都有唯一的值与它对应"，就是说明存在着一个对应法则 f。这样类比，就把初、高中数学两种叙述方式联系了起来，让学生感到高中数学定义就是从初中数学定义中过渡过来的，只是更广泛，但其实质没有变，都是刻画一种对应关系。然后从学生熟悉的一次函数、反比例函数、二次函数中去找出相应的集合 A、集合 B 和对应法则 f，让学生进一步理解在集合映射观点下的函数定义。

总之，初、高中数学衔接，不仅仅是教学内容的衔接，更是教师的教学方法、学生的学习方式的衔接。让我们教师和同学们共同努力，跨过这个门槛，使学生从初中顺利过渡到高中，更好地学好数学。

浅谈初中数学作业分层设计

青岛第三十三中学　袁翠洁

在数学教学中，由于学生的基础有差异性，所以，我们对学生的作业要区别对待，要根据不同基础的学生布置不同难度的作业，让学生量力而行，防止学生由于不会做去抄袭别人的作业。基于此，在数学教学中布置分层作业是必然趋势，这样的作业模式可以调动学生自主学习的积极性，让不同层次的学生都能得到发展。

一、数学教学在进行作业分层过程中遇到的主要问题

（一）整体的作业分层设计不够科学合理

有很多教师在进行分层作业设计时，往往拘泥于作业题目的数量上的分层，比如，针对基础不够牢固的学生布置较少的题目，而对于学习能力较强的学生会加大作业量。如果作业分层仅仅是数量的变化，对作业的内容没有进行科学区分，就很难产生较为有效的分层效果，甚至还会导致学生学习兴趣下降，对数学学习感到厌倦。

(二)作业分层设计缺乏科学的指向性和针对性

作业设计一定要更加契合特定的教学目标。结合不同的学生分层,我们需要设定的分层作业往往是不同的。如果我们在设计作业时,没有注意和学生的学习进度及学习目标保持一致,就不利于提升作业水平,达不到通过作业提升学生数学能力的目的。

二、如何基于学生发展做好数学作业的分层设计和实施

(一)尊重学生个体差异性 做好作业内容的分层设定

每个学生都是独立的个体,都有自身的优点和缺点,教师在教学过程中要充分结合学生的实际学习情况做好作业内容的科学设定,确保作业内容能够更好地满足学生的学习需求。在进行作业分层设计之前,我们可以先结合学生的实际学习能力有效划分学生层次。第一层次的学生通常学习能力较强,有坚实牢固的数学基础;第二层次的学生通常数学基础知识掌握比较好,而且学习态度端正;第三层次的学生整体的数学基础不够扎实,数学思维较为薄弱。完成层次划分后,教师就要积极进行作业内容的分层设定。例如,在学习"相似三角形"时,针对处于第三层次的学生,我们可以多设定一些偏基础的题目,可以涵盖关于 SSS、AAS、ASA 等基础判定定理的理解和把握,鼓励学生将这些基础知识应用于做题实践;针对处于第二个层次的学生,我们需要关注的重点在于提高学生的学习能力,可以多设计一些有助于提升学生数学思维能力的题目,在这个过程中学生往往需要深入剖析并挖掘出判定定理的相关条件;针对处于第一个层次的学生设定作业时,我们需要对他们的数学思维和综合能力进行提升和强化,可以多加入一些更需要发散思维的题目。我们只有这样,真正通过全面尊重学生个体之间存在的差异性,才能让所有学生在原有的学习基础上提升自身的数学思维能力和水平。

(二)尊重学生的选择权 做好作业目标的设定

分层教学作为一种更加具有针对性的教学模式,能够突出学生的主体地位,给予学生更多的尊重,相比传统的教学模式,这种新的教学方式往往更具有高效性和科学性。在传统的教学模式下,学生往往是根据教师的指令完成作业,教师布置什么内容,学生就做什么内容,没有太多的选择权。

如果我们没有结合实际状况进行考量,那么就会导致一些学生不能按照预期完成所有的作业,这种采用较为单一的标准控制和要求所有学生的做法,很容易适得其反。学生长期面对较为固定的作业,往往会陷入一种机械式的作业模式之中。而且,针对那些基础不够扎实、能力不够强的学生,他们由于自己的实际水平和作业目标之间差距较大,很容易出现抄作业的情况。久而久之,就会拉大学生之间的差距。结合实际的教学情况分析,长期使用这种强制性的作业目标设定方式,并没有真正取得理想的教学效果,反而严重打击了学生学习的自信心。为了更好地优化作业设计,我们可以给予学生更多的选择机会,借助更加开放的模式引导学生完成相关的作业设计,在具体布置作业内容时可以给予学生更多选择的权利。例如,在教授关于函数的相关内容时,我们可以布置一些不同层次的作业,让学生有充分的选择余地。比如,有的题目是考查反比例函数定义的,有的题目是考查函数基础性质的,还有一些题目是结合实际生活情境应用函数的。这些题目的类型不同、难度不同,并不是所有层次的学生都可以独立完成。如果我们把题目按难度适当分层,学生就可以结合自己的学习特点和能力自主选择。基础一般的学生,他们往往可以选择那些侧重考查基础知识的题目;能力较强的学生,他们可以在完成基础类题目的前提下,完成更多拔高类的题目,甚至可以尝试使用函数的知识解决实际生活问题。通过这样的作业模式,学生往往能够有更多的选择机会,从而结合自己的实际状况有效地完成作业,提升自身综合素养,为后续的数学学习打下坚实基础。

（三）开展更加科学合理的评价　进一步提升学生学习的自信心

在传统的数学教学过程中,学生一般都是在第二天上交作业,然后等待一段时间后,教师会给予作业完成状况的反馈,通常是用简单的 ABC 等级对作业完成正确率进行评价。这样的作业评价模式比较单调枯燥,并没有利用肯定性的语言对学生进行鼓励和支持,很容易让学生失去学好数学的自信心。而在新的教育环境和教育理念下,教师需要做好对学生学习发展状况的评价和反馈。完成作业作为学生进一步巩固课堂所学知识内容的重要过程和手段,教师需要及时反馈和科学评价分析,这会对学生未来的学习产生较大影响,为学生提供更加充足的动力。因此,教师作为学生整个学习过程中的重要引领者,需要在作业评价方面积极鼓励和支持学生,给予学生更多的肯定,进一步提升学生自主学习的能力。我们要针对不同层次学生的学习状况,进行科学合理的评价分析,可以借助评语等形式对学生进行鼓励和评价。

综上所述,在新课改的背景下,我们要做好数学作业分层设计,突出学生的主体地位。我们要认识到自己在作业分层设计方面存在的分层不科学、缺乏针对性等问题,并在具体的教学中实施科学的作业分层举措:尊重学生个体差异,做好作业内容分层;尊重学生的选择权,做好作业目标设定;开展科学合理的作业评价,提升学生的学习自信心和成就感。

浅谈帮助农村中学后进生改变的各个阶段
——以数学学科为例

莱西市河头店镇南岚中学　　段琴琴

现如今农村普遍存在一些小规模初中学校,这些学校的生源情况复杂,有些家庭情况比较特殊,也存在一些留守儿童。由于个人原因和从小接受教育情况不同,出现了一些所谓的"后进生"。比起那些品学兼优的学生,这部分学生更是教学的重中之重。因此,平等对待、循循善诱是这些孩子们所需要的。为了能够将孩子们培养成才,造福社会,近几年,我在帮助"后进生"摆脱学困方面做了一些工作,也有一些自己的见解。

一、谈话摸底　找准原因

学生没有不想变好的,只是苦于没有方法。为帮助后进生转化,我首先单独进行谈话摸底,掌握学生的学习、家庭情况,了解学生为什么后进,是很重要的一项工作。通过调查,我发现了一些学生自身和家庭方面的原因。

(一)学生方面

主要原因有以下几种:以前学习不错,从初二开始学习几何不会写步骤,成绩开始变差;一直都不爱学习数学,也听不懂;特别不喜欢数学老师,不爱学;玩手机、看电视、爱调皮捣蛋无心学习;家长不在身边,无人陪伴,自己学习没有动力。

(二)家庭方面

大部分孩子的父母在外务工,平时工作很辛苦,根本顾不上孩子,也不关心孩子的学习,觉得孩子考高中无望,直接放弃。孩子跟爷爷奶奶一起生活,老人对孩子的学习和在校生活根本做不到去了解,完全帮不上忙,所以孩子在家跟家长缺少沟通,多与手机为伴。

二、真诚鼓励 树立信心

通过一番了解,我认为要帮助这些学生转变,最主要的就是要帮他们建立数学学习的信心。于是,我真诚地和学生谈话,先通过单独谈话了解情况,再与几名有相同境遇的学生一起谈话,让学生多说、多讨论,我多了解、多鼓励,给予他们充分的肯定,让他们树立信心,让他们坚信通过努力可以成功。这期间,我始终让学生感受到我对他们的爱、对他们变好的期待。一段时间以来,我发现效果很好,我也会将真诚鼓励学生这项工作持之以恒地做下去。

三、家校沟通 取得支持

这些孩子的学习成绩不理想,家长觉得考不上高中,放弃他们,不管不顾。我们首先要进行家访,表明态度,老师坚决做到不放弃孩子。在学校,我从学习、生活上多关注学生;在家里,我通过微信群,时常在群里督促学生认真写作业,并且发一些鼓励性的语言。其次,希望家长积极配合,一定做到不放弃自己的孩子,给家长树立信心,并与他们达成一致目标,学生哪怕有一点点进步,我们都要看到并给予鼓励,让留守学生的父母每天打电话关心孩子的学校生活。

四、聚焦问题 精准辅导

量身定做,为学生制定出切实可行的辅导策略。具体做法如下。

(一)精讲精练

我们从青岛中考题里找出通过老师讲解能够学会的习题,将这类题目先梳理知识点,再典例精析,最后进行专题训练。对这些学生来说,学会的知识不练习就会遗忘,所以要反复做一些相同知识点的变式习题。

面对自己会的习题越来越多,正确率也一次次提升,学生们就越来越想好好学习了,也对提高成绩越来越有信心。

(二)团结合作

给学生找一位能够给其讲解习题的品学兼优的好学生当小老师。再者将学习情况差不多的同学划分为一组,名为加油组。

让加油组在一起互相讨论习题,谁会谁讲。每位讲题的同学都会特别耐心地讲解,也乐意去讲解,这是对讲题同学的肯定。一周时间选出他们之间的组长、课代表。层次相同的同学相处起来更和谐,也更容易理解彼此的解题方法。这个过程中学生增强了合作能力,自信心越来越足。

(三)针对辅导

学生为什么不写作业、上课不听讲?是因为不会,打怵。没关系,我们精选课堂所讲例题的变式习题,按相同知识点进行分类,整理成习题组,晚上布置针对性作业,第二天全批全改,并将作业打上等级和鼓励性的语言。通过作业我们了解学生的掌握情况,针对不会的习题再加强练习,耐心地多讲几遍。对于做题拖沓和做题总做错的同学,我们进行单独辅导。一是可以了解学生的掌握情况,另外,也让学生感受到老师是重视他们的,没有放弃他们的学习。随着检测习题正确率的提高,学生们越来越喜欢数学了。

(四)整理错题

让学生建立自己的错题集,把不会的和易错的习题每天进行积累,然后将错题按同类知识点进行分类整理,经常翻看学习,温故知新。

(五)确立目标

引导学生将注意力聚焦在具体的数学习题上,考试时挑选自己会的习题认真作答,答完仔细检查。每次都为自己树立追赶目标并尽全力去超越。随着考试次数的增加,同学们欣喜地发现,成绩在逐步提高。

五、学生进步 收获满满

随着学习成功的体验越来越多,同学们自信心越来越强。我曾经收到一个学生的书信,她懂事地说:"这个学期我知道了,只要肯努力,凡事都有可能,努力不一定会成功,但努力过了即使不成功,达不到自己所期望的,也不会留下遗憾。"这是多么令人欣慰的变化啊!

经过半学期的努力,这些学生发生了很大变化,变得开朗自信了,愿意与老师亲近了,爱与同学交流谈论习题了,上课有事干了,每天能坚持写作业了……

而且,同学们不仅是数学取得了进步,在其他学科上,也触类旁通,效果明显。这份成功的经验,可以推动他们在学习上继续向前,不断进步。

"后进生"的改变是一个人以及一个家庭新的希望。不管是在学习上还是在思想上,他们都取得了长足的进步,家长们为孩子们的成绩感到欣喜,老师也觉得自己的教育得到了很好的回报。在他们身上,重新定义了成功,那就是进步。我们相信,在老师的正确引导下,在同学们的奋发努力下,他们都可以成为国家的栋梁,为社会主义现代化建设添砖加瓦。

农村学校虽然条件上存在一些不足,可是这些孩子们的天资并不差。但由于种种原因,"后进生"较多,而且处于非常窘迫的困境,以后的发展也会受到很大的限制。作为在农村工作的教师,一定要平等对待他们,尽心尽力帮助他们走出艰难的"圈子"。社会主义现代化的进程同样离不开来自农村的孩子,我们对他们应该抱有十足的期望。这些学习困难的孩子的转变,需要一个比较长的时间,这个过程将非常艰难。师生之间以及家长们一定要拿出跑马拉松一般的精神。从小的方面说,这关系到孩子们个人的发展;从大的方面讲,这也关乎民族发展进步的长久大计。作为新时代的学生,作为新时代的老师,我们应该同心协力,固强新时代建设的根基。特别是在农村地区,后进生需要完成自己的蜕变,老师们更应该坚守自己的原则,将他们视为社会主义事业的接班人。

初中数学课堂教学基于学情的思考

平度市同和街道办事处朝阳中学　赵丛丛

在"教"与"学"这一对矛盾中,教师是主导,学生是主体,这已经成为课堂教学中老师们的共识。但在课堂教学的实施过程中,落实的并不理想。从当前初中数学课堂教学来看,还有很大一部分初中数学的课堂教学依然或多或少地沿用传统的课堂教学模式,以"老师单向灌输、学生被动接受"的教学方式实施教学活动。教师依然是教学活动的中心,是教学活动的主体,是知识的传授者;学生是通过老师的传授被动地接受知识,学生学习的过程就是不断积累知识的过程。而这种被动接受知识的方式,致使很多学生逐渐养成一种不爱问"为什么",也不知道要问"为什么"的习惯,从而形成一种盲目崇拜书本和老师的麻木思想。这种学习方法不仅束缚了学生的思维发展,也使学生学习的主动性逐渐降低,甚至被迫学习,根本体会不到学习的乐趣。

而且,这种授课方式主要是教师站在自身的角度对数学知识进行剖析,学生由于能力有限,理解知识的速度比较慢或无法理解教师传授的知识,难以跟上教师的节奏,自然会影响课堂教学效率,从而导致初中数学课堂教学低效问题出现。

造成这些问题的原因就是在教学设计与课堂组织中缺少学情分析。

一、学情剖析是教学目标的基础

如果我们将教学过程比喻成"盖楼",那么,学情剖析就是地基。如果不剖析学情,我们就无法明确教学目标。只有充分地剖析学生学情,了解哪些知识、经验是学生已经熟悉与掌握的,才能确保我们教学问题的设置都落在学生"最近发展区",并以此为基础引领学生拾级而上,实现从知识、技能到思想的有序提升,同时还能让学生享受这种提升过程。

例如,在学习"分式的乘除"这一节时,我们应该先进行学情分析:学生已经学习了分式的基本性质、分式的约分以及因式分解,本节课所学的乘除法是分式基本性质的应用。在这节课中类比小学学过的分数的乘除法运算法则,学习分式的乘除运算,学生易于理解、接受。因此,让学生类比分数的相关知识,在自主学习、合作探究中加深对分式乘除运算的理解。这样充分发挥学生学习的主动性,不但让学生"学会",还让学生"会学"。应特别注意的是,分式乘除运算的结果要化为最简分式。基于此,我将本节课的教学目标定为:①知识与技能目标:理解并掌握分式的乘除法法则,能进行简单的分式乘除法运算;②过程与方法目标:经历从分数的乘除法运算到分式的乘除法运算的过程,培养学生类比的探究能力,加深从特殊到一般的数学思想的认识;③情感态度与价值观目标:让学生在主动探究、合作交流中渗透类比、转化的思想,使学生在学知识的同时,感受探索的乐趣和成功的体验。

二、学情剖析是确立教学内容的依据

中华人民共和国教育部《义务教育数学课程标准(2022 年版)》中指出,

学生是学习的主体,教学目标的确立需要考虑学生的知识结构与接受能力,对于教学内容的确立也需要以学生学情为依据。学情剖析是课堂教学设计的一个前提,在教学设计过程中,只研究教学目标及教学内容,或者只研究课程标准及教材都是不行的。教学是一个动态过程,只有认真研究学生、剖析学情,才能准确地把握教学内容的重难点,精准确立教学目标。

三、学情剖析是选择教学方法的落脚点

教学有法,教无定法。没有经历学情剖析而盲目地选择教学方法,势必导致课堂效率走低,或使学生成为只会接受知识的容器。剖析学生学情,根据学生的认知特点、知识基础与学习习惯选择合适方法施教,能够促进学生认知有效发展。

例如,"分式的乘除"这一节,学生对分数的乘除运算比较熟悉,本章第一节学习了分式及其性质,我认为本节课应采用自主探索、合作交流的学习方式,采用启发式、讨论式以及讲练结合的教学方法。

总之,充分考虑学情,不仅可以让教师更清晰地了解学生的学习情况,还可以根据学生的情况进行教学方法的调整,以便让每一名学生都能乐于学好数学,有信心学好数学。

学情了解先行 学法指导铺路 数学核心素养培养是关键

青岛第三十九中学市北分校 綦家武

当前国家和社会非常重视学校对学生能力的培养和提升,初中数学教学也肩负着艰巨的历史使命。初中数学学科的核心素养是:数学抽象,逻辑推理,数学建模,直观想象,数学运算和数据分析。这些核心素养既相对独立,又相互交融,是一个有机的整体。

一、了解"学情"是针对性开展初中数学教学的前提

针对学生数学核心素养的培养和发展的需求,各种新型的教学模式层出不穷、精彩纷呈,各有千秋。但可以肯定的一点是,无论多么好的教法、多么优秀的教师,要上好一堂课,都必须对学情和教学内容有充分研究,谨慎

考虑,才能定出合适的教学目标和教学方法。所以说,了解"学情"是针对性开展初中数学教学的前提。

针对不同学情,选择适合的学法指导是必须的,学法指导要有针对性地培养学生的数学核心素养。在辽阔的中华大地上,使用相同教材的不同地区和学校,面对的学情会有天壤之别,从学习能力到学习习惯、从学习内驱力到学生外部环境均不同。其实不用说不同的地区与学校,就是同一学校的不同班、同班的不同学生亦完全不同。但是新课改的核心理念之一,就是要使每一名学生都能在原来基础上有质的提升。所以了解学情后,有针对性地分层培养学生,训练他们的数学思维能力,促进他们数学能力的提升,就势在必行了。不同层次的学生需要给予不同的学法指导,形成适合自己的学习方法,从而培养出相应的学习能力。

二、初中数学学法指导的主要内容和方法

初中数学学习是一个由易到难、由简到繁的过程,更加强调学生的自学能力、合作学习能力。这些能力的成长同样需要教师的指导。以时间为轴,在学法指导中需要引导学生的地方有课前预习、课上听讲与探究、课后作业与复习、定期总结与回顾等。

(一)课前预习

课前预习,主要是自学了解即将要学习的基本内容,并对学习难点有一个初步的感知。学生要学会在预习中思考和探究,在预习中发现问题,并带着问题去听课。同时,教师应该给予学生展示自己预习成果的机会,并给予学生认同和鼓励,从而提高学生养成良好的课前预习习惯的意愿。

(二)课上听讲与探究

课上听讲与探究,重点在于理解——对于重点概念、例题、方法的理解。无论是从教师那里听,还是同学之间互助探究,都是为了更好理解,然后应用。这里应该适当整理笔记,重点记忆内容、解题方法、规范步骤等都要做出有助于自身理解的笔记。

(三)课后作业与复习

既强调独立性,又必须以正确的理解、应用为前提。简单说就是,在"会"的情况下,独立完成作业和一定量的训练有助于强化理解,进一步掌握知识。如果"不会"就必须寻求帮助,在充分预习和课堂听讲前提下的"不会",一定是有认知上的障碍或理解上的硬伤,必须寻求家长或老师的及时帮助,予以解决。否则,就算是生搬硬套地完成了作业,也是"夹生饭",是为后续学习"埋了雷"。

(四)定期总结与回顾

对知识更新比较快、知识容量比较大的初中数学学习而言,学生定期总结与回顾是必须的,每周固定时间的周复习,每月学习内容回顾的月复习,都对学生自己整体数学体系的完善,有巨大帮助。能形成前后知识的联系,是优秀数学学习能力的一种体现。

三、教学指导中优先培养学生哪些核心素养 如何培养

(一)抽象

教学中需给学生培养的第一项核心素养是"抽象"。抽象是从许多事物中舍弃个别的、非本质属性,得到共同的、本质属性的思维过程,是形成概念的必要手段。初中学生需要具备的数学"抽象"能力,可以帮助学生在学习定义、定理、法则等概念时,从大量实例中总结抽离出本质的东西;也可以帮助学生在解数学题时,从复杂的问题中分析出已知、未知和它们之间的数量关系,从而变得简单直观。其核心作用就在于"抽象"能力可以化繁为简,直达知识或问题的本质。

"抽象"能力的培养需要重视知识的演绎和发展过程。最初的"抽象"是基于直观的。比如,在学习"图形的全等"一课时,有智慧的教师一定会拿出一定的时间来直观演示,让学生动手制作一些完全重合的图形,尤其是完全重合的三角形。学生在直观对比中,就很容易理解"全等三角形形状和大小完全相同""全等三角形对应边相等、对应角相等"等性质了。在此抽象的基础上,性质的推理应用也就水到渠成了。

(二)推理

教学中需给学生培养的第二项核心素养是"推理"。数学学习和研究主要依赖的是逻辑思维,具体体现就是逻辑推理。人们通过逻辑推理,理解数学研究对象之间的因果关系,并且用抽象术语和符号描述这种关系。"推理"能力是学生由已知、已学推导出新知识的必需能力,是学生发展壮大知

识储备的必需能力。强大的推理能力可以帮助学生更好地理解新知识的生成与发展，能够完整、独立地"推理"得出新知识，是学生内化知识、认可其可行性的必要前提。

比如"完全平方公式"这一课时中，很多学生在没有独立完成公式推理的情况下就死记硬背公式。这样面对一些比较基础的题目，直接应用公式，学生是可以解决的。但涉及完全平方公式的"数形结合"问题，或是完全平方公式、平方差公式的逆向应用等更灵活的问题，这些靠"死记硬背"掌握公式的同学就力不从心了。完全平方公式这类知识的学习，根据学情不同，大体可以经历以下三层推导。

（1）由特殊到一般。可以举大量具体自然数、分数的实例，总结得出公式，从而猜想其正确性。

（2）由具体到抽象。用字母表示所有的数，由字母的多项式运算得出正确结论，有完整的符号演绎过程。

（3）由图形到符号。由图形变化过程中面积的关系得出结论，这是一种数形结合的方法。

这三种方法分别适合学情不同的学生。第一种方法适合学习水平比较弱的学生。这类学生，数学思维高度比较低，只能发展较基础的推理能力。第二种方法适合一般学情的学生。学生经过学习，有一定符号演绎和推理基础，这种方法抽象性比较强，对数学符号能力的发展、逻辑性和严谨性的发展都比较有利。第三种方法需要"数形结合"，适合学情较优的学生。既用"几何模型"推出"式"的结论，又用"式"的关系应用了"几何模型"，对学生数形结合能力有更为综合的发展。

三种方法适合学情不同的学生，教师应根据实际情况进行选择，毕竟课堂时间有限。当然也可以将这三种方法在不同课时、不同情境下多重演绎。

（三）建模

教学中需给学生培养的第三项核心素养是"建模"。数学模型侧重用数学创造出来的概念、原理和方法，描述现实世界中的那些规律性的东西。通俗来说，就是把现实问题中的条件、结论等加以提炼、简化，形成数学模型，求出模型的解并验证其合理性，那它即为现实问题的解。

培养学生的"建模"能力，首先要鼓励学生大量阅读和掌握各学科知识，具备丰富扎实的理论知识、基本能力等，才能读懂问题，这是"建模"的前提；

其次是通过学生的分析、推理,将实际问题中的"纯"数学条件和结论等抽象出来,用数学符号表示成简化的数学模型,然后通过"纯"数学的方法——"式"的运算,或"形"的推理,得出数学模型的结论,最终应用于实际问题。

例如,在"利用三角形相似测距离"一课中,关于测旗杆高度的问题。首先读懂问题,明确已知和所求;接下来抽象、简化出数学模型;最后解答数学模型并应用于实际问题。具体来说就是:将同一时刻的阳光视为平行线,标杆长度和其影长,以及要测的旗杆影长抽象成线段,然后利用三角形相似的数学模型解决这一问题。在现实问题的解决过程中,通过实践操作培养学生的抽象、推理、建模的能力。

总之,教师们不懈努力追求的目标就是学生知识和能力的不断进步。为了实现这一目的,教师们一方面要不断学习、认真备课,不断提升自身的能力和业务水平;另一方面就是在了解学生学情的前提下,因地制宜、因材施教,培养和提升学生的数学核心素养,使学生在情感发展、知识技能等方面都不断有"质"的提升。

立足项目式学习模式 浅析初中数学教学策略

胶州市第十八中学 姜旗旗

一、项目式学习模式概述

(一)概念

项目式学习模式主要是一种以学生为教学中心的授课方法。项目式学习以具体的项目作为教学载体,结合多种教育资源与学习素材。学生以小组合作的模式展开项目式分析探究、实践学习,从中收获众多学习技能,形成良好学习能力,完善知识储备结构。项目式学习模式之所以被教师们所注重和利用,是因为它立足于学科的核心概念和相关理论,注重围绕学生学习技能和独立思考能力的培养,有利于学生掌握更多的学习方法。针对此点,教师应当在数学教学中,立足于项目式学习模式,结合学情,更好地带领学生深入探究数学知识的本质。

(二)框架

项目式学习模式的主要目的是培养初中生的思维技能,促进他们的个性化发展,进而使其成为具备较多学习技能的复合型人才,如构思能力、设计能力、应用技能以及实践操作技能等。项目式学习模式也是围绕培养学生的这些能力来实施教育教学的。项目式学习模式,首先是对项目活动的环境与基础条件展开分析;其次是设定计划,明确项目的实际目标与环节;再次是发现、分析以及解决项目开展过程中所存在的困难与问题;最后是展示自我项目的成功,并进行总结和自我反思。

(三)意义

通过了解项目式学习模式的概念与框架,我们能够确定该学习模式的具体意义。其一,项目式学习模式能够全面促进初中生的个性化发展。该学习模式重在强调学生采用多种不同的学习方法,为他们提供了较为丰富的学习空间,同时学生也可以运用各种方法与技能来解决数学问题,进而培养他们的思维能力,促进初中生个性化发展。其二,项目式学习模式有助于提升初中生的自主学习能力,在项目式学习模式下,他们能结合自己的兴趣爱好以及数学基础,自主决定学习和探究的内容,从中制订适合自己的学习计划。在这一过程中,学生的自我管理能力可以得到较好的锻炼,从而为其形成自主学习习惯奠定基础。其三,项目式学习模式有助于初中生对数学知识的灵活运用,最终加深他们对数学知识的应用与体验。

二、项目式学习模式的优势

项目式学习模式,作为当前教育理念与授课模式创新发展的一种新型学习模式,在数学教学环节中,可以充分施展其优势。

(一)系统性优势

项目式学习模式主要是以项目作为核心载体,以此开展具有较高探索价值与富含知识内涵的项目学习活动,创设具有实践价值的学习环境,激发初中生参与课堂活动的主动性,吸引他们的注意力,从而不断培养学生的系统性思维意识。

(二)实践性优势

项目式学习模式能够帮助学生将所学知识与数学相关理念融合到项目

主题任务之中,使得他们在整个项目完成过程中,掌握众多的解题技巧与思路,进一步丰富他们的学习经验,加深学生对数学相关知识的认知,最终形成专属自己的思维方法。

(三)协调性优势

项目式学习模式非常注重多门课程内容之间的协调与合作,进而在项目进行环节中推动学生多种学习技能的发展,并促使他们学会综合使用多门学科的知识内容,高效解决项目问题,从而提升多门课程知识的使用和学习技能。

(四)互动式优势

项目式学习模式重在强调小组合作中各成员之间的协作,进而促使学生之间的协调配合,使其充分施展小组的优势作用,真正促进生生之间以及师生之间的合作与交流,实现师生共同进步。

三、立足项目式学习模式 探索初中数学教学策略

(一)积极导入新内容 激发学生思维意识

教师在数学课堂开展的活动教学,主要有延伸课外知识、自主动手实践以及游戏思维三种模式。为了提升课堂教学效率,教师应立足项目式学习模式,积极导入新内容,从而激发学生的思维意识,提高初中生的学习技能。

比如,在讲"探索三角形全等的条件"时,教师可引导学生从全等三角形的定义出发,提出:判断两个三角形全等,是否一定需要满足定义中提出的六个条件呢?这些缺一不可吗?能否尽可能少呢?一个条件行不行?两个条件、三个条件呢?提出问题后,允许学生独立思考、合作探究解决问题的方案,再在全班进行交流,使学生充分经历实践、探索和交流的活动。通过探究活动,不仅得到两个三角形全等的条件,同时体会分析问题的方法,积累数学活动经验。

(二)精心设置活动项目 提升学生学习兴趣

一般来讲,初中阶段数学活动课程的设计形式,包含实践应用、拓展延伸、实践操作等等。教师可以在项目式学习模式基础上,按照教材内容与授课目标精心设置项目活动,进一步提升初中生学习数学的兴趣。此外,教师要想充分提高项目式学习模式下初中数学活动课的授课质量,就一定要确

定授课目标。其中,初中数学活动课的授课目标包括:拓展初中生的数学思想,丰富学生的知识空间,提升他们解答问题的技能水平,激发初中生数学学习兴趣等等。

例如,在讲"平面直角坐标系"时,可以在"确定藏宝地"这一数学活动项目中,组织学生进行整章关于平面直角坐标系以及物体位置知识的系统性学习。进而让学生学会对整章知识点进行融会贯通,不断完善他们的数学知识结构。对此,教师在设计游戏活动的过程中,可利用座次表设定坐标系,让小组成员轮流创建坐标系图形,接着让其余学生按照教师所提出的坐标数值,快速确定宝藏在哪个同学那里,用时最短的组获胜。学生在这种项目活动学习中,不仅可以提高学习效率,他们的学习兴趣也会被深深激发出来。

(三)探究数学活动核心 根据核心设置项目

教师在初中数学教学过程中采用项目式学习模式,可以充分确保课堂的活动核心,全面了解学生的学情。为此,教师在进行数学课程教学时,应该注重探究数学活动的核心,并根据核心来设置项目学习的内容,以增强他们对数学知识的掌握程度。在此过程中,教师要为学生营造一个有趣的数学学习环境,确保他们可以放松、愉快地进行数学学习。此外,教师要注意,需将学生作为活动开展的主体核心,充分凸显他们的主体地位,从而使其全身心地投入到学习活动之中。

比方说,在学习"有理数的乘方"这一课时,可以向学生提问:一张纸能够通过系列操作变得与一本书一样厚吗? 一些学生会通过想象认为可以,部分学生则觉得不可以。接着教师再问:那能够与一层楼一样高吗? 这时,大多数学生都认为不可行。此时,教师要求学生通过自己亲自动手实践。最后,学生在实践与计算过程中发现,从理论的层面来讲,一张纸经过多次对折后是可以比一层楼高的,但是实际无法操作。之后,教师通过利用核心内容"乘方",将看似无法达到的事件进行证实,最终取得理想的效果。学生通过这种项目式学习模式,不仅可以进行亲身实践与思考,而且能深入探究数学知识的本质,扩展自身的学习知识空间。

(四)充分掌握教学的内容 设定有效项目环节

初中数学课程教学的目标,主要是通过系列的学习活动来强化学生对数学知识的理解与实践运用,促使学生充分掌握数学知识,培养他们的学习思维与技能。这就需要教师充分掌握数学教学内容,并设定有效的项目环节,根据学生的实际学习特点,设计针对性的项目教学环节,以更好地提升学生独立思考、自主学习的能力。

以"简单的图案设计"一课为例,课本上的图案都可以看成是其中的某些部分通过适当的平移、旋转或轴对称所形成的。教学时教师应先引导学生对这些图案进行分析、欣赏,然后鼓励学生自己设计图案并表达设计意图。这样既激发了学生的创作热情,又可以对本章的重点知识"平移与旋转"进行灵活应用。学生在这种项目式学习模式中,充分提升了自身的实践操作能力,并顺利建立了对简单图形结构的认知,提高他们本节课的学习效率。

三、结语

总而言之,教师在日常授课环节中,应该充分使用项目式学习模式,使其在初中数学课堂活动中充分发挥优势作用,不断提升学生的学习兴趣,凸显学生在数学课堂中的主体地位。教师通过项目式学习模式,还可以充分培养学生独立思考、自主学习的能力,从而为其全面发展奠定基础。

第二节　寻根求源　得见真章
——基于教材的研究

源于生活　服务生活
——在初中开展项目教学的思考

青岛第三十九中学　荣秀梅

项目教学起源于德国的职业教育,它是将一个相对独立的项目,交由学生相互协作,探究完成。从信息的收集、方案的设计、项目的实施及最终的评价,都由学生负责,教师加以协助指导。学生通过该项目的进行,了解并把握整个过程及每一环节中的基本要求。当然在实施项目的过程中,也会加深对理论知识的认识和理解。通俗一点说,其实就是"做中学"。

近三年来,笔者所在学校的高中部在北师大教授的指导下,大力开展项目教学。近水楼台先得月,在多次听取北师大教授的报告,观摩了老师的多节公开课后,我们初中部也大受鼓舞,展开了实践。在实践过程中,如何选择适合日常教学、适合学生的能力水平、适合学生的知识增长点的项目成为摆在老师们面前的第一道难题。

通过两年的学习探索,我们在选择项目方面有了一些思考与心得,跟各位同行一起交流。

一、选择项目的依据

初中数学新课程标准指出:数学要源于生活,服务生活。要让人人学习"有价值的数学"。因此,我们初中数学组的老师们通过共同研究,达成了如下共识(图 1)。

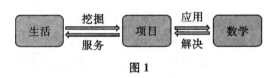

图 1

微项目是连接起数学知识与现实生活的一道桥梁。我们选择的微项目既可以从生活中挖掘得到,又能通过同学们之间的团队协作、相互交流,用数学知识解决它,并最终服务于生活。通过完成微项目,学生在提高自己解决问题能力的同时,还能更好地理解数学概念,掌握解题思路,能很好地提升学习兴趣和应用数学知识解决问题的能力。

二、选择项目的来源

找到了项目的依据后,从哪里寻找项目,如何确定适合学生的项目,就是摆在老师们面前的最主要的问题了。在我们实践项目式教学的这段时间,我们确定的项目主要来源于以下三个方面。

(一)来源于课本后面的社会实践活动内容

北师大版初中数学,在每一册课本的后面,都有几节社会实践活动内容。这些内容本身就是比较成熟的项目,适合用前面学过的数学知识来解决,比较适合复习课。

例如,七年级上册的社会实践活动"制作一个尽可能大的无盖长方体形盒子"，就可以直接转化成一个现成的项目问题：用一张长方形纸片，你能制作一个无盖长方体盒子吗？怎样裁剪，盒子的体积最大？请和同学一起研究。让同学们经历"抽象出数学问题—建立数学模型—运用已有知识解决问题"的过程。运用表格、统计图等工具表示数据，选择数据的过程则运用"夹逼法"，逐渐接近问题的实质。在运用所学知识的同时，让学生真正解决了一个生活中的难题，提高了学生分析问题和解决问题的能力。

（二）来源于课本——通过挖掘、整合教材内容得到

通过挖掘、整合课本的内容，也可以确定适合学生探究的微项目。而且，这样的项目更适用于新授课。

比如，我们曾经在研究轴对称的定义、轴对称的性质时，给出了这样一个项目问题：你知道轴对称现象吗？拿起相机，拍摄你身边满足轴对称现象的图片跟同学一起研究分享，说明你认为它们满足轴对称的原因，并自己设计一幅满足轴对称的美丽图案，送给自己的好朋友。

这个内容就来自于七年级（下）第五章"生活中的轴对称"。但这一章的第一节是轴对称现象，第二节是轴对称的性质。知识都是揉碎了、一块一块告诉学生的。我们就想能不能用一个项目串起来？我们仔细研读了教材，第一节课要求的是让学生要充分感受生活中的轴对称现象，然后抽象出概念。这样的感受，仅仅像教材那样，由老师展示几张图片是远远不够的。而且在认知基础上，孩子们小学就已经接触过轴对称现象了，老师再去灌输，本身就是跟学生的认知脱节的。如何改变这种情况？

我们就设计了这样一个项目。目的是希望孩子真正去找一找，生活中成轴对称的事物或图片，用手机拍下来，然后大家一起欣赏（图2）。这样的活动，首先会激发学生浓厚的兴趣。其次，在寻找的过程中，就有一个眼睛看、脑子想、嘴巴说的过程。学生通过亲身的感受，真正理解轴对称的含义。理解了轴对称的定义，第二节才是轴对称的性质。但性质来自哪里？大家会发现，性质来源于定义。把定义深挖下去：沿一条直线对折能完全重合，就是性质。其主要内容落脚在：让学生在充分感知的基础上，再通过充分的操作体验，探索交流，进而自己归纳出轴对称的性质并加以应用。通过这样一个项目，既突破了时间、空间的限制，又让学生成为真正的探究主体，提高了学习效率。北师大教材主编马复教授对此给予了高度的评价。他认为，这样处理教材，说明对教材的认识非常到位，并把内容进行了灵活的整合,真正把学生的认知需求与知识通过实际问题对接起来,达到了很好的效果。

图2 学生拍摄的现实生活中的轴对称图片

(三)来源于生活中的实际问题——通过提炼得到

还有一些项目,来源于我们老师、同学在实际生活中遇到的问题。我们不仅自己要做个有心人,积极积累适合研究的数学模型,还要鼓励学生善于思考、提出问题。当然,生活中的问题往往比较复杂,但我们可以限制一定的条件,通过提炼就能得到比较合适的项目。

比如,我们的同学曾经提出这样一个问题:滴滴打车是如何确定我们与目的地之间的距离的?我们就提炼出了下面一个项目问题:生活中的微信、QQ、滴滴打车等常用的软件给我们的生活带来了很大方便,原因是它们都运用卫星定位,迅速检测出两个对象之间的距离。那么,我们能不能像卫星监测那样,随时知道两个对象之间的距离呢?引导学生运用数学建模思想,综合运用函数、方程、不等式来解决问题。

再比如,随着手机的普及,如何选择一款合适的手机套餐,也是一个典型的数学问题。因为每个人的需求不同,手机套餐的选择也会不同。因此,我们就设计了这样一个项目问题:手机已经成为生活中的一个重要组成部分。那么,如何选择一款合适的手机套餐就成为一个很现实的问题。调查爸爸、妈妈和自己的好朋友的手机资费情况,并查询不同公司的套餐情况,为他们选择一款合适的手机套餐。学生通过实际调查和计算,分别找到手机资费与通话时间和流量的函数关系模型,再运用数据统计的思想找出各个月的资费状况,最终确定方案(图3)。

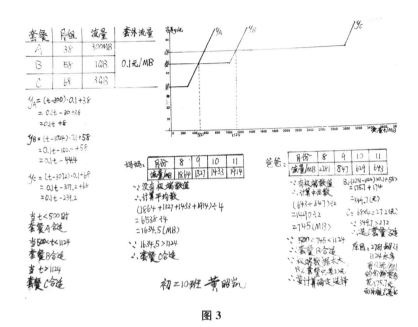

图3

为落实学科核心素养,发展学生的学科能力,新课标、新教材都强调学生能力的发展,关注学生的学习过程。课标和教材的改革,也促使教师的教学方式做出相应的改变。基于真实的问题情境,选择合适的项目,将教学内容与生活经验有效整合,注重学科融合,才能有效提高学生实际思考和解决问题的能力。项目式教学主题涉及生产生活的方方面面,在此过程中确实对学生各方面能力的提升有很大促进。总之,数学项目来源于生活,最终还要回归于生活。选择怎样的项目,既能体现生活的趣味性,又能体现数学的工具性,这是需要我们继续思考的问题。

数学需要"动手做"

青岛第三十九中学 荣秀梅

中华人民共和国教育部《基础教育课程改革纲要(试行)》2001 版指出,基础教育课程改革的目标之一是:"改变课程过于注重知识传授的倾向,强调形成积极主动的学习态度,使获得基础知识与基本技能的过程同时成为学会学习和形成正确价值观的过程。"要实现这一目标,必须改革课堂教学中以讲授为主的教学方法,向学生提供充分从事数学活动的机会,帮助他们在自主探索和合作交流的过程中真正理解和掌握基本的数学知识与技能、培养能力、获得经验。而在实际的教学过程中,我发现:"动手做"数学就是一种很好的学数学的方法。

例如,在复习特殊的四边形——菱形时,传统方法往往是从知识结构入手,提出诸如什么是菱形、菱形的性质、判定方法有哪些等问题,然后就不同的知识结构进行相应的习题练习。前几年我也是如此进行的,而在 2019 年,我按"动手做"的思路重新设计了本节内容,却取得了出其不意的良好效果。学生热情高涨,掌握情况良好,还开设了公开课,得到了领导和老师的一致肯定。为什么会取得如此显著的效果呢?我认为主要是得益于"动手做"这种数学形式。下面我通过"菱形"这一课的教学思路说明数学中开展"动手做"的必要性。

一、"动手做"可以提高学生学习数学的兴趣

要使学生学好数学,首先要让他们喜欢数学。怎样使学生产生兴趣,愿学、乐学呢?我认为"动手做"就是一条较好的途径。在教学中多让学生动手操作,通过学生喜欢的活动,激发学生的学习兴趣,从而使学生在愉快轻松的氛围里学会知识,培养能力。因为"手是意识的伟大培育者,又是智慧的创造者"[①],所以,要让学生动手做科学,而不是用耳听科学。

新课程也倡导让学生在具体的操作情境中发现新知识,感受再创造的探索过程。在新课程理念下,教师要十分关注学生的直接经验,极力将教学过程设计成看得见、摸得着的实践活动。

比如,我在复习"菱形"这一课时,就先创设了这样的项目情境:你能用一张宽为 15 cm、长为 20 cm 的矩形纸片折一个菱形吗?理由是什么?你能让所折叠的菱形面积尽可能的大吗?目的在于激发学生探究的兴趣,同时通过"折一折"这样一种蕴含着从简单到多项思维活动的动手操作,让学生更加深刻地理解数学概念。事实证明,这个问题情境,使学生一改往日提问概念的沉默。他们热情高涨,通过动手折菱形,把一个个抽象的菱形判定、性质,还原为一个个生动的活动过程,从而在动手、动脑、动口的过程中,充分感知了菱形的性质。

---

① 〔苏〕苏霍姆林斯基. 给教师的建议[M]. 杜殿坤编译. 北京:教育科学出版社,1984:108.

二、"动手做"数学是学生思维发展的需要

针对教师提出的问题情境,同学们认真而积极的动手折叠,不断地进行思考和改进,寻找自己得意的结果。笔者归纳之后主要有以下几种形式,分别如图 1、图 2、图 3 所示。

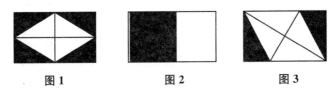

图 1　　　　　　图 2　　　　　　图 3

到底自己所折出的图形是不是菱形呢? 这一衍生出来的问题又促使他们去探究判定菱形的依据,而图 1、图 2、图 3,正好涵盖了菱形判定的几种方法。

在以上过程中,学生通过动手操作,在新的情境中更深刻地理解了菱形的判定,从而使理解得到升华,与传统的教师讲解相比具有更高的学习效率。同时也加深了数学与实际生活的联系,培养了学生的转化能力。真是"纸上得来终觉浅,绝知此事要躬行"。

因此,学生的思维是从动作开始的,切断了动作和思维的联系,思维就得不到发展。新课程标准指出"让学生在做中学"。解放学生的双手,让学生动手操作的过程,其实就是学生的手、眼、脑等多种感官协同活动并参与学习活动的过程。它不仅能使学生学得生动活泼,而且能启迪大脑思维,对所学过的知识理解更深刻。因而,在设计教学内容时,要有意识地将教材知识与生活实践联系起来,寓数学知识于学生喜闻乐见的活动之中。

三、"动手做"数学是创新教育的呼唤

应试教育下的数学教学,重视的是知识的传授,强调的是学生的"双基",课堂教学基本上以讲解为主,很少注意学生的参与,很少进行数学实验,让学生在数学课做实验则更少。但数学教学是数学思维活动的教学,学生对数学的掌握,不能光依靠老师的"教",更要依靠自己的"做",因此,在教学中,不能把数学当现成的理论来教,而是以"做"为基础,帮助学生架起思维和建构的平台。和知识、技能相比,方法和能力更重要,它对一个人的影响更加深远。而要实现这两点,仅靠课堂的讲授是不能完成的,只有让学生亲身去体验,通过潜在的积累才能获得。而"动手做"能使学生体验数学的

过程,学生在探索和实践的过程中,方法和能力得以形成和发展。

例如,还是在"菱形"的教学中,教师出示新的问题:以上所折出的菱形中,哪一个面积最大? 如果让学生直接去证明,学生可能不得要领,无从下手。但在学生的动手实践中,他们就会通过比较"折"的过程中剪去部分的大小,得出了图 3 的面积最大。至于大多少,同学们也会先算出图 1 和图 2 的面积,然后在教师的引导启示下,得出图 3 菱形的面积(有几种方法)。

在这个过程中,学生手脑并用,积极主动地搜寻旧知识,并利用动手活动中得出来的切身经验,解决了新的难题。这样既复习了旧知识,又让学生亲身体验到数学与实际生活的联系,体验到了一个个"鲜活"的数学概念和性质。

四、"动手做"数学是新课程改革的大势所趋

有个性才有创造力,每个教师都要重视学生的个性发展。新课标中指出:要实现人人学有价值的数学,人人都能获得必要的数学,不同的人在数学上得到不同的发展。也就是说,好的课程应当关注学生的个性差异,尊重不同学生在知识、能力、兴趣等方面的需要。而以往的"满堂灌"是没有这种优势的。只有结合学生的实际情况,有针对性地精心设计不同层次、不同类型的活动,使学生都有机会参与到各种形式的活动中来,才能让学生在活动中有所收获。

动手操作是学生顺利完成数学任务的一种活动方式,为经验的获得和理论的理解创造了条件。这就要求我们在日常教学中,要注重学生动手操作,以培养学生的动手能力。新课改数学教材就着重体现了这一点,里面蕴藏着丰富的实验素材。比如:①几何中的测量;②几何变换操作,几何体的旋转、翻折、平移等;③验证数学公式的操作,如勾股定理、平方和公式等;④运用计算机研究几何图形的变化等。所以,我们要充分发掘数学背后所蕴含的丰富文化内涵——数学知识本身所负载的探索过程、方法策略等,把数学还原为学习者的经验与活动,让学生在"做"中学习数学。

那么,如何把新课改的这种思想应用到我们平日的教学中,而不至于"穿新鞋走老路"呢? 我们可以看出,本文的"菱形"案例是通过创设学生很感兴趣的项目情境,采用了让学生动手操作的方法,从而把抽象的菱形的判定和性质,还原成了生动现实的活动过程。因此,数学知识的学习,应是以教师为主导,先提出数学问题,然后以学生的实践探索交流为主线进行的。

只要我们在平日的教学中勤于动脑,就会让学生体验到数学与实际生活的联系,从而培养学生"数学化"的能力与"用数学"的意识。

总之,通过新课改以来的教学,我深深地体会到:"动手做"是一种学习方法。在平日的教学过程中,我们要重视设计项目情境,引导学生主动参与,强调让学生自己动手制作、操作和探究,进而发现规律,获得新知识。让我们倡导一种项目教学形式:"动手做"数学。

函数图像在最优化问题中的应用

青岛第三十三中学 袁翠洁

在实际生活中,我们总是想方设法少花钱多办事,也就是希望自己能够事半功倍,在数学中这属于最优化问题。初中数学教材非常注重知识与生活实际相结合,很多章节知识的引入都是以生活原型的姿态出现的。因此,最优化问题也是初中数学研究的一个重点和难点。

初中阶段的最优化问题主要涉及"哪种方案更合算""怎样走最近""何时获得最大利润""最大面积是多少"等一系列问题。其中,"哪种方案更合算""何时获得最大利润""最大面积是多少"等问题的解决都要借助函数的相关知识。在解决与函数相关的最优化问题时,利用图像可以使复杂问题简单化、抽象问题具体化。正如数学家华罗庚先生所说"数形结合百般好,隔离分家万事休"。以下笔者通过几个实例说明在解决最优化问题时利用"函数图像"的好处。

一、"函数图像"为解决最优化问题提供解题思路

在北师大版数学八年级下册中有这样一类问题。电信公司有甲、乙两种业务:甲种业务规定月租 25 元,另外每通话 1 分钟收费 0.4 元;乙种业务不收月租费,但每通话 1 分钟收费 0.6 元。你认为我选哪种业务更合算?

解决这一类问题的一般方法是:根据题意列出两个一次函数关系式,根据所列函数关系式分类讨论。初次接触这一类问题时学生很难一下子想到这一方法。如果教师直接通过例题讲解、演示,学生最终也能够掌握这一方法,但是却无法提高学生解决问题的能力。新课程标准明确要求教师在课

堂教学中要"提高学生数学的提出、分析和解决问题的能力"。提出问题、解决问题是一种基本技能，是数学建模能力的体现。问题不等于习题，它不能单纯地靠学生的模仿、套用等途径实现，它需要学生通过一系列的归纳、类比、实践、探究等过程，才能创造性地运用所学知识，提高解决问题的能力。怎样能够有效地引导学生的思路，使学生能够顺利地突破思维上的障碍呢？在课堂上，我是这样处理的。首先将这道题目改编成：电信公司有甲、乙两种业务，收费方式如图1所示。

（1）什么情况下我应选择甲种业务？

（2）什么情况下我应选择乙种业务？

（3）什么情况下两种业务收费相同？

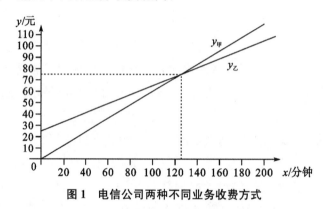

图1　电信公司两种不同业务收费方式

再提出"电信公司有甲、乙两种业务：甲种业务规定月租25元，另外每通话1分钟收费0.4元；乙种业务不收月租费，但每通话1分钟收费0.6元。你认为我选哪种业务更合算？"这一问题。改编之后，学生先通过图像研究，再改为由题意列出函数关系式，分类讨论。

中华人民共和国教育部《义务教育数学课程标准(2011年版)》明确指出："数学教学应根据具体的教学内容，注意使学生获得间接经验的同时也能够获得直接经验，即从学生实际出发，创设有助于学生自主学习的问题情境……"因而，教师在课堂上每一个问题的解决，不能是简单的知识呈现，更重要的是要让学生把握问题的本质，体会、发现解决问题的方法和经验，不断提高分析问题和解决问题的能力。而在解决"哪种方案更合算"这一问题时，通过对图像的探究，学生对问题已经有了直观经验。如果再进一步分析问题，加强知识前后的联系和方法的类比，学生完全能够认识到这样的问题可以借助函数来解决，并且通过函数图像可以直观地看出最终会出现三种情况，需要分类讨论。此时，数形结合思想的使用为学生解决最优化问题提供解题思路，从而顺利解决问题。

二、"函数图像"为解决最优化问题扫清思维障碍

数学知识的掌握，不能单纯地依赖死记硬背，而应以理解为基础，并在知识的应用中不断巩固和深化。只有学生真正地理解数学知识，才能够在应用过程中做到得心应手。为了帮助学生真正理解数学知识，我们在课堂教学中要想方设法使复杂、抽象的数学知识简单化、具体化，从而使学生结合自身的生活经验和直观感受完成对数学知识的理解与掌握。

在学习了二次函数的图像与性质后，我对二次函数的应用教材设计了"何时获得最大利润"这样一节课。这节课的内容实质上是利用二次函数的性质解决最优化问题。这一类问题是初中数学内容的重中之重，但由于其综合性较强，部分同学觉得难以理解和掌握。而灵活运用数形结合解决这一类问题往往能达到出奇制胜的功效。

例如：某服装公司试销一种成本为每件 50 元的 T 恤衫，规定试销时的销售单价不低于成本价，又不高于每件 70 元，已知销售单价是 70 元时，销售量是 300 件，而单价每降低 1 元，就可以多销售 10 件。当销售单价为多少元时，销售利润最大？最大利润是多少元？

该题的一般解法如下。

解：设销售单价为 x 元时销售利润为 W 元，则

$$W = (x-50)(300 + \frac{70-x}{1} \cdot 10)$$

$$= (x-50)(-10x+1\,000)$$

$$= -10x^2 + 1\,500x - 50\,000$$

自变量取值范围：$50 \leqslant x \leqslant 70$

$\because -\dfrac{b}{2a} = -\dfrac{1\,500}{-20} = 75, a = -10 < 0$

$\therefore$ 函数 $W = -10x^2 + 1\,500x - 50\,000$ 图像开口向下，对称轴是直线 $x=75$

$\because 50 \leqslant x \leqslant 70$，此时 W 随 x 的增大而增大

$\therefore$ 当 $x=70$ 时，$W_{最大值} = 6\,000$。

答：当销售单价为 70 元时销售利润最大，最大利润为 6\,000 元。

在这一问题中,我们可以看到,函数的最大值不是在二次函数的顶点处求得,而是综合二次函数的性质,通过分析定义域内函数的增减性得到的。此时,如果单纯地利用二次函数开口方向、顶点坐标、增减性等相关知识解决太过于抽象,对学生来说有一定难度。那么,如何扫除学生无法灵活运用二次函数增减性这一思维障碍呢?如果利用数形结合思想,把问题与图2有机地联系起来,借助图像的直观、揭示二次函数的性质,那么便可以使学生直观地发现,在自变量取值范围内,函数值随自变量的增大而增大,当自变量取定义域内的最大值时,函数获得最大值。这一过程我们利用直观的图像揭示了抽象的数学知识,学生经历一个由数到形、再由形到数的思维过程。有了这样的思考过程,学生在转化中领会问题的一般求解方法,有效地扫清学生对抽象问题难以理解的思维障碍,完成对二次函数最优化问题的理解与掌握。

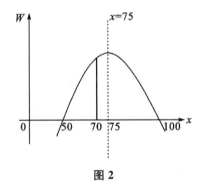

图 2

数形结合思想是数学的重要思想方法之一,其实质就是将具体的符号语言和直观的图形语言结合起来,使抽象思维和形象思维结合起来,将抽象的内容直观化、具体化,它既是一种重要的思维方法,也是一种建构数学模型的重要手段。

最优化问题作为一类数学模型,它具有趣味性强、与生活实际联系密切、解决起来综合性强、难度大等特点,有效地解决最优化问题对提高学生分析问题和解决问题能力有极大的好处。初中阶段的最优化问题往往与函数相结合,而函数图像的应用,为解决此类最优化问题提供了解题思路,扫清了思维障碍,更是帮助学生建立起良好的数形结合观念。

知识是解决问题的基础,方法是解决问题的工具,思想才是解决问题的本源。如果能够帮助学生逐步树立起良好的数形相结合的观念,使之成为运用自如的思维方法和解题手段,那么,不仅是为学生找到了一把解决最优化问题的金钥匙,更是找到了一条通往数学殿堂的平坦大道。

初中数学教学中如何进一步提升
学生运算能力的方法探究

青岛第三十九中学市北分校 慕家武

一、初中数学教学中提升学生运算能力的必要性

(一)初中数学教学目的:运算能力是核心素养之一

初中数学的教学目的是:使学生学好当代社会中每一个公民适应日常生活、参加生产和进一步学习所必需的代数、几何的基础知识与基本技能,进一步培养运算能力,发展思维能力和空间观念,使他们能够运用所学知识解决简单的实际问题,并逐步形成数学创新意识。培养学生良好的个性品质和初步的辩证唯物主义观点。初中数学学科核心素养包含数学抽象、逻辑推理、数学建模、数学运算、直观想象、数据分析等六个方面。

(二)数学课程标准规定:运算能力是核心能力之一

数学运算能力是课程目标要求的核心能力之一。中华人民共和国教育部《义务教育数学课程标准(2011年版)》指出:"运算能力主要是指能够根据法则和运算律正确地进行计算的能力。培养运算能力有助于学生理解运算的算理,寻求合理简洁的途径解决问题。"在数学问题的研究过程中,运算是不可避免的。它能反映学生研究数学问题的态度,考验学生解决问题的综合能力。

如何在初中教学中,根据教材的安排,合理有序地"进一步培养运算能力",这是每一名初中数学教师始终面对的一个核心教学任务。初中教材主要融合代数和几何两大分类,代数包括实数、代数式、方程(组)、不等式(组)、函数等知识;几何包括相交线、平行线、三角形、四边形、圆、全等、相似、对称、平移、旋转、三角函数等。代数的全部和几何的很多问题最终的解答过程都要落实到计算。所以,在日常教学中,笔者始终留心研究,如何利用初中教学内容进一步培养学生的运算能力。

二、初中数学教学中培养学生运算能力的具体做法

(一)提高运算准确度

这是运算能力最基本的要求。学生必须保证所理解的概念是准确的，在进行准确的化简之后，求得准确的运算结果。具体做法如下。

第一，必须理解并牢记定义、法则、公式等，这是基础。

第二，注意区别类似公式的特点和不同应用情况。例如，完全平方公式和平方差公式，需仔细审题，并根据问题的不同选择正确的法则、公式应用。

第三，可以考虑使用分步计算、分步检验的办法，有效提高计算的正确率，节省检验的过程和时间。这里的分步，除了指具体形式上的分步，也可以是内容或结构上的分步。比如，在比较复杂的多项式乘法中，第一步一般优先平方差、完全平方公式等的展开，然后才是普通的整式乘法；第二步去括号；第三步找出同类项合并；最后是化简结果。这里的过程是一个整体，但阅卷采分时是分步得分的，这又是分步计算的一个好处。在最终结果出错时如果过程正确，可以得到大部分的过程步骤分。例如：

$(2a+3)^2-3(2a-1)(a+4)$——审题后，第一步适合完全平方公式展开，同时运算后边的多项式乘以多项式

$=4a^2+12a+3^2-3(2a^2+8a-a-4)$——这一步完全平方公式展开和多项式乘以多项式，分值各 1 分，共 2 分步骤分

$=4a^2+12a+9-3(2a^2+7a-4)$——这一步合并整理没有分，但可以为下一步运算做好准备

$=4a^2+12a+9-6a^2-21a+12$——这一步去括号，分值 1 分

$=-2a^2-9a+21$——这一步合并化简，分值 1 分

这样分步计算，条理很清楚，计算过程不易出错，而且检查的时候也容易发现错误出现在哪一步。如果结果出错，出错原因只是最后一步的话，这道 4 分的计算题只会被扣掉 1 分。如果在中间过程，一些步骤合并，比如后边的多项式乘以多项式和去括号合并，导致出错，则会扣掉 3 分，而且检查的时候，也会增加难度。

(二)提高运算熟练度

考试的时间有限，提高运算熟练度，节省出的时间是学生在规定时间内完成考卷，并且留出时间检验错题或者攻克难题的保障。学生在保证运算

准确性的前提下,必须要采取一些办法提高运算的熟练程度。

提高运算能力是一个循序渐进的过程,要遵循学习的自然规律,是一个长期坚持的过程。提高新知识运算熟练度大致可分为以下三个阶段。

第一阶段是模仿教师的例题阶段。在理解概念和计算原理的前提下,进行一些基础题的运算。这时候教师的板书演示的规范性和严谨性特别重要,学生要在这个过程中熟练基本应用和步骤。

第二阶段是学生在经历一段时间和足量的训练后,对运算原理和方法有了进一步的理解和灵活使用的阶段。这个阶段学生已经可以提炼出一些简化运算的方法,甚至是一些二级运算法则或公式。比如,有 30°角的直角三角形中,学生总结出三边的比例关系 $1:\sqrt{3}:2$,在解决选择和填空题时,已知一条边长,可以根据比例关系迅速算出其他边长,而不必再用勾股定理列式计算,可以节约大量时间。

第三阶段是提高难度和灵活性的能力升华阶段。长时间的同等难度的训练会让学有余力、富有创新热情的同学厌烦,选择一些有难度的灵活题、变式题,会让这部分学生的学习热情保持,同时更能激发其探究欲和好胜心。

(三)关注运算方法选择的合理性

学生能够将复杂的数学运算进行合理的审题,在保证运算准确性和熟练度的前提下,选择最合适、最简洁的运算方法,使运算过程变简单,这是学生需要普遍掌握的能力。

在日常教学中要鼓励学生多角度思考问题,用不同的方法独立解决问题,将不同的解题方法对比呈现给学生,通过观察,比较出不同方法的优劣和差异,总结出适合不同情况的最优方法和结构,并应用于解题。部分学生解题过程烦琐,固执于一种方法,甚至有的题用常规方法解不出来,原因就在于呈现的、适合不同情况的方法不被重视,总结合适不同题境的解法,没有被落实和应用。比如,对于"一元一次不等式与一次函数"结合的问题,有的适合用解不等式的方法,有的适合用图像法,只有方法选对了,才能又快有准地解出题来。

1. 在一次函数 $y=-2x+8$ 中,若 $y>0$,则(　　)

    A. $x>4$ B. $x<4$ C. $x>0$ D. $x<0$

2. 如图 1 所示是一次函数 $y=kx+b$ 的图像,当 $y<2$ 时,x 的取值范围是(　　)

A. $x<1$ B. $x>1$

C. $x<3$ D. $x>3$

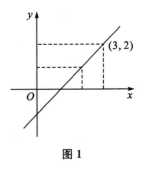

图 1

以上两道题,第一道题用解不等式法或图像法都能解决,显然解不等式的方法更简单,第二道题则只能用图像法。如果固执于解不等式的计算方法,而不理解函数值与自变量的对应关系,第二题是解不出来的。

(四)重视运算的规范性

运算的规范性是学习者必须重视的一个方面,也是教师在日常教学中需要持续要求的一个方面。运算的规范性要求学生必须将运算求解过程用规范数学语言进行表述和呈现,是运算成果直观展示的重要一环。

运算的规范性的培养是一个很需要耐心和细节的过程。

1. 需要学生重视课本例题的规范演示,多数课本的例题解题的过程是可以直接套用的。

2. 需要教师长期的严谨的板书规范演示,而很多时候由于课堂内容较多或解题时间有限等,教师在做一些板书展示的时候容易省略一定的步骤和文字,这时候一定要注意说明哪里省略,学生规范过程应该是什么样子。所以,为了尽量减少教师上课时展示的不规范过程,教师要充分备课,精简课堂必需的板书内容。

3. 在日常作业批改中严格运算不规范性的纠正,这需要大量的时间和耐心,一方面过程的检查比较烦琐,另一方面批改过程不规范的错误,让学生认识到错误并规范起来,不是一次两次能够完成的,往往需要教师有针对性地对学生进行阶段性的跟踪纠正,才能有比较好的效果。

(五)重视审题能力的训练

在解答题中,运算求解之前,需要做好的工作有很多:细致分析问题的条件、结论以及条件与结论间的联系,找到隐含条件,准确找到运算目标,在运算求解过程中选择最优最简运算办法,这些统称为审题。只有在正确审题的前提下,才能有正确的运算列式,之后的运算才有意义。

(六)重视并理解运算的整体性

初中代数、几何各部分的知识是密切联系,互为基础和发展的,建构完善系统的知识体系,准确理解数学的定义、公式、定理等,要掌握其发现、推导过程,掌握它们的各种等价变形,掌握有关运算的方法、步骤,这都是进一步发展运算能力所需要的。例如,初中代数学习之初,是学习实数及其运算,在掌握了实数的运算后,才能以此为基础学习整式及其运算,整式运算的掌握又可以帮助理解分式的运算……这样层层推进的学习,前边的知识既是后续学习的基础,后续知识的学习又能帮助对前边知识更深层次的理解应用。这种整体发展的关系在初中数学各部分之间随处可见,所以,数学运算能力的发展,一定要有整体性,无法割裂发展。

在日常教学中,教师应注重学生运算求解能力的培养,在正确性、熟练性、合理性、规范性构建完善后,提高学生的审题能力,进而形成初中数学运算的整体性,这是一个完整的能力提升办法。在这个过程中要注重遵循运算能力发展的基本规律,抓实运算能力培养的各个环节,大致过程是知识→技能→能力,相应要求分别是掌握基础知识、学会必要技能、应用灵活变通。

总之,运算能力的进一步培养是初中教育工作者最核心的教学任务之一。为了完成这个使命,我们会潜心研究,认真实践,耐心落实,不断前进!

基于北师大版初中数学教材的思考

平度市同和街道办事处朝阳中学 赵丛丛

数学是研究数量关系和空间形式的科学。它可以帮助人们更好地探求客观世界的规律,对大量复杂的信息做出恰当的选择和判断,直接为社会创造价值。因此,数学是一门非常有用的科学。北师大版数学教材作为新课程的第一批实验教材,具有鲜明的特点,它深刻领会了《义务教育数学课程标准(2022年版)》中数学教学的理念,对于强化素质教育和提高教学质量都有积极意义和促进作用。

一、原先的数学教材与北师大版数学教材对比分析

原先的数学教材通常由以下内容组成:一个个精确的概念、一条条深刻的定理、一串串抽象的证明、一道道繁杂的难题……这样的教材给学生带来最多的是理解数学概念的含义、解决一些规范数学问题所需要的技能等。

与此同时,教材传递出这样的信息:数学活动的主要任务是对给定问题做出正确解答,而这些问题通常表述严谨,并有确切的、既定的解法;数学活动的实质是正确回忆并运用学过的程序解决这些给定的问题。若在教学中忠实地执行这样的数学教材,则学生所能够从事的主要活动就是:复制。通过模仿与记忆教材中的内容、方法,期望形成与教材有着相似表征形式的数学知识结构;通过将教师或教材中列出的解题程序运用到给出的问题中,再做足够数量的练习就能够成功地学好数学。对教师而言,这是一种预期的、最为理想化的学习结果。如果能将教材复印到学生的头脑里,那就是最成功的学习。

然而,《义务教育数学课程标准(2022年版)》所持有的数学教学理念是:数学教学的最终目的是实现学生的整体发展,即对每一个学习者而言,学习数学的最主要目的是获得一种整体发展,即一般发展＋个性发展。对不同的学生而言,由于他们在所处的文化环境、家庭背景、自身的兴趣爱好和思维方式等方面存在着差异,因此,他们头脑中所理解的数学带有明显的个性色彩,他们的数学学习活动就应当是一个个生动活泼的、主动的和富有个性的过程。在这个意义上,数学教材需要改变原有的内涵和形式,不再是学生从事数学学习活动时的模仿对象,或者说,它向学生提供的不再是一种不容改变的、定论式的客观数学知识结构,而应当具备新的含义。

北师大版初中数学教材里所呈现出来的数学,深刻领会了《义务教育数学课程标准(2022年版)》中数学教学的理念。它采用"问题情境、建立模型、解释、应用与拓展"的模式,提供丰富的实际情境问题,并以问题串的形式让学生展开探究与交流,经历"做数学"的过程,使学生能对所学到的知识理解得更深入、更全面、更具体。对学生而言,北师大版初中数学教材充满了有价值的数学主题、有挑战性的数学任务、有启发性的数学学习素材、有意义的数学活动机会。显然,学生需要从事的和能够做的数学活动不再只是模仿、记忆,还包括观察、实验、猜测、验证、推理、交流等有利于其一般发展的活动。

以整式概念的学习为例,原先的教材通常采用以下呈现方式:

(1)罗列学生以前曾经学过的许多数学公式;

(2)给出整式的定义、有关概念的说明;

(3)提供一些旨在帮助学生理解定义与相关概念的例题;

(4)要求学生完成一些旨在复习、巩固先前所学知识与方法的练习题。

这是以一种现成的数学的形式出现的。直接向学生呈现整式的含义以及相关的概念,一些旨在熟悉这些概念的例题和用于模仿例题的习题。其主要教学目的就是让学生知道"什么是整式""如何求解有关整式的类似题目"。而学生在上述教学活动中所需要做的,或者能够做的活动主要就是懂得并记忆相关概念的含义,知道求解一类问题的基本程序,模仿既定的方法去解决一些类似的问题,并达到熟练的程度。

北师大版教材则采用以下呈现方式:

(1)提供一个有挑战性的问题情境(窗户上装饰物的面积问题),学生在解决这个问题的过程中将接触整式;

(2)提出若干供学生思考、交流的问题("做一做"),意在帮助学生通过归纳、概括等方式去获得整式的本质特征;

(3)列举一些具有共同本质特征的典型实例,形成整式的定义;

(4)提出若干供学生巩固的问题("议一议"),不仅可以在解决问题的过程中了解整式的相关概念,而且前后呼应。

二、北师大版数学教材的优势

从上面的对比分析可以得出以下两个结论。

(一)北师大版教材环节的设计体现学生的主体性

北师大版教材采用"问题情境、建立模型、解释、应用与拓展"的模式,提供丰富的实际情境问题,并以问题串的形式展开探究与交流,让学生经历"做数学"的过程,使学生能对所学到的知识理解得更深入、更全面、更具体。

设置"议一议""做一做""想一想"等环节。"议一议"能使学生充分发表自己的意见,加强同学间的交流,开阔思路,掌握更多的解题方法,达到合作学习的目的;"做一做"不仅让学生在学中玩、玩中学,体会到学习的乐趣,并且通过自己动手得到的结论,才是深刻的、真实的,达到自主学习的目的;"想一想"能拓展学生的思维,能探讨更多的问题。

例题和随堂练习的设计,有助于数学知识的学习、深化与拓宽。在每一个知识点之后,北师大版教材都安排了相应的例题以及随堂练习。这些习题大都是来自或接近现实生活的一些实际问题,体现了"数学来源于生活、服务于生活"。

北师大版教材在每一章的章末设有回顾与思考。回顾与思考是通过问题的方式回顾本章的内容,引导学生对所学的数学知识、技能、思想方法进行梳理和反思,学生自己归纳、总结,建立起新旧知识之间的联系,并用自己的语言进行表达,使所学知识系统化、条理化、结构化,以便能让学生真正掌握所学知识,并能运用所学知识解决实际问题。

(二)北师大版教材向学生提供了从事数学活动的平台

这个平台内容包括:有趣的、富有挑战性的问题情境,宽阔而具有层次的思维空间,多种形式的数学活动机会,解决问题的经历,抽象概念本质属性的思维过程等。其用意在于:首先,让学生体会"为什么要学习整式""整式是怎样产生的";其次,让学生通过各种活动去获得整式的基本含义。更重要的是,使学生在从事这些活动的过程中,学到一些认识新事物的基本途径、获得新知识的基本方法,从而有利于发展自身的一般能力,相比之下,获得整式概念本身就不是最为重要的目的了。而此时,学生所需要的、能够从事的活动包括实验、猜测、抽象、一般化、验证、数学表达、交流、推理等各种能力。

在这种意义上,数学教材就不再是学生数学学习的目标,而是以理解或掌握教材上呈现的内容作为学生学习数学的最重要任务;数学教材应当成为学生学习数学的基本出发点——让学生在教材所搭建的数学活动平台上展开数学学习。

对于教材来说,其本身是为初中数学教学服务的,因此,教师在进行教学时,需要摆脱教材本身带来的桎梏,以学生作为教学活动的中心,让教师成为教学活动的引导者。也就是说,教师在进行教学时,要认真备课,结合学生特点以及教材特征选择正确的教学方式,从而让教材真正发挥作用。在进行教学内容的准备时,教师需要脱离教材的范围限制,将教学经验与教材内容进行结合,实现"用教材教",而非"教教材"。

对于提高课堂效率的思考

青岛第三十九中学　曹晓冬

高效课堂是针对课堂教学的无效性、低效性而言的,新课改对教师的教学行为、教学方式、学生的学习方式提出了新的要求,有效课堂教学是学校教学活动的根本追求,是提升学校教学质量的重要渠道。设置有效的课堂能充分调动学生的学习积极性,让学生积极参与到教与学的互动过程中来,让学生变成课堂的主体,在这一过程中实现知识和能力的双丰收。

当前课堂教学存在着不同程度的问题,主要表现在教学起点定位不准、教学情境创设低效、教学问题质量不高、合作学习流于形式等方面。表现在课堂上:教师提问缺乏有效性,教师课堂上的语言不够精练,提问不明确,难易不当等。学生思考缺乏有效性,课堂教学活动,追求"量"忽视"质",缺乏对内容"少而精"的提炼,单一的讲授法教学,学生被动地接受知识,学生自主学习的空间有限;教师普遍关注自己如何教,对学生如何学,关注得比较少;教师备课和课堂提问的重点对象是成绩好的同学,针对潜能生的教学设计不足等等。这些问题的存在,让我们的整体课堂效率受到影响,教师主导、学生主体的教学思想未能充分体现,学生的学习能动性、积极性被压抑,为此必须进行高效课堂和有效教学模式的探讨和研究。

一、加强教学准备 促课堂教学增效

准确地把握教学内容。教师只有通过钻研理解教材,才能掌握教材的编排意图、教学目的、教学内容,才能确定相应的教学方法和教学策略。重视课本,在课本教学上狠下功夫,减少复习资料,不搞题海战术,既可减轻学生负担,又培养了学生的各种能力。要用教材去教数学,而不是教教材上的数学。既要尊重教材又不能完全照搬教材,要创造性地使用教材。要深入研究学生、做好学情分析。了解学生的学习情况和学习需求,掌握大多数学生的"最近发展区""知识临界点",根据学生的实际情况增加或补充某些内容,删除或者减少某些学生已经掌握的内容。

二、优化教学内容 促课堂教学增效

关注教学内容的有效性,不仅要关注教学内容的"表量",即知识、方法的多少,还要关注"深量",即带给学生思维量的多少。我们选择教学内容时,应该考虑不同的教学对象,教学内容过难、过易,或者不适合时,对于我们的教学对象都是无益的,教学也是低效的。教师在课堂教学时不能简单地把效益理解为"花最少的时间教最多的内容",教学效益不同于生产效益,它不是取决于教多少内容,而是取决于单位时间内学生对教学内容的学习效果。教学效果既不取决于教学内容和方法的多少,也不取决于教学时间的长短,而是取决于有效的知识量的多少。学生有效知识量的增长,决定了学生的智慧发展和思想提高,教学内容的"量"与"度"的把握,是教学内容有效性的重要指标。

比如课本例题教学:第一,我们要分析这个例题,从已知到结论涉及哪些知识点,例题所用的数学方法和数学思想是什么,哪一步是解题关键,哪一步学生容易犯错误,把课本中的例题剖析得透一些,讲解得精一些,引导学生积极思考,使学生真正领悟,则必将提高学生的解题能力;第二,课本上的例题一般只给一种解法,我们可以对课本例题的解法来一个拓展,探索其多解性,就可以呈现更多的知识点,使知识点形成网络,课堂上剖析例题的多解性,便于培养学生的求异思维和发散思维能力;第三,变式剖析,研究变式题可以激发学生的学习兴趣,培养学生的创造力,在研究变式题时,除了严谨性、科学性外,还应当注意与主旋律和谐一致,变化有度,防止任意拔高,乱加扩充。

三、创设高效设问 促课堂教学增效

对于新知识的学习,通过问题形式揭示知识的形成过程,让学生自己去尝试、去探索、去发现,创设高效的课堂提问可以激发学生的学习兴趣和求知欲望,促进学生思维的发展,锻炼学生的表达能力。那么,怎样的数学课堂提问才能有效呢? 从学生角度看,提问必须具有可接受性、障碍性和探究性;从教师角度看,提问必须有可控性、针对性和目的性;从数学知识角度看,提问必须有可生性、开放性和启发性。因此,数学课堂提问是否有效关乎着课堂效率的高低。

作为课堂教学的基本环节,课堂提问是实现师生相互交流,提高学生的参与程度,从而提高教学质量的重要步骤。当然,教师在设计课堂提问时必须注意以下几方面。

(一)把握问题特征提问

所提的问题要有针对性、启发性和探索性。应当围绕教学目标精心设计问题,设计的提问能反映知识的发生发展过程,需要回答者具有某种程度的独立见解、判断。切忌"是不是""行不行""对不对"之类的机械回答。同样的数学内容,有的提问可能是只需要回忆出具体内容就可以,有时可能针对理解,有时还要看能否运用。同一层次的问题,提问的侧重常常也会有所

不同,于是提问要全方位、多途径。

(二)根据学生认知提问

教师设计出来的问题应有层次。若问题太容易,则不能激起学生的学习兴趣,浪费有限的课堂时间;若问题太难,则会使学生丧失信心,无法保持持久的探索心理,使提问失去价值。教师在突破难点时所设计的问题应由易到难、由简到繁、由小到大、由表及里,层层推进,步步深入。通过不同层次的问题,调动起全体学生的学习兴趣,使每个学生都能得到提高。

(三)留给学生恰当的思考时间

教师提出问题后,要根据问题难易程度和题量留给学生恰当的思考时间,以便使学生的回答更加系统和完善,使用的语言更加准确、到位,同时还能吸引更多的学生参与到课堂教学中来。对于学生的回答,教师应做出及时、明确的反应,使学生发现自己的不足,有时还应留些许时间让学生对其回答深入思考,让学生自己纠正错误思路。当学生解决了一个特殊形式的问题时,可以通过变式追问的方式,引导学生进行方法化用,得出规律,发现问题的关键,得到新的结论,这样可以有助于学生深入探讨问题思考的方向,促进学生养成良好的学习习惯。

四、营造良好的课堂氛围 促课堂教学增效

正确认识及实现学生的角色定位,建立融洽的师生关系,使"主体参与"成为学生的一种积极的自觉行为,教师在科学的教学思想指导下,通过行之有效的调节方式,营造宽松和谐的课堂氛围,引导学生沉浸在智力高度紧张、情绪异常愉悦的氛围中,使学生不知不觉投入到发现问题、提出问题、分析问题、解决问题等活动中去,让他们在解决之后感觉到自己的进步和提高。

总之,课堂教学是新课改实施的基本途径,高效的课堂教学也是学生获取信息、锻炼并提高多种能力和培养一定数学思想方法的主要渠道。转变原有课堂教学模式,教师只有根据教学时间、教学条件及学生的学习情况合理安排教学内容。采用恰当的教学方法才能事半功倍。比如:针对数学概念,最好采用举正反实例、进行练习等方式;针对数学公式,最好通过推导、数字验算公式等形式,进行合作学习。教学作为一种有明确目的的认知活动,怎样使课堂教学有效,是我们广大教师不断思考、不断探索的问题,是广大师生共同追求的目标。

第三节 巧借利器 优质高效

——基于教学辅助手段的研讨

浅析信息技术对初中数学教学的影响

青岛第三十三中学 袁翠洁

随着科学技术的日新月异,我们生活的各个方面都发生着翻天覆地的变化。电子技术的发展改变的不仅仅是我们的生活,它还改变了千百年来人们获取和传播知识的方式。虽然近十几年间初中数学所教授的知识内容变化不大,主要研究的是 17 世纪以前的初等数学的相关内容,但是我们对知识的讲授方式却在不断变迁。多媒体技术的发展让我们的数学课堂教学从一块黑板、一支粉笔的面对面授课,逐步向网络互动教学发展,让我们的课堂教学从老师讲一讲、学生练一练的旧模式,逐步向观察、发现的探究新模式转变。

一、从 PPT 到电子白板

任何一节数学课都离不开数学知识、数学问题的呈现。我记得我的学生时代,为了省下课堂抄题的几分钟,我的数学老师每节数学课一定会准备几块小黑板,提前把每一道题都抄在上面,身为数学课代表的我,每节课前一定要跑到办公室,帮老师提着这一块块课堂授课的"重器",一一排列到讲台。后来,学校有了投影仪,老师们可以在一张张透明的纸上写好题目,课上用投影仪一照,一道道题目就清晰地展现出来。随着电脑的普及,我们有了 PPT,课堂教学从粉笔黑板时代步入了多媒体展示时代。

随着交互式电子白板的推出,我们的数学课堂不再是单线输出模式,而是变得更加形象、灵动。比如,我们初三中考必不可少的几何证明,如果仅仅是使用 PPT 投影,我们的确可以节省出抄题、画图的时间,但是我们却很难在 PPT 上展现并保留一道几何证明题完整的思考过程。但是交互式电子白板却可以实现用不同颜色的笔勾勒,直观地展示出图形问题的思考过程。

不仅如此,其最大的好处是,我们在白板上所有的书写痕迹都会被自动保留。例如,在讲解列方程解应用题时,我们通常会对几种方法进行对比总结。这时交互式白板自动保留笔迹的功能就非常实用了。

二、几何画板让数学"活"起来

几何画板是一款专业的、动态的展示数学图形的教学工具。数学课堂上适时地使用几何画板,有时会让一些原本利用现有知识很难解释明白的知识变得迎刃而解,让一些原本枯燥无味的数学图形变得生动活泼,让一些原本抽象高深的数学术语变得直观形象。

北师大版七年级下册"探索直线平行的条件"一节课中有这样一个教学环节:三根木条相交成$\angle 1$,$\angle 2$;固定木条b,c;转动木条a。

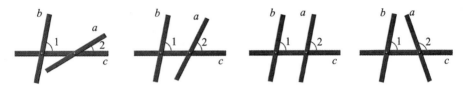

在木条a的转动过程中,观察$\angle 2$的变化以及它与$\angle 1$的大小关系。你发现木条a与木条b的位置关系发生了什么变化? 木条a何时与木条b平行?

在讲解这一环节时,如果单纯地展示图形,以学生的思维发展情况而言,想象出整个变化过程是比较抽象和枯燥的。但是,这里如果使用几何画板动态地展示木条a的转动,此时学生可以非常直观地观察出$\angle 2$大小的变化同直线a,b位置关系之间的联系。

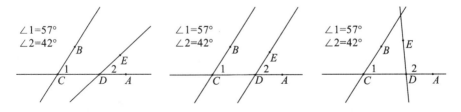

对于反比例函数,学生绘制其图像时经常有两个疑问:一是,反比例函数图像真的无限接近坐标轴,但永不相交吗? 二是,反比例函数图像真的是一条光滑的曲线吗? 对于第一个问题,我们老师可以通过具体的数据说明,因为自变量x不能等于0,因此,反比例函数图像与y轴不可能相交;而无论

自变量 x 的值有多大,因变量 y 都不能为 0,所以,反比例函数的图像与坐标轴没有交点,当然也就不会与坐标轴相交了。利用几何画板,我们不仅可以理论说明反比例函数图像的这一特点,还可以直观地展示。例如,我们可以先利用几何画板绘制出反比例函数 $y=\dfrac{1}{x}$ 的图像,然后可以拖动 x 轴上 1 所在的点,改变单位长度观察反比例函数图像,也可以拖动下方滚动条,观察反比例函数图像在不同方向的变化趋势。并且借助几何画板,我们还可以展示反比例函数 $y=\dfrac{1}{x}$ 的图像上任一点坐标的动态变化情况,如图 1 所示。

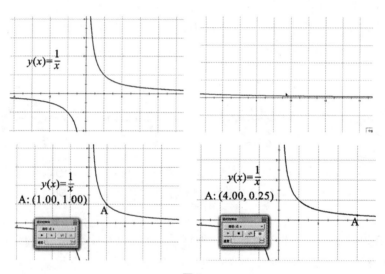

图 1

我想每一位初中数学老师在讲解反比例函数图像是两条光滑的曲线时,都十分害怕学生问为什么反比例函数图像是光滑的曲线?因为解释这一问题需要我们用到大学微分的相关知识,是初中阶段所无法涉及的。而我们课堂上如果要解决这一问题可以尝试的办法就是多选几个点,让图像更精细一些。但是这又产生两个问题:一是课堂时间有限,如果我们选很多个点来绘制图像,那么势必冲击后面的课堂教学;二是即使我们再选几个点,又能说明在其他位置反比例函数图像是光滑的吗?这时如果我们能够借助几何画板这个强有力的工具,那么这个问题就迎刃而解。我们可以无限放大单位长度,使得我们的图像任意的细致,此时学生轻而易举地就可以观察发现,任意一段反比例函数图像都是光滑的,如图 2 所示。

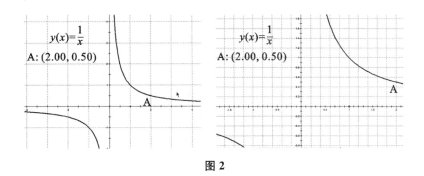

图 2

三、众多软件助力作业收集

疫情期间，我们举国上下开展了线上教学，这是有史以来第一次全学段线上教学。通过这次线上教学的开展，对我们教学模式的变革起到了重要的推动作用，尤其是在学生作业的收集和批改方式上，我们发现众多的软件完全可以将日常作业的收集与批改变得和网上阅卷一样。这些软件不仅可以自动呈现学生作业是否按时上交、反馈老师批改情况，甚至可以自动分析学生答题情况，汇总学生哪个知识点错误较多；可以针对每一位学生横向对比，得出其相对于其他同学的优势和不足，给出建议；还可以纵向分析一位学生一段时间以来的学习情况变化。种种强大的功能让我这个一线教师不由得感叹——也许不久的将来，教师这个职业也将会被机器所替代。

总之，现代科学技术的迅猛发展，教育面临着机遇和挑战，以多媒体计算机和网络通信技术为基础的教学方式，正在进入我们的日常教学，并为我们提供更为丰富的教学资源，逐步改变着我们的教学方式和学生的学习方式，实现了平时在黑板上做不到的事情，为我们的数学课堂带来活力与趣味。但是，我们也要意识到，不管信息技术如何变革，其目的依然是为我们的课堂教学服务，为学生学习服务，我们在使用时一定要去其糟粕，取其精华。

应用网络学习空间 创建个性化学习环境

——浅谈数学网对日常教学的作用

青岛第三十九中学 荣秀梅

进入信息化社会，随着经济和技术的发展，教育方式发生了重大的变化。传统的一刀切的教学模式越来越不适应学生的个性化发展的需要。如何创建个性化学习环境，以满足学生的个性化发展需要，成了迫在眉睫的问题。而网络的出现，就像隧道尽头的亮光，为解决这个问题带来了希望。

最初，是通过马复教授和安志军老师的介绍，我初次接触信息化数学教学。它的功能和我平日一线教学的困惑产生了强烈的共鸣，引起了我浓厚的兴趣。回到学校，我就怀着极大的热情投入到实践中，创建信息化班级，研究功能，上传资源，发布作业，批改作业……令我没有想到的是，学生的学习热情很高，家长的评价反馈很好，最主要的是这个平台，解决了很多传统教学中存在的问题，让我和学生收获良多。通过三个多月的实践，我感觉到，网络平台具有以下优势。

一、能较好地解决班额过大、不能对学生实行一对一指导的问题

在日常教学中，我总是面临这样的苦恼：孩子写了作业，我也进行了认真批阅。但因为空间和时间的限制，即使我不顾孩子的反感和自己劳累，利用中午休息的时间和短短的课间 10 分钟，出现的问题也往往不能解决完毕。这样就使得老师的批阅和学生的个性化问题出现了脱节，普遍性的问题可以上课强调，个别问题只能依赖孩子自己改错，更不用说，就孩子的作业一一进行点评鼓励建议了。但在使用平台后，这个问题得到了有效的解决。我不仅可以同传统批阅作业一样，在孩子的作业上圈圈点点，批阅成绩，最主要的是，这个功能"语音留言"，使得一对一的指导、评价成了可能。我会说："孩子，你今天的作业不错，说明你今天听讲很认真，提出表扬。""作业中有一个小问题，在乘方的计算中，分数作底数应该有括号哦，否则含义就不同了。""孩子，今天学习同底数幂的乘法，你要关注公式运用的条件，首先是同底数的幂，运算是乘法，你观察 a^7 和 $(-a)^6$ 的底数相同吗？想想乘方的意义，有没有办法让它们变成底数相同的幂？"……诸如此类的话。面对不同的问题，我给出的是个性化的指导、讲解或评价，真正实现了一对一的指导，满足了孩子的个性化需求。

二、解决了假期学生作业和老师指导之间的脱节问题

以往的寒暑假，为了提高孩子的自我学习能力，我通常会布置两类作业：巩固本学期所学内容的复习作业和预习下学期第一章的预习作业。但每次在开学的时候,我都会发现,假期的作业好多时候都只是老师和家长的心理安慰而已。开学后,在繁忙的教学任务面前,复习作业很难得到有效批阅。即使老师不辞辛苦进行了批阅,却发现学生都已经忘了是什么题目了,更不用说提出问题、有效解决了。而面对预习性作业,因为缺乏有效指导,孩子们的选择也分成了两个阵营:一是直接去上了超前学习班,代替了自己的阅读和思考;二是预习作业就不称其为作业,翻两页书就算完成任务。无论选择哪个阵营,都已经背离了当初布置预习作业的初衷,不利于孩子自学能力的养成。但 2020 年在使用网络平台后,一切都变得不同了。利用网络平台上现成的优质视频,我在寒假布置了预习作业。作业要求很明确,叫作"二看二做一改"预习法,即教孩子按照"先看书、看视频,再做笔记、做老师推送的针对性练习,最后找出错误原因、有效改错"的步骤,逐步提高自己的自学能力的方法。有了助学视频的有效点拨,孩子的读书不再漫无目的;有了老师推送的针对性练习,孩子对概念、公式法则的理解能摸到本质。最主要的是,有了老师的及时批阅和一对一指导,孩子能及时找到问题的症结所在,加深理解。整个寒假的预习工作,扎实而有效,真正解决了假期学生作业和老师指导之间的脱节问题,得到了学生和家长的高度认可。

三、利用虚拟班级,根据需要给学生分层,解决了分层教学不好布置、批改、收发作业等问题,真正实现了个性化教学

新课程标准要求:人人都能获得良好的数学教育,不同的人在数学上得到不同的发展。这意味着个性化学习成为学生学习数学的重要方式。现代教育理念也认为,最好的学习是自主的、个别化的探索性学习,但在传统的班级集体教学中,要实现这一点是很难的。而计算机网络平台则为个性化学习提供了良好的技术支持。比如,利用平台的虚拟班级功能,我就把班级同学实行了分层与分组。首先根据学生学习能力的差异,把学生分 A、B、C三层,每天根据课堂教学内容有针对性地分层推送作业。既解决了有的学生吃不了、有的学生又吃不饱的矛盾,又能利用网络平台的强大统计功能很好地解决分层作业收发、批阅的困难。然后我又把班级同学分组,分成八个平行的学习共同体,以便展开有效的互助与竞争。虚拟班级的强大功能,使得纵向的分层和横向的分组,井然有序,条理分明。而且教师与各层、各组学生之间可以通过平台的支持,在任何时间、任何地点都能进行针对性的信息交流,不必拘泥于课堂上有限的时间,真正实现了个性化教学。

四、解决了教师教学仅凭经验的情况,通过作业的反馈数据,能很好地指导教师的日常教学

随着大数据时代的到来,我们的中考、高考,甚至期中、期末考试都陆续开始了电子批阅,并可以迅速快捷地出现相应数据。但是,在日常的教学中,老师对知识的传授是否存在问题,孩子的理解方面有没有短板,好多时候都是凭经验。而网络平台,可以很好地改变这一点。每天的作业,在老师批阅完成的同时,数据也就出现了。而且,不仅可以看到传统的最高分、最低分、平均分以及主观题、客观题的得分率,还可以继续往下细分——可以查看每道题的得分率,并且查到每道题错选什么的比较多;也可以查看每个学生的错题都集中在哪类题目上……这些都为老师了解学生的知识掌握程度、存在的问题,以及反思自己的教学效果提供了最大的帮助。

其实,除了上面详细介绍的四个作用外,还有很多。比如:能帮助学生理性地寻找自己的知识漏洞,构建自己的知识框架;能解决一线教师专业成长和管理教学出现的现实矛盾;能很好地做到全校的资源共享;更便于家长及时了解孩子的学习状况;等等。

未来的教育一定是基于个体需求的、基于网络的教育。那么,数学教育迎来了互联网,信息技术与网络到底会给数学教育带来什么?北京师范大学何克抗教授在其论著《基于 Internet 的教育网络与 21 世纪的教育革新》中有这么一段描述:"基于 Internet 的教育网络中的教育体制不受时间、空间和地域的限制,通过计算机网络可扩展至全社会的每一个角落,甚至是全世界;在这种教育体制下,每个人可以在任意时间、任意地点通过网络自由地学习……"①网络数学平台的使用,使我认识到:应用网络的学习空间,真的可以创建个性化的学习环境,使学生的个性化学习与发展的实施具备可行性。

---

① 何克抗. 基于 Internet 的教育网络与 21 世纪的教育革新. http://202.112.88.32/论著选摘/何克抗/JiYu-Internet.htm.

初中数学微项目式学习中平板电脑的使用与研究

青岛第三十九中学市北分校 綦家武

一、传统教学模式现状

我们传统的教学模式主要强调的是知识记忆和应试中的应用。无论是哪个学习阶段，教师负责知识的输出和提出训练的要求，学生负责被动的学习和机械的使用。这样的学习过程注定了无趣，会出现理解应用的片面性，所以，学生在学习的过程中普遍缺少主动性，学习兴趣较低，理解和应用的局限性也使得学生们所学的知识很难在实际生活中有用武之地。

二、"微项目式学习"的优势与可行性

美国巴克教育研究所将项目学习界定为一种系统的学习组织形式：学生通过事先精心设计的项目，完成一连串任务，在复杂、真实和充满问题的情境中持续探索和学习。项目式学习体现了"做中学"的思想，符合建构主义学习理论，有利于激发学生学习的兴趣，训练思维，发展素养，提升自主学习能力以及实践和创新能力。传统研究中的项目式教学的项目设定，往往比较大，需要的研究时间、资源比较多，不适合中学教学的知识更新速度，要把项目式学习的优点引入初中数学教学中，需要对其调整，我们定义为"微项目式学习"。它继承了"项目式学习"的任务驱动、学生为主的合作探究式学习，同时也努力调整项目的大小和内容，使其变得短小精简，最好是能在一两堂课上和课后自主学习中完成。"微项目式学习"是"项目式学习"的延伸与发展，更符合初中数学教学的实际需求。以课时为单位，根据新课标制定学习目标并确定学习内容，以微项目为载体，将学习内容划分为多个任务模块，通过任务驱动引导学生自主探索，达到更好的知识应用和能力提升的目的。

"微项目式学习"将理论和实践结合，培养学生更多的是学生自身解决问题的能力，但是相较于传统的教学方法，"微项目式学习"需要的资源和拓展就更多，需要强有力的教辅设备和方法的支持，所以应该考虑使用一定的

现代信息化科技设备和手段，比如网络和平板电脑。

三、平板电脑在初中数学"微项目式学习"中使用的优点与办法

(一)平板电脑的使用有利于资料收集

微项目确立之初，需要根据某一现实问题立项，需要抽象出数学模型。这一过程需要查阅大量资料，汇总抽象，平板电脑联网为资料搜集提供必要帮助，在一些现实问题的抽象分析过程中，平板电脑的一些辅助软件也会对数据和图形分析发挥巨大作用，节约大量人力物力。

(二)平板电脑的使用有利于沟通项目的发展进程和任务分工

教师在"微项目式学习"中起到沟通汇总、分配任务、协调各互助小组进程等主导作用，平板电脑的信息交互功能无疑是重大优势，各互助小组的任务也是互相联系、互为基础和共同发展的。在各组任务进程中，发现问题或有重大突破，都对其他环节任务的进程有重大影响。所以，平板电脑架起学生各组之间直接沟通的桥梁，更简便高效，并能提高学生发现问题、沟通问题、互助合作、解决问题的能力。

(三)平板电脑的使用有利于在总结项目成果之后开展分层训练与应用

学生学情不同，即使在互助学习之后，也有发展高低、快慢的不同，平板电脑的学习软件方便教师分层推送训练内容，对不同层次的学生布置适合的训练内容，都尽可能地在其对应的最近发展区内，更高效地全面提高学生项目式成果的应用能力。同时，学生训练结果的快速反馈、汇总，教师在电脑软件的帮助下，能更快地分析出错题的集中项，其对应的知识点就是教师需要加强辅导和训练的内容，更高效、更有针对性。

四、平板电脑在初中数学"微项目式学习"中的具体使用方法探究

(一)设计微项目课例

"微项目式学习"选取的课例内容来源于现实问题，立项之初需要好好甄别筛选。利用平板电脑的网络搜索功能可以查阅大量现实问题、事实问题，学生的研究和解决积极性很容易被提高。所以，并不是所有的课时内容都有恰到好处的问题与之对应，在很多时候一些现实问题的解决，需要学生有一定的知识储备，能够整合应用初中数学一些跨度比较大的知识综合解决。

例如,在众多实际问题中,测一些不可直接测量物体的高度或长度的问题,和"利用相似三角形测高"这一课时的契合度非常高,这是北师大版初中数学九(上)第四章第六节内容,只有一课时。这节课学生需要从实际生活中抽象出几何模型,分析图形、计算数据、总结方法和结论、最后应用模型解决问题,仅靠想象和笔算是很难有好的学习效果的,甚至无法完成基本学习目标,而平板电脑的图形模拟和数据分析能力,可以很直观地简化学生空间想象的不足,提高学生对现实不规整数据的计算汇总效率。

(二)"微项目式学习"探究展开过程

"微项目式学习"中,学生探究活动的展开过程,平板电脑的应用非常广泛和提效:设计活动方案,搜集研究资料,小组间、师生间沟通调整,分析实验数据并撰写活动报告等。而且在活动开展过程中,发展学生搜集、分析、筛选信息的能力,提高学生团队的沟通合作、创新应用、解决问题的能力。这些都是在平板电脑强大的功能支撑下的、"微项目式学习"可以起到的积极作用。

选择学习课题后,各组成员要先进行研讨,形成可行方案,然后集中讨论出优势方案和实施办法,让项目式学习的过程更加科学和民主,最终全班讨论汇总出最优方案。

例如,"利用相似三角形测高"这一课时中,学生经过大量前期信息搜集、方案设计与讨论,完全有可能找出10种以上的可行性方案,结合本节课重点研究的相似三角形的应用,以及方案的优缺点进行对比筛选,最后集中到有限几种方案上。分组实施"微项目式学习"探究之前,教师的主导作用必须体现,课本上的三种例题方案是研究的必须内容,也是考试中涉及最多的应用方案,为了避免选择的重复和重点方案的缺漏,教师协调安排各组方案。各组方案开展中,平板电脑的画图和图形分析功能,能很好地抽象出直观简化图像,数据的计算汇总效率也会大幅度提升。

(三)各组及全班交流汇总"微项目式学习"探究成果

学习小组在完成"微项目式学习"方案探究后,通过平板电脑的沟通汇总功能,完成小组内的意见统一,形成简单总结报告,并发到班级讨论群中。所有小组快速阅读思考、对比之后,进行课堂交流、辩论等,去伪存真、化繁为简,最终汇总出统一的成果。各互助小组在探究学习中分享方法、交流心得体会,通过这种互助合作的方式,促进同学间共同发展。

对项目方案进行归纳总结,形成统一数学模型,整个过程的目的不仅是学会解决生活中实际问题的办法,更是对学生从现实中发现问题、抽象出数学模型、数据分析、合作探究、寻求统一等能力的全面培养,对学生的创新意识、独立研究能力和解决问题的能力,都有全面的提升。

(四)应用"微项目式学习"成果和数学模型解决问题

"来源于生活,应用于生活"这一直是数学研究和发展的意义,运用"微项目式学习"的成果和数学模型解决实际问题,体会数学研究的意义和作用。在这个过程中,平板电脑的使用就可以更灵活、更实用,教师根据不同学生的学情,分层推送训练任务,学生有针对性的练习,并且教师可以利用平板电脑的快速反馈汇总的优势,在课堂上尽快了解不同学生群体,对当堂学习内容理解和掌握的程度,可以更有针对性地讲解和布置课后作业。学生经历课例建设、信息搜集整理、方案设计、活动探究、合作互助、讨论汇总、实践应用等各个环节,"微项目式学习"将学生的被动学习变成主动探究,将学生的"学会"变成了"会学",是新课标要求的真正的能力发展与提升,更有利于全民科研素质的提高。

"微项目式学习"是很好的教学模式,对学生能力的培养与发展有十分积极的作用,而"微项目式学习"是我们结合初中数学的实际需求发展的一个教学模式,更适合初中数学教学内容的结构和知识体系。而平板电脑的使用,其强大的交互能力、图形和数据的分析能力等,都给"微项目式学习"在初中数学教学中的开展,起到了积极作用。

我们一线的教育工作者,一定会在教育科研道路上,在全面培养和提高学生综合素质的道路上,越走越远,越来越好!

借助云平台进行信息化教学的实践与反思

青岛市崂山区实验初级中学　王永钢

2015年首届国际教育信息化大会在青岛召开,2018年教育部印发了《教育信息化2.0行动计划》,我国正式跨入了智慧教育的新时代。"教育信息化2.0"迎面向我们走来,如网易云课堂、钉钉在线课堂、腾讯会议、微师平台、海大云平台等教学云平台纷纷建立。利用信息技术辅助课堂教学成了研究的热点,我所在的教研组也借助信息化云平台进行教学实验并申报了研究课题。

运用云平台上课进行实践操作,分为以下三个阶段。

第一阶段:教师们先选择一个合适的教学平台,先摸索使用,掌握平台的基本功能,并且教学生如何使用平台登录和上课的互动交流。我们选择了智慧数学网站为教学研究的平台。

第二阶段:熟练使用程序,结合云平台探究程序功能。

第三阶段:研究上课模式、尝试使用云平台配合制作简单课件、精选习题为上课使用。我们在七年级(上)第一章"生活中的几何图形"就完全使用云平台教学,第二章"有理数"就部分使用,第三章"整式"则选择课例研究。使用过程中绝大多数授课在微机室互动进行,少数课是在班级借助多媒体进行教学。此外,我们还承担翻转课堂的课题研究,所以,在实验的过程中有了很多的感悟与思考。

下面重点探讨三个阶段中最重要的一部分:课堂的实际运用。

一、探讨上课模式

设计流程为:

课前导学 ⟶ 自学课本 ⟶ 听讲 ⟶ 练习一、二 ⟶ 拓展
　　　　　(自学下一个新内容)　　　　　　　　　　　　　↓
分层作业 ⟵ 思维导图 ⟵ 当堂检测 ⟵ 课堂讨论区 ⟵ 拓展补充
　　　　　　　　　　　　　　　(论坛交流)

在云平台讨论区选择性设立了六个帖子:课前导学、拓展补充、课堂讨论、当堂检测、思维导图、分层作业。

课前导学:学生事先在论坛区查看老师对这节课预留的问题,带着问题来听课。

拓展补充:因为版本不同,把北师大版教材中有的题目进行精选,编入拓展补充中。

课堂讨论:在讨论区中设立课堂讨论版块,学生有不懂的地方,可发帖提问,老师在网上回答学生的提问。

当堂检测:设立当堂检测的环节,实验阶段还是准备了纸质检测题配合讨论区的帖子,进行及时的反馈。

思维导图:利用现有软件功能,让学生在每节课后进行知识树的总结,

不断积累,形成知识的网络和体系。

分层作业:现阶段云平台学习的主战场还是在课堂,做好分层作业的布置,课后有针对性地练习。

二、云平台教学的优点

云平台教学的优点有很多,我们突出的感受是:学生自学的速度是有差别的,部分学习速度快的学生可以自学下一课内容,而有问题的学生可以利用云平台的微课,不断地比对矫正,也可以按照学生的进度再学一遍,这种学习照顾了学生差异化的学习需求。学生结合自己的情况来安排学习的内容和深度,是彻底的自主学习。平台中精选的内容也使得不同的学生都能同时享受优质的教育资源,都能按自己的愿望来进行学习,课堂的学习只是作为沙龙的形式来总结、补充,还可以对学生的自学能力进行指导。

三、云平台教学遇到的困难

现阶段云平台教学遇到了一些困难,同时也有一些工作需要我们去努力做好。

(1)学生学习习惯的改变是非常困难的。大部分的学生习惯了课堂教学模式,特别是以前老师统一讲,学生统一听并做练习,现在老师不讲,学生自学,学生既要控制自学的速度和进度,还要比对正确的答案,发现问题,然后学习新的方式录入。这种前所未有的学习模式的确对学生们提出了很高的要求,不仅使自学能力强的学生有更为广阔的空间,也使自制力差的学生有了"偷懒"的机会。连教师在短时间内,也不够适应上课而不讲课,只是交流心得、提供学习沙龙的模式。这些都需要师生尽快去摸索、适应。

(2)在传统的课堂教学中,一般地讲,老师可以通过学生的语言、动作、表情、小组间的讨论和学生的书写等方式来获得学生思路的外显。而云平台教学的形式,只有习题答案这一样,就无法准确地判断出学生的思路、想法。所以,我们增加了学科讨论会、论坛讨论区来补足这样的一些缺点。

(3)云平台的内容可以让学生随时看、重复看、重点看。云平台教学中的习题也应该能够让学生可以随时做、重复做、重点做。所以习题应该允许学生可以学前做,学中做,改后再做,取最好成绩,增强其学习自信。附带矫正练习,思路点拨,让所学知识扎实,能够融会贯通。在一章、一册、一学年、整个学段的范围内,或者按照代数、几何、统计与概率、综合与实践等方式建立错题集,发挥平台统计、储存、提取等的优势。

(4)在新的技术条件下,传统的课堂发生了根本性的转变,老师也对教学时自身的作用产生了困惑,不再是自己主导参与课堂教学了。那么,老师又该怎样辅助教学呢?是提供技术支持,还是组织学科讨论会?并且又怎样在微机室里进行学生的自主学习呢?所有这些都迫切地需要教师去研究新技术下的教学模式。所以,我们打算分课型展开教学模式的研究,选有代表性的课例,进行教研组内的探究,形成一套基础性的、可操作的、较为高效的模式。并且研究技术,研究学科讨论会的展开模式。将这种学习模式先适用于学校教学。

(5)云平台教学的发展方向。应该先适合学校教学,由教师指导自主学习的展开,由这种模式最终发展到家庭教育(翻转课堂)的形式,变成彻底的学生自学。

四、实验过程中对于云平台功能改进的建议

(1)现阶段学生练习的反馈有所提升。老师可通过点击学生的错误或正确的习题来看学生答案,这种形式有了很大的提高。那么,有没有更好的方式,可不可以放给小组长也有这样的权限来查看学生的答案,达到"教师批阅组长、组长批阅组员、组员反馈组长、组长反馈老师"的交互模式。

(2)答案的比对还存在技术上的突破。现阶段程序只能对选择题进行比对、纠正。填空题和解答题的比对,现在只能通过学生的自主比对来完成,这样其真实性和准确性就完全依靠学生的自觉性。希望现阶段能把这种成熟的技术来引入到云平台教学的系统之中。

(3)学生在公式图形的输入上还存在录入困难、耗时长等问题。希望能够使用一些设备开发一些软件。例如,用手写板、电子书包(ipad教室)等形式,提升录入速度。

(4)提升网络硬件水平。服务器的条件、网络的带宽,影响登陆,观看云平台。要设置更高的硬件和软件系统,才能使得学习环节流畅。

(5)开放平台,加入实用学件。例如,成型的几何画板课件,制作精良的学生学件,供学生在学习中思考、实践。在时间、空间都不同的情况下,让学生在自主获取知识过程中,也能互动生成。

(6)在现有功能上进行升级开发。例如,在思维导图上添加文本编辑、图片加工、表格绘制等功能,使得学生知识树的建立,既可以是文字,也可以是图形,还可以用数形结合来总结、完善功能。

五、实验过程中对于云平台资源利用的建议

(1)使用云平台学习需要技术的跟进及微课品质的提升。有一些技术问题没有在现阶段处理好,录入课件后出现字母、符号不清晰,语音播放不标准,登陆的速度和比对的时间及保存出错等,还有待提高。

(2)课程资源的分类和精选。现阶段有的云平台上的微课大部分是以书本一课时为单位来设计的。这种方式短则 10 分钟,长则近 18 分钟。这种设计没有办法发挥云平台的优势,好像传统的教学,只是用电脑讲来替代老师讲。云平台上的微课应该将每节课的两三个知识点分开,学生按需进行学习。

(3)云平台上缺乏互动生成。特别是现阶段云平台上的微课缺少停顿,缺少学生思考的时间以及相关的思考问题。学生像看电视一样,被动地接受,难以主动地探究。这需要我们在微课的设计中多用心,设计合适的问题,留出适当的时间,给学生思考。如果后期能够配合以探究型的学件来使用的话,应该会起到更好的效果。

(4)将练习的层次分得再细一点,需要有梯度、有层次,避免不必要的重复。按学生的学习差异分成不同的选作题、拓展题,设置与生活有关的数学知识和数学故事等。建议按照版本将知识内容和习题重新编排。

(5)将云平台的制作和习题的补充权限下放,把云平台做成一个可以供老师互动的平台。这样一线教师就可以随时上传或下载资源,有助于资源的更新和优化。

六、对下一阶段实验工作的设想

(1)随着网络的发展和全球化的资源共享以及自主学习、终身学习观念的深入人心,借助网络云平台教学应该成为未来的发展趋势,并且一定可以取代传统的教学方式。现阶段的实验中,即使我们遇到很多困难,也要坚信一定能够成功。我们愿意做改革的实验者,愿意为全球化的教学改革来付出自己的智慧和努力。

(2)云平台教学应该在今后的学习中慢慢地体现其优点。它是能够提升学习效果的。我们可以把更多优秀的教育资源整合在一起,使得教育更加普及、更加公平。这需要我们实验组老师,在实验过程中不断提出问题,提出改善的建议。

(3)我们要更加注重对学生的学习兴趣、学习能力、学习方法的培养。学生是整个自主学习的主体,他们的求知欲和主动性是学习的动力源泉。上海师范大学黎加厚教授曾经指出,年轻一代急需掌握全球化经济时代新技能,包括三点:①我们需要教学生学会处理海量信息;②我们需要从幼儿园就开始教学生全球交流;③我们需要教会学生学会学习,懂得如何自我导向学习。所以,对学生的学习兴趣、学习能力的培养远比知识本身的传授对学生来说更加重要。

(4)研究学习制度的建立。教师应该在实践中将教学中的稳定要求变成制度,在上课的过程中不断规范师生之间的教学行为,教学相长,用制度做保证,顺利渡过实验期。

(5)关注学生内心世界。任何现代沟通方式,都无法用机器将人取代。反而更加拉近人与人之间的距离。因此,不能因为面对的是机器,而少了与人的沟通,这种师生间的沟通是必要的,老师需要做好学生的心理辅导工作,关注学生的身心发展,让学生在学习中有成功的体验。

(6)今后还需要实验教师关注实验本身,包括结构、资源、功能的合理性。着手对资源重新评价,用机制保证资源质量。

(7)教师要考虑这种学习环境下教师的作用和定位。应该包括处理信息、关注学生学习态度、关注学生本身等。教师要不断地进行思考和上课研磨,也要与时代同步,成长为学习型教师。

作为全球翻转课堂教学的引领者,萨尔曼可汗所创立的可汗学院设置了 3 500 个微课,一次课程 10 分钟,浏览量超过 2 亿次,有 10 亿学生在网上学习。Coursera(课程时代)集中了世界 35 所大学的精品课程,120 多门课程免费开放,学生来自世界 196 个国家和地区,注册学生达 190 多万名。目前大规模地开放在线课程,已经在全球兴起,任何人都可以通过网络免费获取,全球参与学生数量巨大,这必将引发又一次教育变革。作为这股"浪潮"的实验者,只要我们能坚持改革、坚持实验,相信我们的信息化教学,最终必能硕果累累。

几何画板辅助初中数学教学

平度市同和街道办事处朝阳中学　赵丛丛

随着信息技术越来越广泛地应用于数学教学,几何画板逐渐被越来越多的数学教师所青睐。几何画板是一款非常适合数学教学的工具,利用几何画板可以给学生一个"直观数学""操作数学""实验数学"的环境,从而开展"动态数学"的教学活动。

一、几何画板在辅助数学课堂教学中的优点

几何画板是一款优秀的数学工具软件,号称"21世纪的动态几何"。它具有以下特点:操作简单、动态性、形象性。几何画板以点、线、圆为基本元素,通过对这些基本元素的变换、构造、计算、动画、跟踪轨迹等,它能显示或构造出其他较为复杂的图形。几何画板软件能为教学创造一个几何"实验"的环境,有助于发挥学生的主体性、积极性和创造性。

(一)操作简单,功能强大

操作界面简单,实用性比较强。在几何画板中,只要规定好条件就可以客观地显示出数学结论。教师可以通过几何画板来辅助教学,学生也可以通过几何画板来辅助学习。例如,验证三角形的三条角平分线相交于一点。如果学生只是通过传统的手工绘图来验证,那么工作量比较大而且在绘制的过程中容易出现错误或者误差,导致学生不能理解"三角形的三条角平分线相交于一点"。而用几何画板,就可以很好地解决这个问题。

(二)突出教学特点,突破教学难点

初中生正处于生长发育、思维活跃的黄金时期,有着强烈的好奇心,并且容易学习和接受新鲜事物。对此,几何画板便有了用武之处。几何画板本身具备动画技术,可以使静止的函数图像变为动态,可以使抽象的事物具体化,化繁为简,充分调动学生的各种感官协调作用。可以突出教学重点,降低教学难点。例如,几何画板在"变化"菜单中提供平移、旋转、缩放等命令,使复杂的变化过程通过输入简单的指令即可操作完成。几何画板也通过数形结合的方式,形象直观地展现数形之间的关系。学生通过观察参数

变化引起图像变化的动态过程,可以了解到解题的关键点。

二、几何画板在数学课堂教学中的应用

(一)绘制精确的几何图形

规范准确的几何图形往往能给人以美的享受。几何画板正好给我们提供了这样的一个平台,它不仅可以准确地绘制出任意的几何图形,还可以在运动的过程中动态地保持元素之间的几何关系。例如,三角形的三条角平分线相交于一点。通过几何画板,就可以准确地画出三角形以及三个角的角平分线,并且可以通过拖动三角形任意顶点来改变三角形的形状。可以通过变换的三角形发现"三角形的三条角平分线相交于一点"的事实并不会随着三角形形状的变化而变化(图1)。

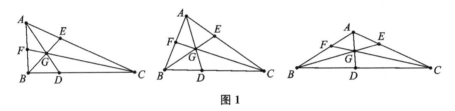

图1

(二)变换教学中的应用

几何画板提供了四种变换工具,包括平移、旋转、缩放与反射变换。在图形变换的过程中,图形的某些性质始终保持一定的不变性,几何画板能很好地反映出这些特点。研究旋转变换时,可利用几何画板的旋转画正方形(图2)。线段 AB 以 A 为旋转中心,逆时针旋转 $90°$ 得到线段 AB',再以 B' 为旋转中心,将线段 $B'A$ 逆时针旋转 $90°$ 得到线段 $B'A'$,再以 B 为旋转中心,将线段 BA 顺时针旋转 $90°$ 得到线段 BA',最终形成正方形 $ABA'B'$。在拖动正方形的顶点的过程中,始终保持四条边相等且邻边互相垂直;研究平移变换时,作 $\triangle A'B'C'$ 是 $\triangle ABC$ 平移后的图形(图3)。只要拖动矢量点 D(E)或三角形上的点,图形中始终保持对应点所连线段平行(在同一条直线上)且相等,对应线段平行(在同一条直线上)且相等。而这些在以往的数学教学中,无法表达这种变化中的不变因素。因此,用几何画板来研究图形的变换更有利于培养学生探究知识的兴趣,有利于培养学生的实践能力和探究意识。

图 2：利用旋转画正方形。

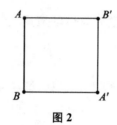

图 2

图 3：利用平移绘制全等三角形。

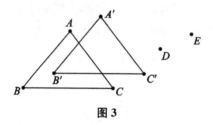

图 3

图 4：利用变比例缩放制作相似三角形。

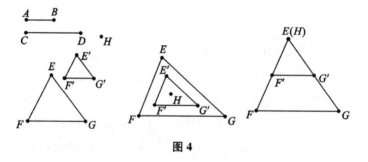

图 4

三、几何画板辅助初中数学课堂的体会

几何画板引入课堂，无论是对教师的教学，还是对学生的学习，都是非常有帮助的，但在应用的过程中也应注意几个问题。首先，多媒体技术在教学中的应用应该是以教学的需要为基准，它是为教学服务的，在教学中起着辅助的作用，不应以多媒体的应用为主体而忽略了知识的传授，更应注意避免多媒体在教学中所起的负面影响。作为现代教育技术引入课堂的几何画板也应如此，只有恰当的应用才能收到良好的效果。其次，几何画板确实为

教学提供了很大的方便,但我们在应用的时候,要充分地用它来引导学生的学习,让它帮助学生思考,而不是代替学生思考。作为教师要给予恰当的提示,通过计算机演示实验帮助学生完成思考过程,形成对知识的理解,而不是利用计算机直接地给出结论,否则会使学生养成过分依赖的习惯,挫伤学生的创造意识和实践能力。

总之,几何画板在数学课堂教学中的广泛应用和推广,不仅带来了教学内容、教学方法、教学模式的深刻变革,而且使学生接受知识的被动地位得以改变,真正实现课堂教学中学生的主体地位和教师的主导地位,对提高学生数学素质和教师的教学能力有着重要作用。

第四节　思悟结合 知行合一
——教学设计精选

返璞归真 让学生找到学好数学的根
——"相交线与平行线"复习课教学设计与反思

青岛第三十九中学　荣秀梅

一、教学思路

(一)创设情境

教师提出问题:同学们认识图 1 这个标志吗?

生:(反应异常激烈)认识,是大众汽车的标志。

师:你们知道它的含义吗?

(同学们陷入了思考)

一个同学举手,有些迟疑地说:"我看它像由三个 V 组成,是不是表示他们这个品牌必胜、必胜、必胜?"

图 1

老师高兴地赞扬:你真棒,跟设计师想的一样!

(另一名同学小声说):真的假的? 我还觉得上面是 V,下面是 W 呢!

老师:哎呀,你也很厉害。V 和 W 是当时德国大众汽车公司名称的字母缩写,是标志的另一重含义。

歪打正着的同学得意地笑了。其他同学也跟着笑了。

老师乘胜追击:看到这个标志还想到什么? 同学有些不知所云,老师再问:你们不觉得这个设计师几何学得特别棒吗? 他用几何中最简单、最基本的图形,就完成了汽车史上赫赫有名的设计。

同学们恍然大悟,频频点头。

【设计意图:兴趣是最好的老师,而复习课往往比较枯燥无味。在这里,老师以同学们几乎天天见的大众标志为数学情境引入,是为了让同学们感受到数学就在我们身边,它并不神秘,且应用广泛。通过展示生活中常见的模型,让学生观察、思考,找到模型和本章知识的内在联系,直观形象地得出了生活中的平行线和相交线。】

【实际教学效果:这个贴切的引入,既激发了学生学习的积极性和主动性,又让学生感知到数学知识来源于实际生活,又服务于生活。学生亲身体会到了数学的价值,而且课堂的引入起点很低,学生参与性很广,热情高涨。】

(二)知识归纳总结

师:你们能从图 1 这个标志中发现我们学过的基本图形吗?

生 1:相交直线(图 2)。

师:两条相交直线有 4 个形影不离的朋友,它们都有很漂亮的性质,你们知道是什么吗?

生 2:他们的朋友是对顶角和邻补角。

生 3:性质是对顶角相等,邻补角互补。

师:很好。在图 1 这个标志中,除了相交线,还有没有其他重要、但是很简单的结构?

生(几乎不约而同)平行线。

师:图 3 中告诉我们 $AC /\!/ DB$ 了吗?

生:没有。

师:那么怎么来判定呢?

生:还得请相交直线和它的朋友来帮忙。

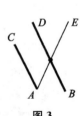

图 3

师:所以,设计师让这两条直线都被第三条直线所截,多有先见之明! 现在请同学们归纳一下,判定 $AC /\!/ DB$ 的方法有哪些? 同位之间交流。

师:在整个大众图标中,若 $AC /\!/ DB$,$AE /\!/ BF$,图 3 中共有几对相等的角,几对互补的角。四人小组讨论归纳,并说明理由。

师:通过对大众标志的研究,你会发现,我们总是要在复杂图形中找出最原始而不失去重要性的结构来解决问题。那么在本章中,最原始而不失去重要性的结构是什么?

(学生回答,老师板书)

【设计意图:学习平面几何,首先要学会从复杂图形中寻找出最原始而不失去重要性的结构。所以,老师在此处不遗余力地引导同学们从大众标志中抽象出相交线和平行线被第三条直线所截这两个结构,目的是把相交线、平行线的基础知识复习融于原始结构的发现和观察中。此外,让学生从图标中找出有几对相等的角、有几对互补的角,这是让学生去观察、猜想,实施的是"数学发现法教育";而对每一对相等或互补的角追问为什么,则是学习"数学演绎推理教学"。目的是指导学生按照学习数学的诀窍把学过的知识系统化、条理化,教给他们知识整理的一般方法。】

【实际教学效果:由于是趁着学生开始的学习劲头,采用"小组讨论"的形式将要复习的两大基本内容依次呈现,学生在问题中,在老师的引导下,进行有序的观察、类比、归纳和交流,所以,学生在整个学习过程中都是自愿的、自主的,但又是有趣的、有序的、紧张的,所有相关的知识都得到了有效的复习和巩固。学生通过自主知识整理,使知识更加系统化、条理化,进一步建构了数学体系,并且积累了数学复习的有效方法。】

(三)知识应用

师:平面几何学得好不好,就是看你会不会从复杂图形中发现这些最原始而又不失重要性的结构。现在请同学看下面的练习。

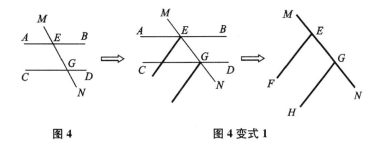

图 4　　　　　　　图 4 变式 1

练习 1　如图 4 所示,已知 $\angle AEM = \angle DGN$,你能说明 $AB /\!/ CD$ 吗?

变式 1:若∠AEM＝∠DGN，EF、GH 分别平分∠AEG 和∠CGN，则图中还有平行线吗？试加以说明。

变式 2:若∠AEM＝∠DGN，∠1＝∠2，则图中还有平行线吗？

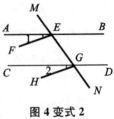

图 4 变式 2

【设计意图:练习以"一题多变,一题多解,多解归一"的形式出现,题目由简到繁,通过不断增加和改变问题条件,目的是激发学生的表现欲,提高学生主动参与的积极性。】

【实际教学效果:由于此环节都是让学生讲然后再请其他学生补充,所以最大限度地让学生互动了起来,而不是老师或者哪个学生唱独角戏,所以,由简单图到组合图,再到对组合图做变动后再训练,学生均能探究到那个不失去重要性的原始结构,真正帮助学生寻找到了知识的相互联系。由于能找到突破口,所以提高了学生解决问题的能力。】

(四)拓展升华

师:怎么样,只要我们找到了这个最原始而不失重要性的结构,一切就迎刃而解了吧？所以,在数学学习中,有一个秘诀:退,足够地退,退到最原始而不失去重要性的地方,这是学好数学的一个诀窍。你们知道这是谁的名言吗？

(尽管学生已经领悟了这句话的含义和用途,但当得知这竟是数学大师华罗庚的名言时,还是惊呆了。)

在震撼中,学生的思想得到升华,他们更起劲地用这把有用的钥匙去开启模样各异的题目的大门。于是,老师趁机给出下面的思考题:

小明现在在做一个工艺插件如图 5 所示,遇到一个问题,需要大家帮忙:小明已经量得插件的 AB∥CD，且∠D＝60°，∠E＝122°，要使∠B 为多少度？

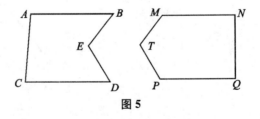

图 5

【设计意图:平面几何入门难,难在哪里？难就难在初学平面几何的学生不适应平面几何图形结构的多样性与平面几何公理演绎体系的严密规范性之间的矛盾。题目千千万,图形千千万,如何在这千变万化中找到不变?利用学生感到震撼的时机,老师又将组合图再延伸到需要添加辅助线才能显现出那个原始结构的图形,目的还是在于启发学生:无论有多隐蔽,还是要去构造原始结构。】

【实际教学效果:学生在感慨与震撼中施展着自己的才华,最后孩子的一题多解竟然让老师的课件无法包容,这是多么令人欣喜的事情! 下面是同学们的部分解答。】

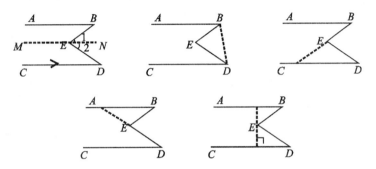

(五)课后延伸

在前面习题的基础上老师进一步延伸。

1. 下面的几组图形中,均有 $AB /\!/ CD$,猜想 $\angle D$、$\angle E$ 和 $\angle B$ 存在什么关系,试加以证明。

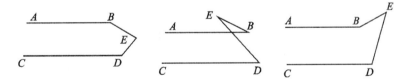

2. 下面的几组图形中,也有 $AB /\!/ CD$,猜想 $\angle D$、$\angle B$ 和 $\angle E$、$\angle F$、$\angle G$ 存在什么关系,试加以证明。

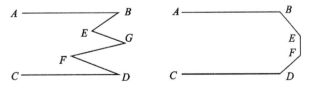

3. 你还能推广到更一般的情况吗? 试加以探究。

【设计意图:不仅授之以鱼,而且授之以渔。从特殊到一般,从简单到复杂,让学生真正地学会透过现象看本质,学会探究题目的内在含义。】

【实际教学效果：学生在课下的探究中，主动性很强，积极性很高，很多同学都研究出了一般情况下的结论，让人惊叹！】

二、课后反思

本课例摆脱了一上复习课就做定理条文的机械背诵记忆的旧框架。在备课时，我学习了整体教学的方式，参考了单元特征统筹备课法，跳出这一章这一节，站在数学教育的高度，去把握本单元的定位。平面几何题目千千万，在复习中到底应该抓什么？让学生领会到什么？最首要的一条应该就是：科学的东西，往往是最简单的。烦琐杂乱绝不是科学。而老师的作用，就是要让学生学会抓主流、抓方法的本质和核心。所以，我决定抓住一条主线，即学习平面几何首先要会在复杂图形中找出最原始而不失重要性的结构，以大众轿车图标作为情境引入这个"回归原始结构"的平面几何思想，把相交线、平行线的基础知识复习融入了原始结构的发现和观察中。返璞归真，让老师有了抓手，学生找到了学好数学的根。

原来的千变万化，原来的山重水复，只是由于我们"身在此山中"，居高临下，高屋建瓴，果然，柳暗花明。站在系统的高度，哲学的角度，去思考知识的产生和发展过程，是我们研究数学的一条捷径。单元统筹教学方式，给我感触最深的是这一点，改变我的思想最多的，也是这一点。

平行线的判定

青岛第三十九中学市北分校　任燕

一、教材分析

本节课是北师大版《数学》八年级（上）第七章第三节。在七年级，学生已经探索过两条直线平行的条件，并对两条直线平行的判定有了初步认识。

在以往的几何学习中，学生主要是通过观察、测量、实验、动手操作等活动探究得到一些几何结论，学生也基本认可这些结论。本节课是学生在学习了定义、命题、公理、定理等相关概念后，以基本事实作为证明的出发点，依次证明一些先前得到的定理。让学生逐步形成一个初步的、比较清晰的证明思路。

二、学情分析

在学习本课之前,学生对平行线的判定已经比较熟悉,也有了初步的逻辑推理能力,这为今天的学习奠定了一个良好的基础。通过本章前两节课的学习,学生已经感受到证明的必要性,证明需要一个话语体系,为此就有了所谓的定义、命题等。学生对证明过程中格式规范的要求不是很明确,本节课让学生亲身经历证明题需要的画图,写已知、求证、证明的过程,认识到证明的严谨性,发展学生的推理能力。

三、教学目标

1. 熟练掌握平行线的判定公理及定理。

2. 能对平行线的判定进行灵活运用,并应用于几何证明中。通过经历探索平行线的判定方法的过程,发展逻辑推理能力,逐步掌握规范的推理论证格式。

3. 通过学生画图、讨论、推理等活动,渗透化归和数形结合思想。

四、教学重、难点

教学重点:平行线的判定公理及两个判定定理。

教学难点:理解由判定公理推出判定定理的过程。掌握证明一个命题是真命题的步骤和基本方法。

五、教学过程

(一)知识回顾

1. 如图所示,直线 a,b 被第三条直线 c 所截,在什么情况下 $a/\!/b$?

2. 还记得七年级我们是如何探索的吗?

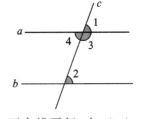

【教学策略】通过图形,让学生回顾两直线平行的条件。由 $\angle 1 = \angle 2$,得到 $a/\!/b$,利用同位角相等,两直线平行;由 $\angle 4 = \angle 2$,得 $a/\!/b$,利用内错角相等,两直线平行;由 $\angle 3 + \angle 2 = 180°$,得 $a/\!/b$,利用同旁内角互补,两直线平行。并通过播放动画视频,让学生回顾之前是由实验、测量、观察得到的结论。

【设计意图】通过这一环节,让学生回顾平行线的三种判定方法,让学生感受符号语言、文字语言和图形的结合。回顾平行线的判定方法和探索的途径,为下一步顺利地引出课题埋下伏笔。平行线的判定方法都没有经过证明,是由直观感知得到的。

(二)探索新知

在学习了定义与命题后,"同位角相等,两直线平行"是上节课明确的基本事实,可以说是平行线的判定公理,不需要证明。另外两个命题,没有经过严格证明。这节课我们一起来学习用这个公理去证明另外两个命题。

【教学策略】将公理"同位角相等,两直线平行",借助图形,转化为符号语言,并进行板书。强调公理是目前证明两直线平行的唯一工具。

【设计意图】点名主旨,本节课是利用平行线的判定公理去证明另外两个判定定理。通过将公理图形化、符号化,渗透另外两个命题的证明也需要借助图形。

请选择命题 A 和命题 B 中的一个进行证明。

命题 A:内错角相等,两直线平行

命题 B:同旁内角互补,两直线平行

要求:

1. 画出证明需要的图形;

2. 根据命题的条件和结论,写出已知,求证。

【教学策略】展示学生的作图、已知和求证,师生一起完善已知和求证。根据学生选择命题,提出命题的条件是什么? 结论是什么? 结合图形,条件转化为已知,结论转化为求证,并进行板书。

【设计意图】学生可以自主选择一个命题来证明,不局限学生的想法,在课堂上收集学生的做法,不断完善已知、求证和证明过程。

请完成你的证明过程,每一步需注明理由。

【教学策略】展示学生命题 A 和命题 B 的证明过程,注明理由是为了让学生更清晰每一步都有根有据。明确这两个命题都是由同位角相等,两直线平行来证明的。通过学生的证明过程,将命题 A 和命题 B 升级为定理。并结合图形,进行板书。

目前证明两直线平行的方法有 3 种了。展示学生的命题 B 的证明过程，借助辅助角，同旁内角转化为同位角证明。让学生思考，可以转化为内错角相等来证明吗？命题 A 中的内错角可以转化为同旁内角互补来证明平行吗？

【设计意图】通过此环节，让学生认识到平行线的两种判定定理可以互相证明。

【教学策略】展示学生的证明过程，思考证明的依据有哪些。

【设计意图】

在这个环节中，引导学生明确证明的出发点有哪些；哪些概念、法则、基本事实、定理可以使用。要使学生从证明的初始阶段就认识到，证明的依据只能是有关概念的定义、基本事实和已经证明的定理。并且明晰公理、定理之间的关系，证明一个几何命题的基本步骤。

(三)尝试应用

已知，如图所示，直线 a,b 被直线 c 所截，且 $\angle 1 +$ $\angle 2 = 180°$，求证：$a /\!/ b$。

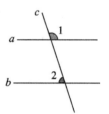

【设计意图】通过本题让学生熟悉平行线判定的使用，并逐步掌握规范的推理格式。

(四)巩固提升

1. 求作：直线 $a /\!/ b$，并说明依据。

(备注：可使用的工具有直尺、三角板、圆规)

【教学预设】

①利用直尺的两侧画平行线；

②利用直尺和三角板"一摆二靠三推四画"来画平行线；

③通过摆放两个相同的三角板画平行线；

④尺规作图：通过画同位角、内错角来画平行线。

2. 如图所示，直线 a,b 被直线 c 所截，BD 平分 $\angle ABC$，且 $\angle ABD = 50°$，

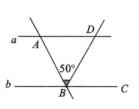

请你添加一个条件，使得直线 $a /\!/ b$，并证明你的结论。

你添加的条件是：_____。

证明：

【设计意图】通过两道开放题目检查反馈学生对平行线判定定理的应用,并鼓励学生尝试一题多解,发展推理能力,体会推理的严谨性。

(五)归纳小结

1. 你收获了哪些数学知识?

2. 你学到了哪些数学方法?

3. 通过本节课的学习,你对几何命题的证明有什么展望?

【设计意图】通过此环节,让学生回顾本节课的内容及学到的数学方法,并对未来学习做出展望。

(六)作业布置

课本 P173 习题 7.4 第 1、2 题。

(七)板书设计

主板书:

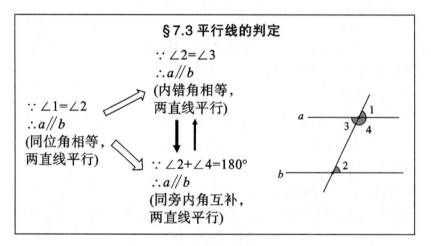

副板书:

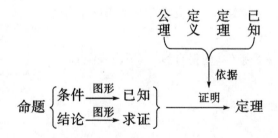

例:如图所示

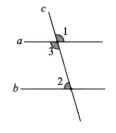

∵∠1＝∠3(对顶角相等)

∠1＋∠2＝180°(已知)

∴∠2＋∠3＝180°(等量代换)

∴a∥b(同旁内角互补,两直线平行)

(八)课后反思

平行线是众多平面图形与空间图形的基本构成要素之一,它主要借助角来研究两条直线之间的位置关系。学生在七年级已经学过探索两直线平行的条件,初步接触过平行线判定的应用。但本节课的教学重点是利用"同位角相等,两直线平行"来证明"内错角相等,两直线平行"和"同旁内角互补,两直线平行"。进一步让学生感知,通过观察、测量、实验得到的结果,必须经过严格的证明。

证明一个命题是真命题的过程,对学生来说比较陌生。将命题的文字语言结合图形,转化为已知,求证是非常困难的。所以本节课铺设了很多台阶。

1. 将公理"同位角相等,两直线平行",结合图形,写出符号语言,并进行板书。

2. 进行命题证明时,先让学生自行选择一个命题来证明,并点明先画出图形,写出已知、求证。

3. 通过投影学生的答案,师生一起分析命题的条件和结论,并结合图形,转化为已知和求证。

4. 在书写证明过程时,要求注明理由,让学生清楚每一步的因果关系。保证证明过程层次分明、条理清楚。

5. 以学生的证明过程为模板,提出问题:证明过程的依据有哪些? 让学生感知证明的出发点为公理、已知、定理、定义。

尝试应用反馈学生证明过程的规范性。巩固提升的 2 个开放性题目,则更注重学生思维的发散,让学生展示的同时,进一步巩固平行线判定方法的应用,并发展学生的口头表达能力。

应用二元一次方程组——鸡兔同笼

青岛第三十三中学　袁翠洁

一、教材分析

"鸡兔同笼"是《义务教育课程标准试验教科书》北师大版八年级上册第七章第三节的内容。本节主要是通过几个现实问题情境,进行二元一次方程组解决实际问题的训练。这样,一方面在列方程组的建模过程中,强化了方程的模型思想,培养了学生列方程解决现实问题的意识和应用能力;另一方面,将解方程组的技能训练与实际问题的解决融为一体,在实际问题的解决过程中,进一步提高学生解方程的技能。

学生已了解方程的基本概念和性质,并能熟练解二元一次方程,也能整体系统地审清题意,能从具体问题的数量关系中找出等量关系并列出二元一次方程组;学生也基本能够运用方程的思想解决实际问题。初中二年级的学生,正处于少年期,已具备了初步的抽象、概括和分析问题与解决问题的能力,要培养他们敢于面对挑战和勇于克服困难的意志。鼓励他们大胆尝试,敢于发表自己的看法,以从中获得成功的体验,激发学习激情。

二、教学目标

(一)知识与技能

在具体问题的解决过程中提高学生解二元一次方程组的技能。

(二)过程与方法

使学生掌握运用方程组解决实际问题的一般步骤,让学生亲自经历和体验运用方程(组)解决实际问题的过程,进一步体会方程(组)是刻画现实世界的有效数学模型,培养学生的抽象、概括、分析、解决实际问题的能力。

(三)情感态度与价值观

1. 进一步丰富学生数学学习的成功体验,激发学生对数学学习的好奇心,进一步形成积极参与数学活动、主动与他人合作交流的意识。

2. 通过"鸡兔同笼",把同学们带入古代的数学问题情景,学生体会到数学中的"趣";进一步强调课堂与生活的联系,突出显示数学教学的实际价值,培养学生的人文精神;通过对祖国文明史的了解,培养学生爱国主义精神,树立为中华崛起而学习的信心。

三、重、难点及教法、学法

教学重点:根据等量关系列二元一次方程组解应用题。

教学难点:①读懂古算题;②根据题意找出等量关系,列出方程。

教法、学法:教师的引导与学生的探索、发现相结合。

辅教手段:多媒体课件、杯子、绳子。

四、教学过程

(一)知识回顾

课件呈现绕口令:"一只青蛙一张嘴,两只眼睛四条腿,呱的一声跳下水;两只青蛙两张嘴,四只眼睛八条腿,呱呱两声跳下水……"

【教学策略】学生接力进行绕口令,教师通过小游戏进一步引导学生回忆列方程解应用题的一般步骤。

【设计意图】通过简单的小问题、回忆一元一次方程的相关知识,为后续学习做铺垫。

(二)探究活动一

1. 今有鸡兔同笼,上有三十五头,下有九十四足,问鸡兔各几何?

请一位同学帮大家翻译一下这段文字。

题目涉及哪些量? 这些量之间有什么关系?

鸡的头数＋兔的头数＝35　　　　鸡的腿数＋兔的腿数＝94

解:设鸡有 x 只,兔有 y 只。

$$\begin{cases} x+y=35 \\ 2x+4y=94 \end{cases}$$

解得: $\begin{cases} x=23 \\ y=12 \end{cases}$

答:有鸡 23 只,兔 12 只。

【教学策略】教师通过问题串引导学生分析题意、寻找等量关系。学生独立思考并回答从而得出等量关系,进而学生独立完成此题。

教师针对学生完成情况进行点评。如果出现不同做法,对比其优劣,引导学生发现,对于较为复杂的问题,列二元一次方程比一元一次方程和算术法更为简洁。

【设计意图】

①体会解决鸡兔同笼问题的思维过程,感受利用方程模型解决问题的一般步骤。体会列二元一次方程组,其思维方式的简洁明了性和在解一些等量关系较为复杂的应用题时的优越性。

②总结列二元一次方程组解应用题的一般步骤:审、找、设、列、解、验、答。并进一步总结列方程的关键:找等量关系。

【教学策略】教师通过板书设计和教学过程中的适时强调,引导学生思考、总结,我们解决这个问题经历了哪些步骤,从而总结列二元一次方程组解应用题的一般步骤。并且明确其中设未知数和列方程的依据分别是什么。强调找等量关系的重要性。

【设计意图】通过具体的例子总结利用方程模型解决问题的一般步骤,将其一般化,便于学生进行知识迁移。

2. 一队敌军一队狗,两队并成一队走,脑袋共有八十个,却有二百条腿走。请君仔细算一算,多少敌军多少狗?

【教学策略】学生先独立思考,尝试解决,然后小组内讨论分析。最后展示学生解答过程。

【设计意图】通过学生独立思考和小组讨论,进一步巩固列二元一次方程组解应用题的一般步骤,并且发展学生的表达能力和合作能力。

(三)探究活动二

1. 以绳测井。若将绳三折测之,绳多五尺;若将绳四折测之,绳多一尺。问绳长、井深各几何?

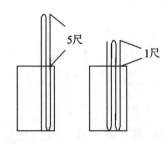

【教学策略】教师引导学生读题、分析"三折""四折"的含义。学生小组讨论后班级内用绳子演示"三折"。教师根据学生的不同展示，利用雨伞和折叠床的"三折"，再次引导学生分析讨论"三折"的含义。学生根据分析，理解掌握此处"三折"应为平均分成三份。并画出此题的示意图。

学生根据示意图找出等量关系、并解决此问题。

【设计意图】在这个问题中，学生对"三折""四折"的含义有疑问，因此，这里让学生充分讨论，展示自己的想法。进而通过现实生活的例子，让学生感受和体会"三折"是平均分成三份，再让学生演示"三折"测井的过程。一方面，帮助学生理解题目；另一方面，小组讨论、通过实物演示等活动，激发学生的兴趣，调动学生的积极性，有效突破本节课的难点。

2. 提出问题：用一根绳子环绕一棵大树。若环绕大树 3 周，则绳子还多 4 尺；若环绕大树 4 周，则绳子又少了 3 尺。这根绳子有多长？环绕大树一周需要多少尺？

【教学策略】根据"以绳测井"问题，引导学生分析题意并画出示意图，通过示意图，引导学生独立分析此题的等量关系，并完成题目的解答。

【设计意图】一方面，在列方程组的建模过程中，强化了方程的模型思想；另一方面，通过一系列富有趣味的古代数学题，激发学生的兴趣和民族自豪感。

3. 对比"以绳测井"和"以绳测树"两道题目的等量关系的不同点。

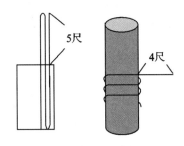

【教学策略】引导学生结合两道题的示意图，归纳分析其等量关系的不同点。

【设计意图】引导学生体会用实物演示、画图等方式找等量关系的优势。

(四)提高练习

一张试卷有 25 道题，做对一道得 4 分，做错一道扣 1 分。小英做完了全部试题，共得 70 分。问她做对了多少道题？

【教学策略】学生先独立思考、后完成。

【设计意图】巩固检测所学知识。

(五)归纳小结

1. 这节课我们解决这些实际问题主要用了什么方法？

2. 一般什么类型的题目用二元一次方程组解决更简单？

3. 列方程解应用题的步骤是什么？

【教学策略】学生自己交流总结。教师引导学生归纳体会数形结合思想、模型思想的作用。

【设计意图】帮助学生梳理知识，体会数学思想方法的作用，培养学生数学应用意识。

(六)作业布置

课本第116页随堂练习之习题3、4。

有条件的同学读一读《孙子算经》，找出自己喜欢的问题与同学们分享。

(七)板书设计

应用二元一次方程组——鸡兔同笼		
审 找 设 列 解 (验) 答	鸡头、兔头共有35头，鸡脚、兔脚共有94足 $\begin{cases}鸡的头数+兔的头数=35\\鸡的腿数+兔的腿数=94\end{cases}$ 解：设鸡有 x 只，兔有 y 只。 $\begin{cases}x+y=35\\2x+4y=94\end{cases}$ 解得：$\begin{cases}x=23\\y=12\end{cases}$ 答：有鸡23只，兔12只。	以绳测井等量关系及解答过程 $\begin{cases}\dfrac{1}{3}绳长-井深=5尺\\[2mm]\dfrac{1}{4}绳长-井深=1尺\end{cases}$ 学生画以绳测树示意图 等量关系及解答过程

(八)教学设计说明与反思

学生学习数学的过程，究其本质是学生在经历探索、归纳后，对原有知识体系的扩充与完善的过程。因此，在新课授课前，我们需引导学生回忆列一元一次方程解应用题的一般步骤是什么。但是，考虑到学生的学习积极性，这里用一个探索规律的儿歌，回忆一元一次方程的相关知识，这样既调节了课堂气氛,又为后续学习做铺垫。

新课程标准下的教学是以教师为主导、学生为主体的教学。因而不管是例题的讲解、还是巩固练习的处理,我都以学生为主体,处处引导学生,让学生讲、让学生说、让学生演、让学生做。特别是"以绳测井"这个题目,是本节课的一个难点,其中又以"三折"最为难懂。在此处,我不仅让学生上台演示他们认为的"三折",而且为了让他们真正明白"三折"就是平均分成三等份,我结合生活实际,用三折叠的伞来演示何为"三折"。这样学生对题意的理解不再是生硬的记忆,而是变成结合生活实际来理解。对"三折"理解透后,我又结合学生演示,展示示意图,方便学生得到等量关系,从而真正从学生的认知出发,顺利地突破本节课的难点。

微项目式教学设计:利用相似三角形测高

青岛第三十九中学市北分校　綦家武

项目式学习是一种系统的学习组织形式:学生通过事先精心设计的项目,完成一连串任务,在复杂、真实和充满问题的情境中持续探索和学习。传统项目式教学的项目比较大,需要较多的时间、资源,不适合中学教学。对其适应性做调整,我们定义了"微项目式",它继承了"项目式"的任务驱动、学生为主的合作探究式学习,同时也努力调整项目的大小和内容,使其变得短小精简,更好地服务初中数学教学。

一、发现现实问题　设计项目课例

每周一的升旗仪式上,五星红旗冉冉升起,国旗的高度是多少?

针对这一问题,结合本章相似三角形的学习,设计本课时微项目《利用相似三角形测高》,着力于提高学生实际问题的解决能力,鼓励学生思考、交流、操作、实践、讨论汇总,发展学生的综合能力。

二、微项目目标和设计

知识与技能:能综合运用三角形相似的判定和性质解决实际问题,掌握测量物体高度的方法,能根据实际问题设计项目方案。

方法与过程:经历设计项目方案、实地测量和撰写报告的过程,学会对所得的数据进行分析和处理,从而得出符合实际的结果。

情感与态度:培养学生攻坚克难的品质,发展合作能力和科学精神;感受数学知识在实际生活中的广泛用途;进一步积累数学活动的经验,体验成功快乐,增强数学学习的自信心。

重点:如何根据已有的知识经验设计出合理的测量方案。

难点:如何优化测量方案,准确地测量出所需数据。

材料准备:测角仪、皮尺等测量工具,多媒体课件,根据学生需求适当添加材料。

三、微项目探究开展

至少提前一天提出问题,学生分组合作,组内交流、分享并讨论,抽象出数学模型,各自制定方案,通过平板电脑等工具搜集相关资料,根据小组方案,选择适当的工具和材料,实施方案。

课堂活动开展,小组内成员分享自己的想法,交流可行的方案,确定分工。

通过微项目任务分解,逐层推进,每位同学都参与并发挥自身特长,激发学生的学习兴趣,学生选择教师所提供的实验材料或自备材料,迅速进入项目的研究及学习,正式展开项目探究活动。

学生活动:小组实施方案,教师给予适当的点评及帮助。

师生活动。

师:你们能分享一下是如何测量旗杆的高度的吗?

生1:利用阳光影子。

如图1所示,选一名同学站立于旗杆影子的顶端处,其他人分为两部分,一部分同学测量该同学的影长,另一部分同学测量同一时间旗杆的影长。

需要的工具:皮尺等。

需要测量的数据:DF、EF、AB 长度。

原理:相似三角形对应边成比例。

推理过程。

关键突破点:把太阳的光线看成是平行的。

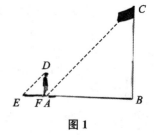

图1

∵太阳的光线是平行的

∴$DE/\!/AC$，∴$\angle DEF=\angle CAB$

∵人与旗杆都是垂直于地面的，即$\angle DFE=\angle CBA=90°$

∴$\triangle ABC\backsim\triangle EFD$，∴$DF/EF=BC/AB$

因此，只要测量出人的影长EF、旗杆的影长AB，再知道人的身高DF，就可以求出旗杆BC的高度了。

生2：利用标杆。

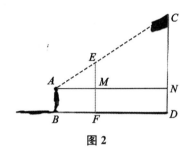

如图2所示，选一名同学作为观测者，在观测者与旗杆之间的地面上直立一根高度适当的标杆。观测者适当调整自己所处的位置，当旗杆的顶端、标杆的顶端与眼睛恰好在一条直线上时，其他同学立即测出观测者的脚到旗杆底端的距离，以及观测者的脚到标杆底端的距离，然后测出标杆的高。

图2

需要的工具：皮尺、标杆等。

需要测量的数据：AB、BF、EF、BD长度。

原理：矩形对边相等、相似三角形对应边成比例。

推理过程：

∵人、标杆和旗杆都垂直于地面

∴$\angle ABF=\angle EFD=\angle CDF=90°$

∵人、标杆和旗杆是互相平行的，即$AB/\!/EF/\!/CD$

∴$\angle AME=\angle ANC$，又∵$\angle EAM=\angle CAN$

∴$\triangle AME\backsim\triangle ANC$，∴$AM/EM=AN/CN$

人与标杆的距离、人与旗杆的距离以及标杆与人的身高的差EM都已测量出，从而能求出CN

∵$\angle ABF=\angle CDF=\angle AND=90°$，∴四边形$ABDN$为矩形。∴$DN=AB$

∴能求出旗杆CD的长度

生3：利用镜子的反射。

如图3所示，选一名同学作为观测者，在观测者与旗杆之间的地面上平放一面镜子，在镜子上做一个标记，观测者看着镜子来回移动，直至看到旗杆顶端在镜子中的像与镜子上的标记重合。

需要的工具:镜子等。

需要测量的数据:AB、BE、DE 长度。

原理:光的反射原理、相似三角形对应边成

比例。

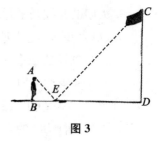

图 3

推理过程:

已知人、标杆和旗杆都垂直于地面

∵ 入射光线与镜面夹角=反射光线与镜面夹角

∴ $\angle AEB = \angle CED$

∵ 人、旗杆都垂直于地面

∴ $\angle ABE = \angle D = 90°$

∴ $\triangle ABE \backsim \triangle CDE$

∴ $AB/BE = CD/DE$

因此,测量出人与镜子的距离 BE、旗杆与镜子的距离 DE,再知道人的身高 AB,就可以求出旗杆 CD 的高度。

生 4:……

师:同学们的方案非常多,但是每个方案所展示出来的实验结果都有一定的误差,为什么?

生 1:第一种方法,人影的高度测量一般会有误差,因为影子是一个不规则的形状;第二种方法,旗杆的顶端、标杆的顶端与眼睛恰好在一条直线完全靠目测,会不准确;第三种方法,眼睛观察镜子反射的影像也必然会有误差;第四种方法……

师:既然以上方法都有误差,我们应该怎样避免或减小误差?

生 2:精确测量工具、多次测量求平均值……

【设计目的】学生通过发散思维做出多种方案,并实施方案,培养学生的探究和操作能力,培养学生学数学的兴趣和用数学解决实际问题的意识,因此,首先要明确测量方法、过程、工具等等。

活动的注意事项。

(1)对学生在讨论中可能的想法要及时予以点评、指导。

(2)在总结测量方法时要注意以下几点:

运用方法 1 时:可以把太阳光近似地看成平行光线,计算时还要用到观测者的身高；

运用方法 2 时：观测者的眼睛必须与标杆的顶端和旗杆的顶端"三点共线"，标杆与地面要垂直，在计算时还要用到观测者的眼睛离地面的高度；

运用方法 3 时：应注意向学生解释光线的入射角等于反射角的现象。

四、微项目总结

各小组成果展示后，各组之间互相评价，提出建议，完善方案。各组将修改后的方案展示在黑板上，师生一起总结。

最终上升到定理、定义、法则、规律等，可以后续应用与题目解决，简化解题过程。

【设计意图】在小组成果展示和评价中，所有同学都参与其中，进行分析评价及建议，总结优势与不足，对比其他方案，为下一次微项目学习积累经验。

五、微项目成果应用

(一)随堂练习

1. 高为 4 m 的旗杆在水平地面上的影子长为 6 m，此时测得附近一个建筑物的影子长为 24 m，求该建筑物的高度。

2. 如图 4 所示，一条河的两岸有一段是平行的，在河的南岸边每隔 5 米有一棵树，在北岸边每隔 50 米有一根电线杆。小丽站在离南岸边 15 米的点处看北岸，发现北岸相邻的两根电线杆恰好被南岸的两棵树遮住，并且在这两棵树之间还有三棵树，则河宽为_____米。

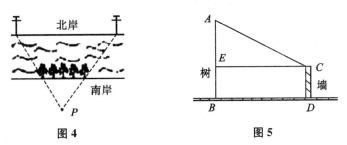

图 4　　　　　　　　　　图 5

(二)拓展练习

小明想利用树影测量树高，他在某一时刻测得长为 1 m 的竹竿影长为 0.9 m，但当他马上测量树影时，因树靠近一幢建筑物，影子不全落在地面上，有一部分影子在墙上,如图 5 所示,他先测得留在墙上的影高为 1.2 m,又测得地面部分的影长为 2.7 m,他求得的树高是多少?

【设计意图】随堂练习是基础应用,通过平板电脑推送给全体同学,拓展练习推送给学有余力的同学提优训练,通过不同层次的对应练习,达到方法的灵活应用和进一步理解,使学生对相似三角形求长度和距离等问题进一步理解。

六、微项目评价与反思

(一)微项目评价

微项目完成后,自行完成评价量表。

【设计意图】评价量表是结束项目后,由学生、组员及教师共同填写。此表通过自评、组评以及师评,让每个学生充分了解自己在本次项目实践中的优点与不足,取长补短,从而为下次实践活动做好准备。

(二)微项目反思

在本次项目学习中,每周一升国旗仪式,引入学习项目"测量国旗高度",体现出该学习项目为学生融入了真实的体验。在设计方案中,学生的方案尽用所学、精彩纷呈,既有挑战性,又收获和培养了学生的抽象思维能力、分析与解决问题的能力。

项目展开过程以学生为主体,以项目活动为手段,以能力提高为目的。在教学前和教学过程中充分讨论、探究测量原理和实际测量时可能遇到的问题以及需要注意的事项,并在项目方案中加以设计,项目实施时加以落实,所以,整个项目开展过程在充分预设的前提下十分顺利。

整个项目的设计、开展、总结过程,准备时间充分,实施过程严谨,数据汇总翔实、分析办法合理,学生们都可以动起来,课本理论知识理解应用合理,让学生深切地体会到数学在现实生活中的重要作用,很自然地将数学理论知识与解决实际问题相结合,乐在其中。

项目开展过程提高了学生们的应用意识和实践能力,并且实践操作的学习方式,提高了他们对数学学习的兴趣,同时培养了多数同学之间相互交流、相互提问、相互帮助的学习氛围,也培养了他们遇到困难的团结合作、共同克服的团队精神以及敢于探索和实践的优良学风,还培养了学生的创新能力。

三角函数的应用

莱西市河头店镇南岚中学 段琴琴

一、教材分析

本节课是鲁教版九年级上册第二章第五节的内容,是在前两节的基础上进一步学习用锐角三角函数解决实际问题。本节课需要解决现实生活中的三个问题——如何测量古塔的高度？货船有没有触礁的危险？改变商场楼梯的安全性能后楼梯加长了多少？通过这几个问题的探究,让学生体会到三角函数在解决实际问题中的重要地位,增强学生运用数学的意识。教学时让学生形成从生活实际问题中提炼出用三角函数解决问题的数学思想,进一步通过方程方法与画图法感受数形结合的思想。并力图引发学生从三个例题解答中归纳并建构数学模型思想,即抽象成平面图形(直角三角形)。

二、学情分析

学生已经学习了直角三角形中边角之间的三个关系:边与边的关系(勾股定理);角与角的关系(直角三角形两锐角互余);边与角的关系(正弦、余弦、正切)。并能够利用这三个关系,在直角三角形中进行一些简单计算,而且能根据生活中的一些情境,用所学知识解决一些简单的实际问题。在整个学习过程中学生已经经历了很多合作学习的过程,具有了一定的合作学习的经验,具备了一定的合作与交流的能力,并对运用数学有相当的兴趣和积极性。不过学生探究和解决问题的能力毕竟有限,尚待加强。本节课主要是在学生原有认知能力的基础上,进一步学习用锐角三角函数解决实际问题,经历把实际问题转化成数学问题的过程,建立相应的数学模型,以提高应用数学知识解决实际问题的能力。

三、教学目标

1. 能够把实际问题转化为数学问题,能够借助于计算器进行有关三角函数的计算,并进一步对结果的意义进行说明。

2. 经历解决实际问题的过程,体会三角函数在解决问题过程中的作用,发展数学应用意识和解决问题的能力。

3. 在运用解直角三角形等知识解决实际问题的过程中,体会"数学建模"和"数形结合"的思想。

4. 在经历弄清实际问题题意的过程中,画出示意图,培养独立思考问题的习惯和克服困难的勇气。

四、教学重、难点

教学重点:经历解决实际问题的过程,体会三角函数在解决问题过程中的作用,发展数学应用意识和解决问题的能力。

教学难点:能灵活地将实际问题转化为数学问题,建立数学模型,并选择适当三角函数来解决。

五、教学过程

(一)问题导课

引导语:直角三角形就像一个万花筒,为我们展现出了一个色彩斑斓的世界。我们在欣赏了它神秘的"勾股"、知道了它的边的关系后,接着又为我们展现了在它的世界中的边角关系。它使得我们现实生活中不可能实现的问题,都可迎刃而解。它在航海、工程测量等领域都有着广泛应用,如测量树的高度、塔高等。如图所示,塔有多高呢?

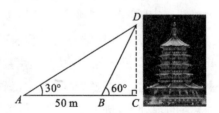

【设计意图】选择生活中学生感兴趣的题材,使学生能积极参与数学活动,提高学生学习数学的兴趣。

(二)探究新知

探究一:塔有多高?

小明想测量塔 CD 的高度。他在 A 处仰望塔顶,测得仰角为 $30°$,再往塔的方向前进 50 m 至 B 处,测得仰角为 $60°$,小明的身高为 1.5 米,那么该塔有多高?(结果精确到 0.1 m)

不同方法展示。

方法1：

Rt△ACD 中，$\tan 30° = \dfrac{CD}{AC}$，　即 $AC = \dfrac{CD}{\tan 30°}$

Rt△BCD 中，$\tan 60° = \dfrac{CD}{BC}$　即 $BC = \dfrac{CD}{\tan 60°}$

∵ $AB = AC - BC = 50$ m，得 $\dfrac{CD}{\tan 30°} - \dfrac{CD}{\tan 60°} = 50$，　$CD \approx 43.3$

∴塔高为 $43.3 + 1.5 = 44.8$(m)

(优点：常规方法，便于建立方程模型)

方法2：用∠ADC 和∠BDC 的三角函数将 AC 与 BC 用 CD 表示出来。

(优点：计算较方法1简单些)

方法3：关键思路：$AB = BD = 50$ m(优点：方法简单、计算简便)

【教学策略】

1. 先根据学生问题、指导学生自学仰角与俯角。

2. 给学生提供充分的机会讨论,巡视关注学生能否画出示意图。

3. 鼓励学生从不同角度思考,用不同的方法进行求解。

4. 引导学生总结:①解题思路是找公共边;②方程思想是我们初中数学中最重要的数学思想之一。

5. 教师对学生解答过程中的闪光点给予肯定和表扬——比如,在用三角函数时能指出所涉及的直角三角形,供其他同学学习。

【设计意图】学生在审清题意的基础上,将实际问题转化为数学问题,根据示意图,感受数形结合的思想,解题时体会方程思想,建立解此类题目的模型,并体会一题多解。

探究二:货船有没有触礁的危险?

1. 请同学们欣赏动画影片《船要触礁了》。

2. 如图所示,海中有一个小岛 A,该岛四周 10 海里内有暗礁。今有货轮由西向东航行,开始在 A 岛南偏西 55° 的 B 处,往东航行 20 海里后,到达该岛的南偏西 25° 的 C 处,之后,货轮继续往东航行。你认为货轮继续向东航行途中会有触礁的危险吗?你是如何想的? 与同伴进行交流。

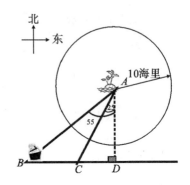

【教学策略】

1. 帮助学生回忆方位角有关术语。

2. 引导学生分析货轮继续向东航行的方向。如果到 A 的最短距离大于 10 海里,则无触礁的危险;如果小于 10 海里,则有触礁的危险。

3. 点拨的基本思路是:过点 A 作 BC 的垂线,交直线 BC 于点 D,得 Rt$\triangle ADB$ 和 Rt$\triangle ADC$,从而 $BD = AD\tan 55°$,$CD = AD\tan 25°$,$AD\tan 55° - AD\tan 25° = 20$。这样 $AD \approx 20.79$ 海里,所以货轮没有触礁的危险。

【设计意图】从学生熟知的现实情景入手,既增强了趣味性,一下子抓住学生的注意力,又能使课题蕴含其中,使学生体会数学就在我们身边,也合理地揭示了学习新知识的必要性,从而激发学生探究的积极性,体会数学的应用意识,同时体验成功的快乐,培养学生的合作精神和求真务实的科学态度。

(三)拓展提高

探究三:楼梯加长了多少?

某商场准备改善原有楼梯的安全性能,把倾角由原来的 40° 减少至 35°,已知原楼梯长为 4 m,则调整后的楼梯会加长多少? 楼梯多占多长一段地面?(结果精确到 0.01 m)

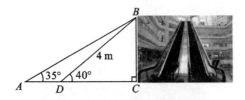

【教学策略】

1. 关注学生如何把实际问题转化为数学问题,是否能正确画出示意图;

2. 引导学生得出解题关键:调整前后楼梯的高度是一个不变量。

【设计意图】对前面问题的变式,锻炼学生灵活解题的能力。

探究四:利用解直角三角形解决实际问题的一般步骤是什么? 与同伴进行交流。

一般过程是:

(1)将实际问题抽象为数学问题(画出平面图形,转化为解直角三角形问题);

(2)根据问题中的条件,适当选用锐角三角函数解直角三角形;

(3)获得数学问题的答案;

(4)检验答案是否符合实际问题。

【设计意图】引导学生积累数学活动经验,提升解决实际问题的能力。

四、课堂小结

通过今天的学习,你有什么收获与体会?

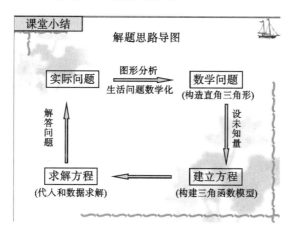

【设计意图】进一步梳理本节解题思路,提高思维能力。

五、目标检测

课本习题 2.9 第 2 题。

六、课后作业

必做题:课本习题 2.9 第 1 题,课本 56 页 15 题。

选做题:课本 56 页 14 题。

【设计意图】根据学情,因材施教,分层次布置作业,再次感受数学在实际问题中的应用。

频率的稳定性

青岛第三十九中学　舒畅

一、教材分析

本节课使用的教材为北师大版初中《数学》七年级下册第 6 章第 2 节频率的稳定性，共 2 个课时。教材从两个试验入手，使学生经历"猜测—试验和收集数据—分析试验结果—验证猜测"的过程，初步了解在试验次数很大时，随机事件发生的频率具有稳定性，进而可以用频率估计概率。在第一课时学生完成掷图钉试验，初步感受频率；在第二课时学生经历掷硬币试验，完善对频率稳定性的认知，初步建立起频率和概率之间的关系，培养用数据解决问题的观念。本节课整合了两个课时，采用项目式教学的方式，以试验为纽带，通过抛掷瓶盖、硬币等具体试验过程，引导学生感受用试验数据描述可能性的过程，体会频率提出的价值，深化对频率稳定性的理解。

二、学情分析

在学习这节课之前，学生已经对事件发生的可能性大小有了初步的认识，知道事件发生的可能性是有大有小的，但对可能性存在一些认识上的偏差。比如，对只出现两种结果的试验，一部分学生会认为这两种结果发生的可能性一定都是 0.5；又如：一部分学生认为所有事件发生的可能性都可以通过理论计算得到，等等。本节课的设计立足于引导学生经历频率提出的过程，通过参与抛掷瓶盖、硬币等具体试验，用得到的试验结果来描述可能性，构建频率模型，并借助数学软件观察频率的变化，建立起对频率与概率关系的正确认知。

三、教学目标

1. 经历"猜测—试验—收集数据—分析结果—验证猜测"的过程，初步体会频率与概率的关系。

2. 通过试验感受在试验次数很大时，随机事件发生的频率具有稳定性。

3. 了解概率的意义, 能够根据事件发生的频率来估计事件发生的概率。

四、教学重、难点

1. 教学重点: 频率的稳定性。
2. 教学难点: 频率与概率的区别和联系。

五、教学过程

【课前准备】根据实际情境提出项目: 放学路上, 小明和小亮两位同学买了一瓶可乐, 两人就谁来喝争论不休。路过的小颖说: "我有个好建议, 由我来投掷一次瓶盖, 瓶盖落到地面上, 如果盖口向上就小明喝, 如果盖口向下就小亮喝。"你认为小颖的建议合理吗?

● 教师活动: 组织学生讨论上述方案是否合理。
● 学生活动: 给出自己的猜想并简单叙述理由(图1)。
● 教师活动: 引导学生用数据支撑自己的猜想, 制定初步的试验方案。
● 学生活动: 分组完成试验, 根据自己的试验数据回答导学案中的问题。

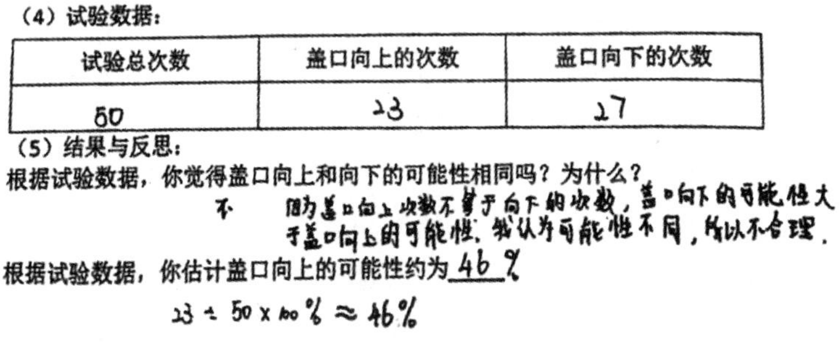

(4) 试验数据:

试验总次数	盖口向上的次数	盖口向下的次数
50	23	27

(5) 结果与反思:

根据试验数据, 你觉得盖口向上和向下的可能性相同吗? 为什么?

不 因为盖口向上次数不等于向下的次数, 盖口向下的可能性大于盖口向上的可能性, 我认为可能性不同, 所以不合理.

根据试验数据, 你估计盖口向上的可能性约为 46 %

23 ÷ 50 × 100% ≈ 46%

图1 学生答案举例

【设计意图】本环节旨在从学生熟悉的情境出发, 感受在这个问题背景下, 事件的可能性能够帮助我们做出决策, 激发学生的研究兴趣。学生在讨论后基本认可: 可能性的大小可以用来判断这个方法是否合理, 并在教师的引导下从直观感受到理性思考, 用数据尝试描述可能性, 设计试验方案, 初步构建频率模型。

【环节一】交流试验结果

● 教师活动: 收取导学案, 了解学生的试验数据和结论, 帮助小组代表组织语言, 表达自己的观点。

● 学生活动:由各小组代表展示本小组的试验数据和对两个问题的思考结果。

● 教师活动:组织全班学生评价每个小组的展示,具体分为以下 4 个小环节。

1. 教师在点评时要对学生尊重事实、用数据说话的做法给予充分肯定,将数据意识渗透进课堂。

2. 引导学生讨论第一个问题,思考各小组结论不同的原因,发现试验次数对结果的影响。

3. 引导学生讨论第二个问题,发现各小组估计可能性的算法,其本质思想是相同的,归纳出频率的定义。

4. 提出后续思考方向:频率可以用来估计可能性吗? 不同的频率究竟用哪个组的更好呢? 从而引发学生对频率稳定性进行探知。

【设计意图】本环节旨在引发学生对频率模型中为什么要除以总试验次数进行思考,初步体会试验次数的重要性,正式提出频率的定义。从学生的结论可以看出:一部分学生会借助除法思想来描述可能性,这其实是频率产生的出发点。产生这种想法的学生,一部分是因为看到生活中的可能性均为分数或小数,也有一部分是关注到了试验次数对试验结果的影响,这些都是学生在尝试"用数据"的表现,教师应及时给予鼓励。

【环节二】发现新知:频率的稳定性

● 教师活动:引导学生观察频率的波动。

● 学生活动:得到"在试验次数少时,频率往往不够稳定"的初步结论。

● 教师活动:引导学生改进试验方案,具体分为以下 2 个小环节。

1. 引导学生发现可能性往往是一个确定的数值,与目前不够稳定的频率之间存在差异,推动学生制定出增加试验次数的改进方案。

2. 引导学生思考如何增加试验次数。

● 学生活动:汇总各小组试验数据,借助 Excel 软件计算频率。

● 教师活动:引导学生观察在试验次数增大时频率的变化情况。

● 学生活动:发现频率的稳定性。

【设计意图】在学生提出频率模型后,如何使用模型去描述可能性是本节课要解决的重要问题。此环节旨在引导学生观察感受频率在试验次数较小时频率的波动情况较明显,体会随机事件的特点,建立起频率波动和可能性是一个确定数值的认知矛盾,引发学生对频率稳定性的思考,进而发现"只有在试验次数足够大时,频率才具有稳定性"的这一特点,加深学生对频率模型的认识。

【环节三】验证频率稳定性

● 教师活动:提出问题"频率的稳定性是否只在掷瓶盖一个试验中存在?"引发学生对频率稳定性是否普遍存在的思考。

● 学生活动:提出"做其他试验验证,如掷硬币试验"的建议。

● 教师活动:组织学生小组讨论,明确试验注意事项。

● 学生活动:明确试验注意事项后由组长带领小组成员完成掷硬币试验,记录数字面向上的次数;借助 Excel 软件汇总全班数据,绘制频数折线图;再次感受频率的稳定性并发现在频率常数 0.5 附近摆动。

【设计意图】学生在抛掷瓶盖的试验中初步体会频率的稳定性,为验证其普遍性,学生自己设计掷硬币试验。由于学生已有一定的试验基础,所以,这里的试验注意事项由学生自主归纳,完成从制定方案、小组分工、收集数据、分析结论的过程。在汇总数据时运用软件,再次观察频率的稳定性。本环节旨在加深学生对重点知识的认知,体会自己发现结论的快乐。

【环节四】发现概率

● 教师活动:引导学生思考,0.5 是否可以作为掷一枚质地均匀的硬币数字面向上的可能性? 进而引出概率的定义。

● 学生活动:思考频率与概率之间的关系。

【设计意图】学生对概率这个词语虽然在小学或生活中接触过,但并不知道它的定义,本环节旨在帮助学生正确理解概率的含义,初步建立起频率与概率间的关系,渗透"用频率估计概率"的方法,为后续知识做铺垫。

【环节五】项目解决

● 教师活动:回顾在课堂开始时提出的项目,明确用"盖口向上和盖口向下的可能性是否相同"来判断小颖的建议是否合理的思路是正确的;通过这节课的学习可以表述为"判断两个事件发生的概率是否相同"。

● 学生活动:观察盖口向上和盖口向下的频率折线图,估计盖口向上和盖口向下这两个事件分别发生的概率,验证自己的猜测。

【设计意图】用本节课所学的知识解决课前提出的项目问题,验证自己的猜想,给出最终结论。本环节旨在完善整个研究过程,帮助学生体会完整的研究问题过程。

【环节六】知识应用

● 师生共同活动:分析必然事件、不可能事件和随机事件的概率,加深对概率的理解;结合两个试验向学生解释频率与概率的区别,帮助学生正确地认识频率与概率的不同。

【设计意图】本环节旨在学以致用,重新从概率角度审视必然事件、不可能事件和随机事件,加深学生对概率的理解。

【随堂练习】

1. 判断下列说法的正误:

(1)投掷一枚硬币 200 次,110 次数字面向下,则数字面向下的频率为 0.55( )

(2)小明做了 50 次掷硬币试验,30 次数字面向上,则数字面向上的概率为 $\frac{3}{5}$( )

(3)因为投掷硬币数字面向上的概率为 0.5,所以投掷 100 次硬币,一定会恰好 50 次数字面向上( )

(4)抛掷同一枚瓶盖 8 000 次和 12 000 次,盖口向上的频率一定相同( )

(5)一个事件发生的概率可以是 1.2( )

2. 为了研究图钉落地后钉尖着地的频率有多大,小明做了大量重复试验发现,钉尖着地的次数占总试验次数的 30%,则下列说法中错误的是( )

A. 钉尖着地的频率是 0.3

B. 随着试验次数的增加,钉尖着地的频率稳定在 0.3 附近

C. 钉尖着地的概率约为 0.3

D. 前 20 次试验结束后,钉尖着地的次数一定是 6 次

3. 甲、乙两名同学在一次大量重复试验中统计了某一结果出现的频率,绘制出的折线统计图如图 2 所示,则符合这一结果的试验可能是( )

A. 掷一枚质地均匀的正方体骰子,出现 1 点朝上

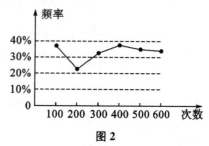

图 2

B. 任意写出一个正整数,它能被 3 整除

C. 抛一枚质地均匀的硬币,出现正面朝上

D. 从一个装有 2 个白球和 1 个红球的袋子中任取一球,取到白球

【设计意图】围绕课堂核心知识设计随堂练习,用于帮助学生巩固所学知识,拓宽视野。

【课堂小结】

1. 通过这节课的学习你有哪些收获?

2. 生活中还有哪些你感兴趣的随机事件? 你有什么方法猜测它发生的概率? 请与你的同伴交流。

【设计意图】本环节旨在进一步巩固本节课的重点知识"频率的稳定性",提高学生的数据分析意识,引导学生在生活情境中运用所学知识解决实际问题,发现"频率估计概率"这一方法在生活中的应用,体会数学的应用价值。

【教学反思】本节课是学校提倡的项目式教学的一次尝试,旨在通过一个与学生生活联系紧密的情境,引导学生解决问题的同时感受知识生成的完整过程。教学中要注重学生的主体地位,调动学生的积极性,使数学教学成为数学活动的教学。另外,在教学中应注重帮助学生形成严谨求实的研究态度,发展学生对新问题的思考和解决能力,提高学生的数据收集和分析能力,培养学生乐于合作的精神。

反比例函数的图像与性质教学设计

青岛第三十九中学 曹晓冬

一、教材分析

函数是在探索具体问题中数量关系和变化规律的基础上抽象出的重要数学概念,是研究世界变化规律的重要数学模型。继一次函数的学习之后,反比例函数是初中阶段的又一种重要函数。本章第一节通过对具体情境的分析,概括出反比例函数的概念。本节课在此基础上让学生对反比例函数的图像进行探索,为后面的应用以及二次函数的学习奠定基础。

函数是研究世界的重要数学模型,探索函数的三种表示形式——关系式、表格、图像之间的联系和转化,能够发展学生数形结合的意识和能力。反比例函数是初中阶段重点学习的三种函数之一,与前面学习过的一次函数相比,它的关系式更简单,但图像变化很大,是两支光滑曲线——双曲线。因此,本节课主要让学生对此进行探索,在探索过程中发展和渗透数形结合的数学思想。

二、学情分析

学生在七年级已经学习了变量之间的关系,八年级又学习了一次函数,已经具备了一些研究函数图像及性质的经验基础,但是,反比例函数是学生第一次接触的图像为曲线且有两支的函数,因此,在进行探索时会有一些认知冲突,而这些正是今后他们继续研究函数的宝贵经验。

三、教学目标

1. 经历探索反比例函数的性质的过程,体会函数三种表示方式之间的联系和转化。

2. 能画出反比例函数的图像,进一步掌握画函数图像的步骤。

3. 能从函数图像中获取信息,初步探索反比例函数的性质。

四、教学重点与难点

重点:列表、描点、连线画出反比例函数图像,探索反比例函数图像的性质及特点。

难点:理解反比例函数图像是双曲线。

五、教学方法与工具

采用引导探究法,通过"想象—画图—对比"三个探究活动引导学生认识反比例函数的图像与性质。

多媒体、PPT、几何画板、希沃授课助手。

六、课程资源

北师大版九年级上册教材、PPT、几何画板学件。

七、教学过程

本节课设计了五个教学环节,其中亮点环节为第二教学环节的三个活动。

第一环节　复习回顾

1. 一次函数的图像是怎样的?

2. 一次函数图像的性质有哪些? 你是怎样得到的?

3. 什么是反比例函数?

【设计意图】通过回顾一次函数,为探索反比例函数的图像奠定基础。

第二环节　探究新知

活动一:展望想象

1. 要研究反比例函数的图像与性质,你想从哪一个具体的函数开始? 为什么?

2. 你觉得这个反比例函数的图像是怎样的? 为什么? 与同伴交流。

【设计意图】借助一次函数的经验,让学生在画图像之前先展望探究思路,从最简单的开始。在画图像之前,学生根据关系式先想象、分析、讨论它的特征,能够生成在哪两个象限、与坐标轴没有交点等特征。

活动二:尝试画图

1. 作反比例函数 $y=\dfrac{4}{x}$ 的图像。

x	
$y=\dfrac{4}{x}$	

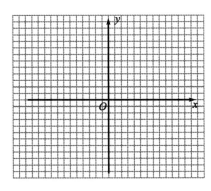

2. 你画出的图像和想象的一样吗？与同伴交流。

3. 画反比例函数的图像时要注意哪些问题？

【设计意图】类比一次函数图像画图步骤，结合前面的想象，学生尝试画图像，这里的表格是完全留白的，学生取点的多少，图像的呈现会有不同。

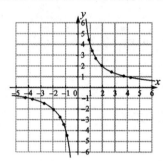 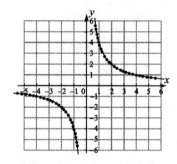

在学生画图的基础上由少到多地呈现取点，通过几何画板操作，用更多的点展示图像趋势，帮助学生更直观、便捷地理解反比例函数的图像是光滑曲线而不是折线；最后将画出的图像与想象时进行对比，便于学生深刻理解双曲线的特征，积累研究函数图像及性质的经验。

呈现图像的同时，学生会归纳出函数的部分性质，如图像是双曲线、增减性等等。

活动三：分工合作

1. 当 k 取其他数时，图像也有这些性质吗？

2. 请你选择一个具体的 k 值进行研究，先想象，再画图。

x	
$y = \dfrac{}{x}$	

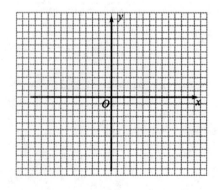

3. 组内交流:当 k 取不同的值的时候,你有哪些发现?

【设计意图】画完 $y=\dfrac{4}{x}$ 的图像后,设计开放的问题,让学生自选关系式尝试画图,学生与一次函数图像的性质类比。根据前面活动积累的经验,继续探索反比例函数图像的性质,进一步体会函数图像与函数表达式之间的关系,感受数形结合的思想方法。

分类呈现学生画出的有代表性的图像,例如,按照不同的象限、增减性、k 的绝对值的影响讨论归纳图像的性质,也可以用几何画板直观展示探究。

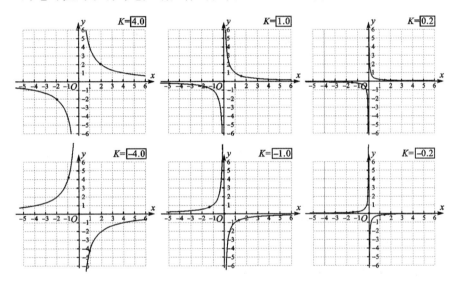

全班交流归纳,由特殊到一般,帮助学生理解 k 的取值对反比例函数图像的影响,生成反比例函数图像的性质。

第三环节　小结反思

通过本节课的学习,谈谈你对反比例函数图像的认识。

【设计意图】回顾探索过程,全班交流,进一步积累研究函数性质的方法。

第四环节　随堂检测

A 层:

1. 双曲线 $y=\dfrac{k}{x}$ 经过点 $(-2,3)$,则 $k=$_____.

2. 反比例函数 $y=\dfrac{2}{3x}$ 的图像分布在第_____象限;反比例函数 $y=$

$-\dfrac{7}{x}$ 的图像分布在第_____象限。

B层：

右图可能是下列四个函数中哪一个函数的图像？（   ）

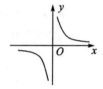

A. $y=5x$ B. $y=\dfrac{4}{x}$

C. $y=2x+3$ D. $y=-\dfrac{3}{x}$

C层：

已知函数 $y=\dfrac{k+1}{x}$ 的图像分布在第一、三象限内，则 k 的取值范围是

_____。

【设计意图】检测设置不同层次题目，给不同层次的学生提供适合的学习内容。

第五环节　课后作业

必做：习题 6.2：1、2

选做：习题 6.2：联系拓广

【设计意图】作业设置不同层次内容，给不同层次的学生提供适合的学习内容。

八、教学评价

采用过程性评价与形成性评价相结合的方式。过程性评价通过小组互评的方式，关注学生课上思考和参与讨论的过程；用分层的课堂检测对本节课学习内容进行形成性评价。

<h1 align="center">结识抛物线教学设计</h1>

青岛市崂山区实验初级中学　王永钢

一、教学目标

1. 学生通过变化二次函数解析式的三个参数，得到更加特殊化的二次函数,学会研究问题从特殊到一般的方法。

2. 学生了解二次函数 $y=x^2$ 的图像是抛物线,掌握描点法作图,理解并能判断二次函数图像的顶点、对称轴和开口方向等直观性质。

3. 学生经历观察、对比、分析、交流、归纳的过程得到抛物线 $y=ax^2$ $(a\neq0)$ 的图像和性质。

4. 学会研究问题的方法,从简单到复杂,从特殊到一般。学会对比研究,找到共性和特性。

二、教学重点、难点及策略

【教学重点】学生主动做出 $y=ax^2(a\neq0)$ 的图像并发现它的性质。

【教学难点】探索二次函数 $y=ax^2(a\neq0)$ 图像性质的过程。

【教学策略】整体感知的策略、类比学习,教结构—用结构的过程。

三、教材分析

本节课主要设计二次函数 $y=ax^2(a\neq0)$ 的图像的作法和直观性质的归纳。学习本课之前,教材已经安排了正比例函数、一次函数及反比例函数的学习,为本节课的学习在研究方法结构上打下了一定的基础。因此,本节课在常规积累环节选择了引导学生通过回顾已学函数的研究方法结构,再一次整体感知函数的图像与性质的研究方法结构。在教学的第一环节中交代了研究任务后,我们又一次选择了整体感知的教学策略,在问题引导下帮助学生整体感知二次函数的几种特殊形式,为学生体会数学中从特殊到一般的思想及为其今后进一步学习函数知识埋下了伏笔,在教书的第二、三环节中,我们安排了一个教结构与用结构的环节。首先帮助学生对 $y=ax^2$ $(a\neq0)$ 中 a 的不同情况做了整体感知后,将对 $a=1$ 时的 $y=x^2$ 的图像及性质的研究作为教学结构,将 a 的不同情况下 $y=ax^2(a\neq0)$ 的图像及性质的研究作为用结构,最后通过引导学生观察图像,类比前面函数的研究方法得到特殊的二次函数 $y=ax^2(a\neq0)$ 的图像特征,让学生获得研究二次函数图像的初步经验,也从中体会数形结合、从特殊到一般的数学思想方法和思维方式,本节课的研究为 $y=ax^2+c(a\neq0)$,$y=ax^2+bx(a\neq0)$,$y=ax^2+bx+c(a\neq0)$ 的图像直观性质的获得提供了方向。

四、学生分析

学生已有经验的分析。学生已经学习了正比例函数、反比例函数、一次函数的解析式、定义域、图像及直观性质,已经初步了解函数的研究方向,也初步掌握了函数图像的画法——描点法的步骤;就在上一节课刚刚学习了二次函数的概念,在这些知识的学习中学生也领略了数学中数形结合、从具体到抽象的思想方法。这些都为本节课的进一步学习做了很好的铺垫。

学生现实状态的分析。通过平时学生上课的情况来看,大部分学生对描点法作图都有所掌握,但对于从图像中归纳出性质的语言叙述可能不到位,对于数与形结合的理解还不够深刻。因此,本节课在教学时应多注意引导学生联系前后知识、要多关注学生数形结合思想的渗透和由图得到直观性质的归纳能力的培养。

五、教学过程设计

第一环节　整体感知特殊二次函数,清晰函数问题研究的方法

师:请同学们回忆,前面我们学习了哪几种函数? 我们都研究了这些函数的什么方面? 在函数图像的研究中都得到了哪几个方面的性质? 请同学们先回忆一下,一会儿请一个同学说一下,尽量全面完整。

师:在数学中研究问题都是从简单到复杂、从特殊到一般的。今天我们也用这样的方法,对上一节课所学的二次函数做进一步的研究。

生:学生回顾所学函数内容。

【设计意图】回忆函数的图像及性质的研究角度,为这节课图像和性质的研究做准备。

第二环节　做出 $y=x^2$ 的图像,根据图像得到 $y=x^2$ 的性质

师:二次函数的表达式是什么?

$y=ax^2+bx+c(a\neq0)$(教师板书)

师:二次函数一般式有三个常数,研究起来较为复杂,我们能不能先将问题简单化,将二次函数一般形式变化一下,转化为更为特殊的二次函数形式,请大家想一想,并把它写出来,看谁能写得全面完整。

学生先写后讨论,预设资源:$y=ax^2+bx(c=0)$,$y=ax^2+c(b=0)$,$y=ax^2(b=0、c=0)$

师：上述形式哪一种更简单？

生：$y=ax^2(a\neq0)$

师：今天我们就对最特殊的二次函数 $y=ax^2(a\neq0)$ 的图像与性质进行研究。

师：在 $y=ax^2(a\neq0)$ 中的 a 可取哪些值？

$$a=\pm1,\pm2,\cdots$$

预设资源：$\pm\dfrac{1}{2},\pm\dfrac{1}{3},\cdots$

【设计意图】让学生明确研究有三个参数的函数的图像和性质的方法，即减少参数，将函数更加特殊化，让学生整体感知三种情况，清楚研究问题的顺序是从简单到复杂、从特殊到一般。

师：现在我们先对 $y=x^2$ 的图像和性质进行研究。请大家回顾函数作图的步骤。并根据活动单中提供的表格与坐标系尝试画一画 $y=x^2$ 的图像。

生：列表、描点、连线

过程中的教师活动：巡视，收集资源，展示资源。就学生画图中出现的问题加以指导。

预设资源：

(1)列表时，自变量 x 的选取问题：大小顺序，x 非对称取值，取 $x=0$

(2)图像：平滑曲线，两端无限延伸，连原点。

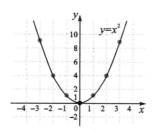

师：画完的同学，先观察函数图像看看有怎样的性质，并把你的发现简单记录下来，过会小组交流。看谁能说得全面完整。

让学生先说，说完后老师在黑板上记录学生说的要点。

(1)概念介绍。

①抛物线：二次函数 $y=x^2$ 的图像形如物体抛射时所经过的路线，我们把它叫作抛物线。

②对称性：这条抛物线关于 y 轴对称，y 轴就是它的对称轴。

③顶点:对称轴与抛物线的交点叫作抛物线的顶点。

(2)性质探讨。

①抛物线 $y=x^2$ 在 x 轴的上方(除顶点外),顶点是它的最低点,开口向上,并且向上无限伸展;当 $x=0$ 时,函数 y 的值最小,最小值是 0。

②当 $x<0$(在对称轴的左侧)时,y 随着 x 的增大而减小。

③当 $x>0$(在对称轴的右侧)时,y 随着 x 的增大而增大。

【设计意图】研究特殊化函数 $y=x^2$ 的图像性质过程,是一节课内教结构的过程。

教师应及时订正学生画图出现的问题,只有画出正确的图像,才能顺利地观察函数图像的性质。

第三环节 作图、归纳 $y=ax^2(a\neq0)$ 的性质

师:我们已经研究了 a 取 1 时的函数图像和性质,那么,它能代表所有的 $y=ax^2(a\neq0)$ 的图像和性质吗?

师:那么,我们再选取有代表性的值来研究函数图像的性质。请小组分工合作来完成以下函数图像。(4 人分作不同的四组完成函数图像,不同的函数用不同颜色的笔画出来)

1)$y=-x^2$;$y=2x^2$;$y=-2x^2$

2)$y=-x^2$;$y=\dfrac{1}{3}x^2$;$y=-\dfrac{1}{3}x^2$

3)$y=-x^2$;$y=2x^2$;$y=\dfrac{1}{3}x^2$

4)$y=-x^2$;$y=-2x^2$;$y=-\dfrac{1}{3}x^2$

师:同学们根据自己所画的函数图像,先说一说函数的性质,等小组画完了,就小组内交流一下,看看 $y=ax^2(a\neq0)$ 的函数图像有怎样的性质。

画完函数图像后让学生在小组内交流,根据图像能得到 $y=ax^2(a\neq0)$ 的哪些性质?

过程中加工:

(1)$y=-x^2$ 与 $y=x^2$ 的函数图像对比有什么特殊的地方?(聚焦开口方向、两个函数间对称性)

2)观察 $y=x^2$;$y=2x^2$;$y=\dfrac{1}{3}x^2$ 与 $y=-x^2$;$y=-2x^2$;$y=-\dfrac{1}{3}x^2$。

又有怎样的发现？（聚焦开口大小与$|a|$的关系）

（3）将上述函数呈现在一个图像上，请同学们归纳一下 $y = ax^2 (a \neq 0)$ 的性质。

学生呈现：

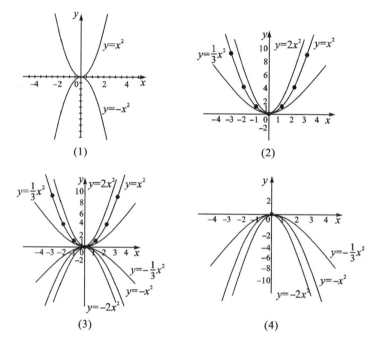

（1） （2）

（3） （4）

【设计意图】a 最少要选取三个不同的值才能来归纳 $y = ax^2 (a \neq 0)$ 的性质。让学生每人再画三个函数图像，先来观察自己所画的图像具有怎样的性质，在小组都画完后再把所有的图像凑在一起，观察所有的图像具有怎样的性质，观察中要从相同中找不同，从不同中找相同点。

在过程中加工：

（1）关注开口方向和对称性；

（2）关注开口大小与$|a|$的关系；

（3）整合函数图像在一张图上并总结函数性质。

师：$y = ax^2 (a \neq 0)$ 的函数图像较为复杂，我们怎样才能把它说清楚，能不能参照归纳 $y = kx$ 的方法？（引导分类讨论的方法）

让学生再交流，过会小组派一个代表来说，说得尽量全面完整，教师板书。

	$a>0$	$a<0$
简图		
形状	一条曲线(抛物线)	一条曲线(抛物线)
开口方向	开口向上	开口向下
对称轴	y 轴	y 轴
顶点坐标	$(0,0)$	$(0,0)$
最值	当 $x=0$ 时,y 有最小值为 0	当 $x=0$ 时,y 有最大值为 0
增减性	在对称轴的左侧,y 随着 x 的增大而减小;在对称轴的右侧,y 随着 x 的增大而增大	在对称轴的左侧,y 随着 x 的增大而增大;在对称轴的右侧,y 随着 x 的增大而减小

【设计意图】让学生结合前面研究函数的方法,来对 $y=ax^2(a\neq0)$ 分类讨论。

培养学生归纳总结的能力。让学生全面了解 $y=ax^2(a\neq0)$ 的性质。

第四环节　课堂小结

1. 今天你经历了什么过程? 学会了什么知识? 学到了什么方法?

2. 今天我们学习了 $y=ax^2(a\neq0)$ 的性质,下一节课我们还要用相同的研究方法来研究较为特殊的 $y=ax^2+c$ 的图像和性质。

【设计意图】研究问题从特殊到一般的方法。用三个以上函数图像来归纳函数性质的不完全归纳法;类比学习的方法;分类讨论的方法。

第五环节　作业布置

制成表格总结 $y=ax^2(a\neq0)$ 的函数图像性质,归纳问题的研究方法。

【设计意图】为二次函数图像性质的研究和归纳做好准备。

投影教学设计

平度市同和街道办事处朝阳中学　　赵丛丛

一、教材分析

本节课是北师大版九年级上册第五章第一节投影第一课时,主要内容是学习中心投影。影子是生活中常见的现象,本节课提供了与影子有关的一系列生活实例,让学生体会影子在生活中大量存在,体会灯光下物体的影子在现实生活中的运用。学生通过广泛接触、对比分析、实验操作、相互交流等学习方式,归纳出中心投影的一些规律,培养学生观察问题、分析问题的能力。更重要的是,让学生通过观察、操作、想象、推理、交流等数学活动的经验和体验,发展他们的空间观念。同时,学好本节课知识也为今后平行投影等知识的学习奠定重要基础。

二、学情分析

初三学生的抽象思维持续发展,具有成年人从客观事物抽象出一般规律及假设推理的能力,他们的求知欲更强,但对问题认识的深度和广度也有其局限性。基于学生已有的知识,学生在初一已经接触到了立体图形与平面图形的相互转化关系,但学生对投影的理解仍然停留在生活的知识层面上,认识较为肤浅,难以从数学角度解释生活现象,需要正确完整地引导学生对投影的知识进行数学学科的认识。

"投影"是北师大版数学课本九年级上册第五章第一节的教学内容。学生在七年级已经学习了从三个方向看物体,在此基础上探索学习投影的性质,也是进一步学习视图的基础,难度不大却影响深远。

学生在探究投影及其性质的过程中,体会事物之间的内在区别与联系,发展空间想象能力和抽象能力;在实验、探索中获取新知,在实验中发展对数学的兴趣,在探索中发展求知的热情。

三、教学目标

(一)知识与技能

认识生活中的投影现象,了解中心投影的概念和性质。

(二)过程与方法

学生经历探索中心投影的规律的过程,培养学生的转化能力和分类归纳的数学思想。

(三)情感态度与价值观

经过操作、观察、想象、思考、交流等活动,探索中心投影的规律,发展学生的空间观念和推理能力。通过相互间的合作与交流,进一步发展学生合作交流的能力和数学表达能力。

四、教学重点、难点

重点:了解投影、中心投影的含义;理解在中心投影条件下物体与其投影之间的相互转化,会进行中心投影的有关作图。

难点:理解在中心投影条件下物体与其投影之间的相互转化,会进行中心投影的有关作图。

五、教学过程

(一)创设情境、导入新课

活动内容:播放皮影戏表演视频,学生观看感受民族文化。

导语:影子是我们司空见惯的,在日常生活中,我们可以看到各种各样的影子。比如,太阳照射在窗框、长椅等物体上时,会在墙壁或地面上留下影子;而皮影和手影都是在灯光照射下形成的影子。(多媒体展示)

| 窗框的影子 | 长椅的影子 | 皮影 | 手影 |

【设计意图】用多媒体展示的皮影、手影的精彩图片及视频导入,不仅可以在课堂"第一时间"抓住学生的注意力、激发学生的学习热情,并且有利于后面教学活动的开展,提高课堂教学效果。学生通过观看皮影视频,了解中国的传统文化,增加爱国主义情感。

(二)实践探究、交流新知

问题1:在什么条件下物体可以产生影子?

问题2:常见的光线有什么?

【教学策略】学生观看皮影戏及生活中与影子有关的图片。思考影子是如何形成的,体会影子的形成与光线有关。常见的光线有太阳光和灯光。教师借机指出:物体在光线的照射下,会在地面或其他平面上留下它的影子,这就是投影现象。影子所在的平面称为投影面。(板书)

本节课我们就共同来研究灯光、物体、影子之间的关系。【板书课题:5.1投影(1)】

【设计意图】影子虽然是生活中常见的,但学生对其认识较为肤浅。通过对问题的思考,学生能清楚投影的本质。

活动1:做一做(多媒体展示)

(1)固定手电筒,把笔垂直于桌面摆放,并移动笔的位置和方向,它的影子发生什么变化(长短和方向)? 若把笔平行于桌面,并移动笔的位置和方向,它的影子发生什么变化?

固定笔,移动手电筒的位置和方向,结果如何?

(2)将笔换成三角形、矩形纸片,移动纸片(手电筒)的位置和方向,影子有变化吗?

(3)根据以上实验操作,思考:如果把光源灯泡看成一个点,那么同一时刻,点光源(灯泡)、物体上的点及其影子上的对应点在同一条直线上吗?

【教学策略】先让学生猜想影子的变化情况,再让学生利用课前准备的实验器材在小组内进行实验探究,教师强调实验的注意事项:①固定手电筒,改变小棒或纸片的摆放位置和方向;②固定小棒和纸片,改变手电筒的摆放位置和方向。学生根据实验现象得出的结论,教师及时明确:无论是固定手电筒,还是固定小棒或纸片,影子都随着物体与光源距离(或与投影面的距离)的变化而变化。并给出中心投影的定义:

手电筒、路灯和台灯的光线可以看成是从一点出发的,这样的光线所形成的投影称为中心投影。

教师引导学生共同总结得出:中心投影的投射线相交于一点,这点称为投影中心。

学生在小组内讨论交流,然后展示自己的结论,师生共同总结出"点光源,物体上的点,影子上的对应点"在同一条直线上。

【设计意图】在这些活动中学生通过实验操作、观察、探索、交流,充分体会到灯光下物体影子的变化规律。既了解了中心投影的定义与性质,也培养了学生的动手实践能力,积累了数学活动经验。

活动 2:确定影子、身高、灯泡。(多媒体展示)

(1)用线段表示出小红行至 B 处时,她在路灯 A 下的影子。(图 1)

(2)(练习)用线段表示出小红和小颖在路灯下的影子。(图 2)

(3)确定图中路灯灯泡所在的位置。(图 3)

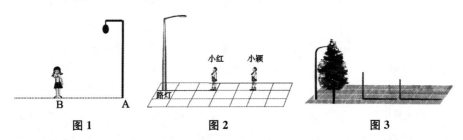

图 1　　　　　图 2　　　　　图 3

【教学策略】引导学生结合刚才对中心投影的理解,在导学案中依次动手对三个问题进行探究。通过活动,引导学生思考中心投影的各种情况,教师巡视,捕捉教学资源,进行教学指导,根据学生反应情况,教师选择下列方式进行过程性点拨。

学生画图时出现情况预设:找错对应点;所画光线不进行适当延长,没有相交;所画光线不考虑实际背景,画入地平线以下;找到灯泡位置,未用字母表示。

待绝大多数学生正确完成灯泡位置的确定,引导学生思考原理及步骤并书写过程。小组派代表进行班级交流(确保学生真正参与交流),使全班同学掌握作图原理及操作步骤,明晰对应点的正确找取是确定灯泡位置的关键。

(三)开放训练、体现应用

1.图 1,图 2 分别是两棵小树在同一时刻的影子。你能判断灯光在哪?

2.同一时刻,两根木棒的影子如图 3 所示,请画出图中另一根木棒 MN 的影子。

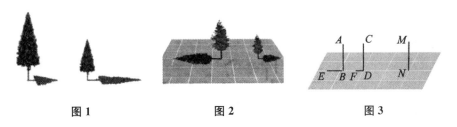

| 图1 | 图2 | 图3 |

【教学策略】先让学生自我探究,然后合作交流,教师适时进行过程性地纠错和点拨,留更多的知识点、能力点让学生在探究和合作交流中得到。

【设计意图】通过独立探究、合作交流,使学生对中心投影有更深入的认识,并能够应用中心投影解决实际问题。

活动 3:议一议(多媒体展示)

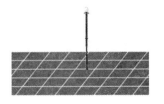

如右图所示,一个广场中央有一盏路灯。

(1)在路灯下行走,人的影子怎样变化?

(2)有人说,在同一路灯下,如果甲物体比乙物体的影子长,那么就说明甲物体比乙物体高。你认为这种说法正确吗?

(3)高矮相同的两个人在这盏灯下的影子一定一样长吗? 如果不一定,那么,什么情况下他们的影子一样长?

(4)高矮不同的两个人在这盏路灯下的影子有可能一样长吗?

【教学策略】引导学生先自主思考然后在小组内讨论交流,利用长短相同和不同的笔进行模拟实验验证自己的想法。每个小组选一名代表进行展示,教师根据学生的展示情况及时小结。

(1)高矮相同的两个人在这盏路灯下的影子不一定一样长;当他们到这盏路灯的距离一样时,他们的影子就一样长。

(2)高矮不同的两个人在这盏路灯下的影子有可能一样长;当高的离路灯近、矮的离路灯远时,就有可能一样长。

思考:一个人在路灯下的影长与哪些因素有关?

师生共同总结:一个人在路灯下的影长不仅与其身高有关,还与其到路灯的距离有关。

【设计意图】通过情景模拟,让学生了解在点光源下影响物体影子长度的一些因素。增加学生的直观感受,学生理解得更透彻,记忆也更清晰。

(四)归纳小结

本节课你有哪些收获与困惑(知识与思想方法)?

【设计意图】通过此环节,让学生回顾本节课的内容及学到的数学方法。

(五)作业布置

课本 P112 习题 4.1 之 1,2。

(六)当堂训练

1. 晚上小华去散步,在经过一盏路灯时,他发现自己的身影是(   )

A. 变长   B. 变短   C. 先变长后变短   D. 先变短后变长

2. 下列各图中所示物体,是在同一时刻、一盏灯下形成的中心投影吗?

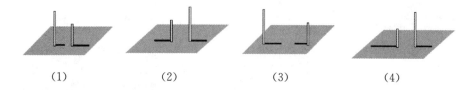

    (1)   (2)   (3)   (4)

3. 如图所示,路灯下一墙墩 AB 的影子是 BC,小明(用线段 DE 表示)的影子是 EF,在 M 处有一棵小树,它的影子是 MN。

(1)指出路灯位置(用点 P 表示);(2)在图中画出表示小树的线段 GM。

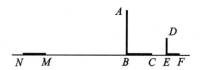

【教学策略】学生做完后,教师出示答案,指导学生校对,并统计学生答题情况。学生根据答案进行纠错。

【设计意图】学以致用,当堂检测、及时获知学生对所学知识掌握情况,并最大限度地调动全体学生学习数学的积极性,使每个学生都能有所收益、有所提高,明确哪些学生需要在课后加强辅导,达到全面提高的目的。

(七)板书设计

<table>
<tr><td colspan="2" align="center">§5.1 投影(1)</td></tr>
<tr>
<td>
投影:物体在光线的照射下在投影面上留下影子
中心投影:光线可以从一点出发
中心投影性质:
①点光源、物体上的点、影子上的对应点在同一条直线上。
②一个人在路灯下的影长不仅与其身高有关,还与其到路灯的距离有关。
</td>
<td>
例1
练习1
</td>
</tr>
</table>

【教学反思】本节课要学习的内容是灯光与影子。首先,经过实践、探索的过程了解中心投影的含义,体会灯光下物体的影子在生活中的应用。其次,通过观察、想象,能根据灯光来辨别物体的影子,初步进行中心投影条件下物体与其投影之间的相互转化。同时要用自己的语言加以描述,做到手、嘴、脑互相配合,培养大家的实践操作能力、合作交流能力、语言表达能力。

一次函数复习教学设计

胶州市第十八中学 姜旗旗

一、学生起点分析

通过本章的学习,学生已经经历了从生活中抽象出函数、一次函数、正比例函数等概念,从数与形两个角度去认识一次函数的三种表示方式及图像的性质。感受到了"表格—关系式—图像"的转化过程并掌握了确定一次函数表达式的方法,能灵活运用一次函数及其图像解决实际问题。

二、教学任务分析

本节课的教学重点是一次函数图像的特征及一次函数的应用。教学中,教师应关注学生对一次函数的性质与图像的理解水平以及应用一次函数解决实际问题的主动意识和能力。为此,本节课的教学目标如下。

1. 知识与技能：结合课前诊断，回顾一次函数的相关内容，梳理知识结构，掌握本章知识、方法。

2. 过程与方法：通过对本章知识的回顾、梳理、应用，体会函数、方程、不等式的联系及数形结合思想的运用。

3. 情感与态度：通过小组合作学习，培养学生的合作交流能力、探究能力。

重点：一次函数基础知识的复习。

难点：利用本章知识，解决综合实际问题。

三、教学过程设计

第一环节 课前准备

(一)课前诊断

1. 若函数 $y=(m+2)x+(m^2-4)$

(1)是一次函数，则 m _____。

(2)是正比例函数，则 m _____。

2. 如图 1 所示是一次函数 $y=kx+b$ 的图像，则 k _____，b _____。

图 1

3. 对于函数 $y=3x-2$，下列说法错误的是( )

A. 点 $(2,4)$ 在函数图像上

B. 与 y 轴交于点 $(0,-2)$

C. 若点 (x_1,y_1) 与点 (x_2,y_2) 在函数图像上，且 $x_1<x_2$，则 $y_1>y_2$

D. 图像是由 $y=3x$ 向下平移 2 个单位得到的

(二)自主梳理本章知识结构

【教学策略】课前向学生发放诊断卡，学生自主完成诊断题目并梳理本章知识结构。

【设计意图】学生借助诊断题目回顾一次函数的定义、图像及其性质特点，为本节课应用一次函数解决问题做好知识铺垫。同时通过课前诊断，帮助教师了解学生以及学生自查对本章基础知识的掌握情况。

第二环节 新课讲解

(一)梳理知识

结合课前诊断题目梳理本章知识结构。

【教学策略】教师带领学生一起梳理本章的知识结构,并着重强调在一次函数中 k 的正负对函数增减性的影响、b 的几何意义、直线 $y=kx+b$ 与 $y=kx$ 的位置关系。

【设计意图】通过集体梳理知识点,使学生进一步明确知识结构,查漏补缺。

(二)活动一:夯实基础

例1:如图2所示,已知 $y=\dfrac{3}{2}x-3$ 的图像。

观察图像并思考:你能得出哪些信息或提出哪些问题?

【教学策略】先由学生独立思考并交流分享。结合函数表达式及图像可得到以下信息:$k>0$,y 随 x 的增大而增大;$b<0$,交 y 轴于负半轴;函数图像过一、三、四象限。

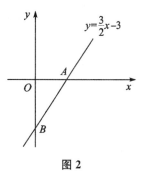

图2

或者提出以下问题:求 A、B 两点的坐标;求 $\triangle AOB$ 的面积;求 x 取何值时,$y>0$;求 x 取何值时,$y<0$。

对于最后两个问题,教师可对学生加以引导:当 $y=0$ 时,可求出图像与 x 轴的交点坐标 $A(2,0)$;当 $y>0$ 时,图像位于 x 轴上方,此时对应的 x 的取值范围是 $x>2$;当 $y<0$ 时,图像位于 x 轴下方,此时对应的 x 的取值范围是 $x<2$。

【设计意图】通过观察函数图像及表达式,学生得出信息或提出问题,再次巩固了一次函数的图像及性质,发展了数形结合的意识和能力,并初步体会函数与方程和不等式的紧密联系。并为接下来变式二讨论两个一次函数图像打好基础。

变式一:如图3所示,若将此直线向上平移4个单位长度得到 l_1,你能说出 l_1 的表达式吗?你是怎样得到的?

【设计意图】复习函数图像平移过程中的性质。使学生进一步明确在平移过程中,一次函数表达式中的 k 值不变,函数图像向上平移几个单位长度,b 的值就对应地增加几。

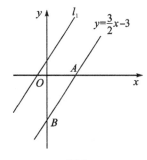

图3

变式二:如图 4 所示,若增加一条直线 l_2,与 x 轴交于点 $D(1,0)$,与 y 轴交于点 $E(0,2)$,你还能提出哪些问题?

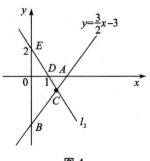

图 4

回答下列问题:

(1)求 l_2 的函数解析式。

(2)求点 C 的坐标。

【教学策略】先让学生独立思考,发现并提出问题,学生可能提出以下问题:求 l_2 的函数解析式;求点 C 的坐标;求△AOB、△BCE、△ACD 的面积;求 x 取何值时,y < y_2;x 取何值时,y > y_2 等等。然后,小组交流提出的问题和解决问题的方法,小组同学合作展示他们的问题以及对应的解决方法。既锻炼了学生的独立思考能力,也培养了他们合作交流的能力。在此基础上,让学生板书求 l_2 的函数解析式以及求两条函数图像交点 C 的步骤。最后师生共同点评,教师进一步强调待定系数法求函数解析式的过程,以及列方程或方程组求两条函数图像交点坐标的方法,规范解题步骤。

【设计意图】变式二是两个一次函数图像,较例题 1 难度有所提升。在提出问题和解答问题的过程中培养学生分析问题、解决问题的能力,落实课程标准提出的四能。同时为活动二的实际应用做好知识铺垫。

(三)活动二:实际应用

例 2:为了提升大家的法律意识,学校组织同学们到派出所学习法律常识。如图 5 所示,l_1 和 l_2 分别表示一、二两班同学从学校出发到到达派出所的行驶路程 S(米)与行驶时间 t(分钟)的函数图像。

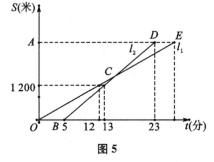

图 5

(1)你能从图像中提取出哪些数学信息?

(2)你能提出哪些数学问题?

(3)你能尝试解决这些问题吗?

回答下列问题:

(4)派出所距离学校多远?

（5）二班出发几分钟时追上一班？

【教学策略】先由一名学生分享自己提取出的数学信息，其余学生进行补充。然后组内交流提出数学问题。学生可能提出多个问题，如：求 l_1 和 l_2 的函数解析式；求点 E、C 的坐标并说明它们的实际含义；求派出所距离学校有多远；求二班出发后几分钟追上一班；求一班出发后几分钟被二班追上。针对学生提出的问题组内探讨如何解决，然后由其中一小组在全班展示，师生共同点评。学生通过完成老师指定的两个问题、练习用待定系数法求一次函数解析式，求两个函数图像交点坐标等要求学生重点掌握的知识。

【设计意图】结合学校曾经组织的一次活动设计问题，既调动了学生的积极性，又渗透了德育内容，同时启发学生数学来源于生活又服务于生活。通过这个例题引导学生有步骤地理解题意，分析函数图像，提炼数学信息，为解决提出的一系列问题做好铺垫，使学生能灵活应用函数知识解决实际问题。

第三环节　总结反思，完善知识结构

通过这节课的复习，你有哪些收获？

【设计意图】通过总结反思完善本章知识结构。

第四环节　达标检测

1. 下列函数中，_____是一次函数，_____是正比例函数。

①$y=3x$　　②$y=x^2$　　③$s=-\dfrac{2}{5}t+4$　　④$y=\dfrac{1}{2x}$

2. 点 $P_1(x_1, y_1)$、$P_2(x_2, y_2)$ 是一次函数 $y=-4x+3$ 图像上的两点，且 $x_1 < x_2$，则 y_1 与 y_2 的大小关系是（　　）

A. $y_1 > y_2$　　　B. $y_1 > y_2 > 0$　　　C. $y_1 < y_2$　　　D. $y_1 = y_2$

3. 如下图所示，在同一坐标系中，关于 x 的一次函数 $y=x+b$ 与 $y=bx+1$ 的图像只可能是（　　）

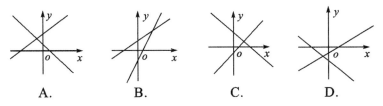

A.　　　　　　B.　　　　　　C.　　　　　　D.

【设计意图】检查学生对本章知识的掌握情况。

第五环节　布置作业

甲、乙二人晨练,同时同地向距离 600 米的目的地出发,二人所走的路程 y(米)与所走的时间 t(分)之间的函数关系如图所示。

回答下列问题:

(1)甲走完全程所用的时间;

(2)第几分钟时,二人在途中相遇。

【设计意图】巩固一次函数的应用。

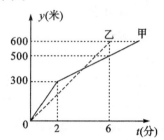

四、教学反思

本课课前先提供一组诊断练习,让同学们以问题为载体回顾梳理本章知识。

在"活动一"中,给出一次函数表达式及其对应的图像,让学生观察图像得出信息或提出问题。学生通过观察函数图像及表达式再次巩固了基础知识并提出问题,初步体会函数与方程和不等式的紧密联系。学生对函数与方程的联系应用较好,但大部分同学忽视了函数与不等式的联系。通过变式一复习函数图像平移过程中的性质。通过变式二先让学生独立思考发现并提出问题,再小组交流解决问题的方法,最后小组同学合作展示他们的问题以及对应的解决方法,这样既锻炼了学生的独立思考能力,也培养了学生合作交流的能力。解答问题的环节则培养学生分析问题、解决问题的能力,落实课程标准提出的四能。在此基础上,通过学生板书求函数解析式以及两条函数图像交点的坐标,进一步复习重点知识。教师通过强调待定系数法求函数解析式的过程,以及列方程或方程组求两条函数图像交点坐标来进一步规范解题步骤。

"活动二"以学校组织的一次研学为背景创设了一道实际应用题目,既调动了学生的积极性,又渗透了德育内容。引导学生理解题意,分析函数图像,提炼数学信息,为解决提出的一系列问题做好铺垫。从效果上看,学生能结合实际提出较多数学问题,也能在老师引导下明确解决问题的方法。但在具体练习时部分学生没有注意到自变量和因变量的表示符号,习惯性的用 x 和 y 来表示,因此还应引导学生关注细节问题。还有部分学生出现了计算问题,所以在平时教学中要加大计算能力的练习。

从总体来看,这节课较好地完成了教学目标,既进行了扎实的复习,也有效地促进了学生探究意识的培养,为今后的学习生活积累了一定的经验,将数学核心素养的培养落到了实处。

但本节课还有很多需要改进的地方。比如,留给小组合作学习的时间可以更多一些,使学困生也能在学优生的带动下突破难点,掌握一次函数的应用。还有,导入部分学生可以用画思维导图的方式回顾本章知识。另外,本节课老师的评价语言较为单一,课堂点评可以更多元化,用自己的激情点燃学生数学探究的热情。

第三章　行中研

　　日复一日，年复一年，一线教师的教学两点一线，单调、琐碎又忙碌。每一个教师在日常的教育教学中其实都积累了很多经验，这些都是财富。但是，如何提炼经验，是值得思考的。有很多教师在教学中会遇到瓶颈，专业提升缓慢，很大程度上是缺少有效的课题研究。课题研究是促进学生与教师共同发展的力量源泉，对于提升教师专业素养具有十分重要的意义。本章主要收录工作室成员在教学中的教育故事、微课题以及潜心钻研、团结协作所形成的几个课题研究报告。

第一节　积极发掘　契机在身旁

小作业中的大学问

青岛第三十九中学市北分校　綦家武

案例一：在北师大版数学教材七年级下第一章中，学习最后一节"整式的除法"之前，经过了幂的运算、整式的乘法、平方差和完全平方公式的学习和充分训练，又经历了第一课时"单项式除以单项式"的学习，第二课时"多项式除以单项式"的教授过程也很顺利，课堂上教师充分解读了例题的规范过程后，大部分学生的解题又快又对。但是在学生的课后作业中，我却发现有十几名学生不约而同地出现了如下解答：

$$(3x^2y - xy^2 + 2xy) \div \left(-\frac{1}{2}xy\right)$$

$$= 3x^2y \div \left(-\frac{1}{2}xy\right) - xy^2 \div \left(-\frac{1}{2}xy\right) + 2xy \div \left(-\frac{1}{2}xy\right)$$

$$= -\frac{3}{2}x + \frac{1}{2}y - 1$$

批到第一份这样的解答时，我以为是个别学生对整式除法法则"多项式的每一项分别除以单项式"理解不到位，但是随着第二份、第三份这样的解答接踵而至，我意识到问题不在于此。于是，我采取了让学生当面还原做题过程的办法，和做错题的学生进行了面对面的沟通交流。

我终于找到了问题所在：一部分学生是因为刚学完整式的乘法，又学习整式的除法，出现了运算法则上的混淆，课堂上按照例题呈现的规范过程，照猫画虎、亦步亦趋时，是能做对的，但是课后自己独立做题的时候，知识掌握不扎实、法则混淆的问题就暴露出来了；还有个别学生则是基础问题。他们对小学的分数除法运算不熟练，题目稍微复杂点，除法转化乘法时就经常出错。

发现了这十几个学生的问题，我采取了以下措施。首先，在班级中对这部分学生进行了有针对性的知识讲解和方法训练，再进行两次类似题型的小检测,筛选出依然存在类似问题的学生。然后针对他们进行了为期 10 天以上的跟踪训练,一直到他们从运算原理到熟练程度都过关。

案例二:学习北师大版数学教材八年级下第一章"三角形的证明"。在课后作业中,有这样一个填空题:△ABC 是等腰三角形,∠A＝150°,AB＝AC＝10,则 AB 边上的高等于_____。很多学生不约而同得出 $5\sqrt{3}$ 的结果。开始我不明白这是为什么,后来让学生讲给我听,我才恍然大悟。学生的证明过程如下。

证明:如图所示,延长 BA,做 CD⊥AB,垂足是点 D

∵∠BAC＝150°

∴∠DAC＝180°－∠BAC＝30°

∵在 Rt△ADC,AC＝10

$$\therefore AD=\frac{1}{2}AC=5$$

∴在 Rt△ADC 中,勾股定理可得:

$$DC=\sqrt{10^2-5^2}=5\sqrt{3}$$

问题所在:题目中没有图,所以需要学生根据题意自己画图,于是学生画了上面草图。因为学生画的图形不准确,导致图形边长比例有了比较大的误差,这是表面原因。深层原因则是,学生没有理解"直角三角形中 30°角所对的直角边等于斜边的一半"中边、角的对应关系。

明确了原因,我在班级中开展了一些教学活动,首先借由这个题和学生认真研究了"30°角"与"它所对的边"之间的对应关系,明确了三角形中"大角对长边,小角对短边"的对应关系。然后,连续三天每天两道题,在不同的题型中应用这个定理,并且每两道题中就有一道题是需要学生自己画图,其中还有分类讨论的不同图形。经过一段时间的训练,学生对于三角形中的边角对应关系,有了深入的理解。

上面的两个案例,给我带来了很大的触动!让我深刻地意识到:真的是小作业中蕴含了大学问!

一、作业的重要性

作业是学生与教师单独沟通的"每天进行时",因此,它具有两个重要属性是课堂教学无法比拟的。

(一)作业具有一对一的针对性

在学生独立认真完成作业的前提下,每一份作业反映的都是作业主人的知识理解与应用水平,是具有唯一性的,可以有效地让教师掌握这个学生的学习水平和问题所在,是教师有针对性地为每一名学生解决"病痛"最好的"检查报告"。

(二)作业是教师与学生沟通的媒介

作业不仅可以传递教师对学生知识落实上的评价和要求,也是教师与学生情感沟通的桥梁,教师对学生的肯定与鼓励、建议与措施,都可以通过每天的作业进行传递。同时,对于不善言谈的学生而言,他们在知识上的困惑或者想对老师说的悄悄话也可以在本子上留言,作业成为师生情感互动的平台。所以,学生完成作业、教师批阅作业、教师根据作业情况与学生交流、学生完成改错优化等,这是每天教师与每个学生之间进行的知识与技能、情感与能力的多层次沟通交流。作业作为其中的媒介,其重要性显而易见。

二、如何利用作业

每一次作业成功完成的过程中,都会有很多针对不同学生的教育教学契机。如果能抓住这些契机,并且开展有效的活动或采取积极的办法,都会对教育学生起到积极作用。要想抓住这些契机,就需要利用好作业。要成功利用好作业,教师都至少需要经过三个必要环节。

(一)合理的作业选择和设计

在"双减"政策下,学生写作业的时间有明确的规定,而一个班级的学生其学习能力与水平又良莠不齐,所以分层作业的布置尤为重要,既有基础的、必须全体落实的作业,又有可选择和拓展提高的作业,学生可以根据自己的能力去选择适合自己的,做到作业满足个性化需求。

(二)教师需要对每一份作业认真负责地批阅

作业全批全改,既能让学生明确错误的原因,又能指明正确的方向,最好还能有情感上的沟通与鼓励。批阅学生的改错,最好是能面批面改,尤其是在纸面评价不能有效沟通的时候,让学生当面改错,还能起到观察学生解题过程、从细节中引导学生得出正确解题思路的作用。教师对于每一名学生的教育教学契机,通常就存在于作业的批改过程中。我们一定要牢牢地把握好契机,从而更好地促进数学教学。

(三)从作业中查找问题,为教学查缺补漏

学生的作业其实构建了师生之间的桥梁,借助这座桥,老师可以了解学生知识的理解和掌握情况,通过分析和沟通,找出学生理解不了的知识的原因和解决问题的障碍,有针对性地进行讲解和指导。所以,作业的意义远远不止于学生每天训练和落实所学,更在于表达自身学习知识的掌握水平;老师的作业批阅也远不止于批出对错,让学生改错,更在于掌握学生对知识的理解和掌握程度,随时做出正确判断,调整自身教学的方向和侧重。

教师认真优化分层的作业设计,认真批阅、评价每一份学生的作业,从中发现问题并与学生一对一地沟通教学,受益的是学生,成长的是教师。在师生作业互动的过程中,教师应该有意识地培养自身抓住其中的一些教育契机的能力,这些契机给了教师有针对性地解决学生学习问题的机会,对教师的教育智慧有极好的锻炼和提升,对学生知识体系的完善和情感教育也有积极的意义,从而更好地促进数学教学。

小作业中有大学问,这学问,就是指作业在教师与学生之间传递的过程中,产生的故事与契机。把握好作业中产生的教学契机,使之产生良好的教育效果,是每一位教师提高教学质量、发展学生能力所应该具备的教育素养,是教师教育智慧的体现。

培养习惯从细节抓起

青岛第三十九中学　曹晓冬

这次期末考试,小明和小亮竟然都考砸了!看着孩子沮丧的模样,我也很心疼。他俩明明思维敏捷,分析起题目来头头是道。问题出在哪个环节呢?于是我把他们两个叫到办公室,让他们对自己的错题进行分析。小明一脸懊恼地说:"哎呀,我好几道题都算错数了,我都会做的呀。"小亮怯怯地说道:"这道解答题我会做,就是中间有个步骤没写,竟然扣了这么多分。"于是,我和小明说:"因为计算丢分太可惜了,以后要提高计算的正确率啊。"对小亮说:"解答题要按步骤来写,不能偷懒,不然你的分数总也上不去。"两个孩子若有所思地点了点头,看来把我的话听进去了,我心里暗暗高兴。

谁能想到,新一学期的期中考试两个孩子又考砸了。两个孩子很难过,我也感到很无奈,没有像上次一样把他俩叫到办公室。我暗暗思考,是不是我的方法不对?转念一想,方向是没有错的啊,肯定是他俩没做到。于是,我又把他俩叫到办公室准备"兴师问罪"。小明说:"老师,我听你的话了,我认真地算了,就是没时间检查"。小亮说:"我也认真写了,没有偷懒,我也想考好。"看到两个孩子坦诚的样子,不像在敷衍我。那问题出在什么环节呢?

于是,我在教学过程中特别留心观察他们的做题习惯,果然发现了问题。他们俩在计算时,竟然根本不使用草稿纸,常常口算或者在数学课本中或作业本的背面打草稿。很简单的计算出问题了,书写不规范,看似是粗心毛躁,挖掘深层的原因其实就是思维不严谨,没有养成一步一步地进行分析推理的习惯。稿纸是最能体现学习过程与方法的载体,它留下了学生分析问题、思考问题、解决问题的线索,记录了学生摸索、探究的轨迹。于是,我就决定让他俩多写,从培养他俩使用草稿纸抓起。

我给他们每人发了一沓 8 开的白纸,要求他们统一折成 32 开大小,一块一块来用作草稿纸。而每一块上做的是哪几道题都写上题号,而且选择填空题要简要地写分析过程。在我每节课的监督和鼓励下,他们做了,而且很好。在平日测试中,我也会经常连同草稿纸一同收上来,在批改试卷的同时,我也看到了他们思考的过程,在面批试卷时,对着草稿纸指点,实效性和针对性更强。经过一段时间的坚持,效果出来了,小明的计算准确度比以前高了,小亮的卷面变得干净且规范了。在期末考试中两人都取得了很不错的成绩,找回了信心。看到他们自信又努力的样子,我想我找对了方法。

在从事数学教学的前几年,我一直告诉我的学生,要想把数学学好必须做好四方面:第一思路问题;第二计算问题;第三规范问题;第四习惯问题。思路问题要靠老师去指点,计算问题要靠个人基础,规范问题需要老师强化,习惯问题需要自己去用心。我自认为强调到了,学生都知道了应该就没问题了。但往往事与愿违。对学生的一个习惯的培养是一个系统过程,需要时间,需要技巧,更需要用心。播种行为,就收获习惯;播种习惯,就收获性格;播种性格,就收获命运。习惯作为行为和性格的中介物,其意义何其重大。而学生由于其行为习惯存在很大的可塑性,养成好的习惯尤其重要。而对学生习惯的培养,不是老师反反复复地"唠叨"应该怎么做,而应该以细小的事情为抓手,通过训练学生行为从而养成一个良好习惯。

如果爱 请深爱

平度市同和街道办事处朝阳中学　赵丛丛

　　教育有时是一件很微妙的事。作为一名年轻的教师，课堂上经常会碰到很多头疼的问题。怎样跟学生相处融洽，怎样跟学生之间建立信任感，是我经常考虑的问题。初为教师的我总感觉自己的力量是那么的微不足道。

　　班内有这样一个学生，上课时总是静不下来，不停地跟其他的同学说话。自己不学习还影响其他认真上课的同学，经常和其他同学发生摩擦、争执、甚至动手打人。这样的事情时有发生，每次发生、每次教育，甚至有时候课前先给他提个醒，但是转眼间他就忘了老师的叮嘱。开始时，我在全班同学的面前严厉地批评他，结果他不但没有悔改，还变本加厉地胡闹。我开始试着观察他。有一次，在讲授"利用相似三角形测高"时，我问：你还有哪些测量旗杆高度的方法？他高高举起了手。为了鼓励他，我叫他起来回答问题，他说："我会爬树，可以爬上去测。"引起了大家的哄堂大笑。这时，我发现他的情绪有点不对，我赶快说："我觉得这位同学的回答虽然不切实际，但也不失为一种方法。我们都知道他的体能不错，没准还真能实现呢？他的这种敢于尝试的精神非常值得我们学习，我们是不是应该为他鼓掌？"于是大家为他鼓起了掌，他也笑了。坐下后，他开始变得安分了许多。我很欣慰。下课后，我趁热打铁，找他聊天，费尽周折，我摸到了一点头绪，原来他父母忙于生意，对他的学习、生活基本顾不上，他经常自己一个人在家，因此缺乏安全感，总想得到别人的关注。寻得病根，就能对症下药了。从那以后，我开始更多地关注他，上课时多提问他，当他正确回答后，同学们都会转向他，竖起大拇指夸他说"棒！棒！你真棒！"我还发给他印有"你真棒"的作业本以示鼓励，每当他有点滴的学习进步就在全班进行表扬，还颁发"进步之星"的喜报给家长。渐渐地，他变了。虽然他依然会忍不住走神、说话，但是，一看到我给他提醒的眼神，就又安静下来。每次他与学生发生矛盾，我也不会着急地训斥他，而是问明事情的起因，询问并关注他的内心想法。慢慢地，我发现他的上课纪律有很大的提高，上课发言更积极、更主动了。他课前能很好地做好准备，等待老师的到来。课后也能很认真地完成作业，并及时上交。即使做错了，也会立即订正好，并交给我批阅。对不懂的问题也会自己查找书本加以解决，还会主动地来问我。他的成绩也提高了不少，跟同学也相处融洽，课间经常能看到他与同学们探讨问题的情景。

在随之而来的检测中他获得了优秀的成绩，看到取得的成绩，他笑得合不拢嘴，跑到我身边激动地说："老师，我小学时，数学考试经常不及格，从来没有考过优秀，今天我第一次考优秀了。谢谢老师。"我可以想象他那兴奋的心情。放学回到家，他迫不及待地将数学卷递给妈妈看，也得到了妈妈的鼓励、表扬。他妈妈跟我说已经很长时间没有看到孩子这么开心了。

我想每一位教师应该都遇到过这样的孩子，他们需要我们更多地关注和理解。初中生是一个个性和见识逐渐增长的时期，他们有自己的自尊心，而且十分强烈。老师不能简单地规定他们该干什么，不准干什么，不许怎样怎样，更不能对他们加以呵斥和责骂，这样也许反而会招来他们的反感和叛逆。现代教育理念也推崇一种平等互动的师生关系，教师贴近学生，理解和信任学生。

如何达到师生之间的理解和信任，建立良好的师生关系呢？我认为要做好以下两个方面。

1. 教师要善于调控自己的情感，对学生有亲和力。教师既要理解学生，关怀备至，更要对他们循循善诱、严格要求。学生犯错时，教师应该耐心询问学生的想法及这样做的原因，而不是第一时间去指责批评。教师的亲和力，能够赢得学生的尊敬和信任，能够获得学生的宽容和理解。教师不仅仅要关爱优秀学生，更应该去呵护那些学习困难、表现落后的学生。经常赞扬和鼓励他们，提高他们学习的信心。要把信任和期盼的目光洒向每一个学生，把爱心倾注于教育教学过程，要善于倾听学生的心声。

2. 教师要善于把握时机，及时与学生沟通。在对待犯错的学生时，既要顾及学生的自尊心，又要做到趁热打铁。不在公共场合批评指责学生，要私下与学生沟通，告知学生错误的原因，使学生心悦诚服地理解批评并改正错误。唯有如此，才能收到良好的效果，师生间才会更加理解和信任。

在与孩子一次次的相处过程中，我慢慢学习着宽容、学习着理解。其实，对于每一个孩子，我们都应该耐心、细心，都应该对他们充满希望，真诚地去爱护他们，把浓浓的师爱化作每一个孩子心中最美的云彩，鼓励他们扬起自信的风帆。

如果爱，请深爱。爱能改变一切，也让我快乐。

学习数学的路上 你不孤单

青岛第三十九中学　舒畅

一定是特别的缘分，我结识了一个"沉默寡言"的班级，班里的孩子平时课间活泼得很，一到数学课就会变得非常高冷：每当我抛出问题并以期待的目光看向他们，就有一部分孩子赶紧低下头，还有一部分孩子则会回应给我深沉思考的表情，眼神逡巡了半天，才会有稀稀疏疏的几只小手举起来。一开始我很好奇，为什么课上课下会有这样大的反差呢？难道是大家有什么顾虑？私下里我问起课代表原因，孩子说："大家只有在比较有把握时才会回答问题呢，不然答错了多丢面子。"我说："答错了我也不批评你们呀，有啥丢面子的？"孩子说："不是批不批评的事儿，答错了自己心里就会不舒服的。"

孩子的话让我陷入了沉思，原来十三四岁的小小少年已经有了保护自己面子的需要，在课堂上回答错了问题会沮丧、会懊恼、会感到不开心，在他们的世界里会觉得丢掉了面子。这样的负面情绪会让一个数学还不错的孩子，在课堂上的发言慎重再慎重，生怕自己说错。这样的负面情绪还会传染，从一个孩子到几个孩子到一个班的孩子……这让我又联想到与家长的一次沟通。那是在一次期中考试之后，家长担忧地跟我说自己的孩子在数学考试之前非常焦虑，坐在考场里有几个瞬间大脑一片空白。但其实，这个孩子平日的数学成绩是非常优异的。我当时安慰家长，进入初中以来孩子是第一次面对大型考试，又想给同学留下好印象，难免紧张，平日注意疏导就没事了。现在想来或许事情没有我想得那么简单。

在后面的时间里，我从不同学习水平的孩子中分别找了几位，以平日聊天的形式，向他们了解大家对数学这门课的看法，从课堂、作业、考试等方面了解孩子的真实感受，我发现，多数孩子面对数学这门学科的情绪是紧张的，紧张的原因有很多：来自成绩的压力，来自家长的压力，来自同学评价的压力，还有，我之前没有发现的，来自自己的压力。"我觉得学数学的过程是孤单的，"有个女孩这样说："这种孤单让我害怕数学。"

回想自己上学时的经历，这种孤单的感觉也曾围绕过我，当考试开始的铃声响起,世界仿佛只有自己一人,势单力薄地应对知识的挑战,那种孤单确实令人感到压抑。我太能够理解那种感觉了!考试的制度我们无力改变,但或许,可以通过我的努力,让孩子们在数学课堂上不再那么孤单。

从那之后,我努力改变自己的说话方式,把之前爱说的"你能试试吗?"换成了"我们一起试试吧";把"谁能给大家讲讲?"换成了"谁先来试试,我们再一起补充";我告诉学生们:数学课上老师和大家是一起的,我们共同来思考问题,有想法的同学先分享,如果有不全面的地方大家再一起完善;如果学生的答案中出现了错误,我也会更委婉地指出,答案里有一部分是不够完善的,引导其他同学来补充,并把最终的正确答案归功为大家一起努力的结果。没有了冰冷的指责,数学课的气氛开始变得温暖,同学们的课堂发言也渐渐多了起来。

这段经历给我留下了深刻的印象,孩子们的转变也深深地影响了我,甚至在很大程度上改变了我的教学风格。我们传统的教育总喜欢用对和错来区分,强调学习是自己的事情,却忽略了失败的经历给学生带来的伤害,因为不想听到那个冰冷的"错",因为害怕面对失败后的失落心情,孩子宁可选择不参与,选择沉默来远离那份焦虑与不安,这样的教育失去了快乐,只剩下无尽的孤独。

我们需要给学生有温度的课堂,温度来自教师对学生的认可,来自学生之间彼此的帮助,来自一个集体力量的汇聚。在有温度的课堂上,每个人都可以放心大胆地表达自己的观点,因为每一个观点都会被尊重,每个人都不再单枪匹马地奋斗,因为身边的同伴们会随时帮助你完善。我想告诉我的学生们:考试的孤单仍然需要你去独自面对,但学习的过程中有我们一起彼此温暖,学习数学的路上,你不孤单。

站在学生的角度思考问题

青岛第三十九中学市北分校 任燕

从事初中数学教学 12 年,我共教过两年初一。在第二次教初一的时候,发生了一件小事,给了我很深的触动。

在学习有理数加减的时候,我本来觉得内容相当简单,只要在课堂上让学生们背过法则,然后根据法则,先确定符号,再利用绝对值的差去计算就可以了。但没想到,异号两数相加对相当一部分同学竟然是个难点。可能是初次接触负数的原因,他们睁着迷茫的双眼,对于法则不理解,也不会应用。偶然的一次机会,我看到我班的周同学给班内一个学困生讲解的时候用了另外一种方法:

以 $-8+12$ 为例,$-8+12=-8+8+4=4$,将 12 分为 $8+4$,其中的 8 和 -8 相"抵消"——即两个相反数和为 0,然后求出结果为 4。我发现那个学困生竟然理解了。我挺兴奋,就又给他出了一道题,他做对了,而且还能利用这种"抵消"思想来讲解。于是,我就请周同学做小老师,把"抵消"的思想讲给班内的同学听,没想到,竟然效果明显,很多学困生感觉这种方法比法则更容易理解。

这件事情,给了我很大的触动。老师们总会说"讲了好多遍,怎么还是不懂"。事实上,是不是我们讲的方法不对,没有站在学生的角度去思考问题,没有把自己置于学生的位置来认识、体验、思考问题,没有用学生的眼光去审视教学内容呢? 像我,因为大部分时间是在初三,所以在面对有理数加减这个内容时,便总觉得知识简单,无形中对学生提高了要求! 其实,学生刚接触负数,不理解是很正常的。所以,我们真的要站在学生的角度去思考问题。

那么教师在数学课堂教学中如何实现换位思考呢?

首先,要考虑学情。上课之前明白学生的知识经验是什么、能力水平如何,学生可能会在哪些地方存在疑惑。在一些概念教学或一些"想当然"的结论时,要考虑是不是有些同学存在疑问,要将教学设计更加细化。

其次,要考虑教学语言。在教学时,是不是可以将难以理解的书面语言转化为学生容易理解的日常语言或者是让学生去用自己的话理解课本结论。

再次,要考虑教学方法。当用一种方法讲解而学生不理解时,是不是可以尝试换一种教学方法呢?

我们只有设身处地去体会学生,才能真的找准他们思维的误区,做到有针对性的指导。如果我们能站在学生的角度思考问题,不论课堂模式如何改变,只要适合学生,就会收到好的教学效果。

我觉得数学课变得更有意思了

胶州市第十八中学　姜旗旗

2020年春,我新接手了初一六班的数学教学工作。在我的精心设计下,同学们在数学课堂上非常活跃,我也跟他们迅速熟悉起来。

一片热闹之中,一个男孩引起了我的注意。每次我提问时,他总是摩拳擦掌,但当我叫他发言时,他却往往回答不准确,每次回答完问题,又表现出特别失落的神情。这个学生为何会有如此表现呢? 课后我找到之前的任课老师了解情况,又翻阅了他上学期的期中、期末成绩。通过了解,我发现这个同学其实有很强的表现欲和好胜心,但又有懒于动手的坏习惯,这导致他基础知识就掌握不扎实,更谈不上综合运用了,因此两次考试成绩均不及格。

通过他在这两节课的表现,我认为这位同学还是有学好数学的愿望的,于是,利用一节自习课的时间,我把他叫到办公室,开始了我们之间的第一次交谈。

"子旭,我发现你上课时回答问题特别积极踊跃,我真的很喜欢。遗憾的是有些问题你没有答对,让你很沮丧。你觉得是什么原因?""老师我觉得是我做题的时候太粗心了。""我这里有两道练习题,你能帮老师解答一下吗? 一定要认真思考之后再开始答题。"我递给他两道练习题:

1. $-b^3 \cdot b^2$;

2. 在我国,平均每平方千米的土地一年从太阳得到的能量,相当于燃烧 1.3×10^8 kg 的煤所产生的能量。我国 960 万平方千米的土地上,一年从太阳得到的能量相当于燃烧多少千克的煤所产生的能量?(结果用科学计数法表示)

第一题他是这样解的:$-b^3 \cdot b^2 = (-b)^{3+2} = (-b)^5$,很明显,他对这道题的算理并不清楚;第二题他的解法则是这样的:$1.3 \times 10^8 \times 960 = 1\ 248 \times 10^8$,列式和结果都出现了明显错误。这时我给他指出:"你看,问题好像并不像你说的粗心这么简单,你之所以出现这些错误,其实是因为基础知识掌握不扎实,再加上缺乏好的做题习惯和方法。老师这里恰好有两个法宝,可以迅速改变这一点，让你在课堂上获胜，你想不想知道？""想。""好，你听好哦：'一个，就是计算，咱分三步走：先看清这是什么运算，再默背法则，最后根据法则进行计算；二呢，就是做题前，认真审题，把关键词圈画出来。'是不是很简单？现在手握法宝了，你要像孙悟空翻筋斗云一样，回去好好练习一下。下节数学课我会让你到黑板做一道计算题，你有没有信心做对？""有！"，这次子旭明显回答地有信心了。再上课时，我就找了一道在他能力范围内的计算题让他到黑板做，结果他真的做对了！我让他给同学们讲讲他是如何一步步算出结果的，他就像个小老师那样，把我教给他的法宝说得头头是道！我向他竖起了大拇指："子旭讲得太好了，把我想说的都替我讲出来了，我认为此处应该有掌声！"伴随着同学们的掌声，子旭高兴地回到座位。这节课，他听得格外认真，腰板也更直了。之后的课堂上，我也会经常有意识地让子旭到黑板做一些简单的计算题，或是帮我读题、圈画关键词等。慢慢地，我发现他的上课状态也和以前不同了，更专注，也更自信。

于是我趁热打铁，和子旭进行了第二次深度交谈："子旭，我觉得你这段时间进步真的很大，你能自己谈谈都有哪些收获吗？""老师，我发现我能比以前做对更多的题了，以前我做完题也不敢确定做的对不对，现在我按照你教我的法宝做题更有把握了。我也比以前更愿意学数学了，我发现数学变得更有意思了。""我还有一个法宝，可以帮助你学得更好，你想不想知道？""是什么？老师快告诉我吧！""其实这个法宝啊，我一开学就强调了，不过因为不起眼，好像没有引起你的重视。这个法宝就是：建立数学笔记本和纠错本。因为子旭最近表现太优异了，作为奖励，老师送你两个笔记本，正好一本记课堂笔记，另一本整理错题。咱们一起练习使用这个法宝，争取继续进步。怎么样？"他兴高采烈地答应了。刚开始，他记笔记没有重点，要么是把课件上的内容抄一遍，要么是把书上的法则、公式等抄在本子上，缺少重点标记和易错点提醒。错题本上则只是把原题和正确答案抄了一遍，缺少错因分析。于是我又耐心指导他对笔记本和错题集的使用方法，并坚持每天检查。一个月后，他的笔记和纠错开始变得比较完整、规范了。这期间他也因为偷懒遗漏过几次，为了更好地调动他的积极性，同时也督促其他同学积极整理笔记和纠错，我就在班里展开了评比，对于笔记和纠错整理得好的个人和小组颁发奖状进行表扬。在我不断地督促和鼓励下，经过子旭自己的不断努力，到期中考试，他已经由不及格进步到及格。期末考试，竟考了 80 多分。这个孩子现在在课堂上,开朗,阳光,向上,自信,与以前判若两人。

子旭的变化,让我深受启发。其实每个孩子都渴望进步,那些成绩落后的孩子同样如此。只是好多时候,孩子对自身的问题没有正确的认知,他们将成绩落后的原因简单归为粗心或者笨。而事实上只是他们没有找对学习方法,没有养成良好的学习习惯。这个时候如果再缺乏正确的引导,他们肯定会容易迷茫或消沉。长此以往就导致他们成绩落后,甚至失去学好数学的信心。有人说:教育的本质就是一棵树摇动另一棵树,一朵云推动另一朵云,一个灵魂唤醒另一个灵魂。作为老师,我们首先要帮助学生分析这些问题背后的真正原因,然后有针对性地对其进行学法指导,并帮助他们养成良好的学习习惯,进而帮助他们提升数学学习能力,使学生们都能体验到学习数学的乐趣!

第二节　善于思考 问题即课题

初中数学作业多样化布置与实施

青岛第三十三中学　袁翠洁

一、问题提出

数学作业是学生数学学习不可或缺的途径,布置作业也是每一位数学教师课堂教学的必备环节。但是,作为一名初中教师,在课后我常常听到有学生抱怨:"数学作业太没意思了!""真不愿意做题,数学作业放到最后吧!"而老师们批改作业时也发现,学生数学作业抄袭现象严重,作业漏题、应付现象屡禁不止,有的学生书写混乱、无从批改。

如何能改变学生不愿做数学作业、数学作业应付的现状呢? 如何布置作业可以让具有不同学习能力的学生都得到相应的发展呢? 这些问题值得我们深入思考。

二、问题思考

数学学科因为其思维性强的特点,数学作业中任何一个问题的顺利解决,不能仅仅依靠单纯的知识记忆,通常需要将所学知识综合运用。这时传统形式上的作业,在作业本上完成相应习题的解答,势必会造成基础较弱的学生感到力不从心,甚至无从下手;而学习能力较强的学生又通常觉得枯燥乏味,完成的积极性不高,进而影响学习效果。而且这种以应试为主的机械化作业严重限制学生的个性化发展,长此以往,势必造成学生不愿做数学作业,甚至丧失对数学学习的兴趣。而且双减政策中明确指出:教师应系统设计符合学生的年龄特点和学习规律、体现素质教育导向的作业,鼓励布置分层、弹性和个性化作业。因此,重视学生之间的个体差异性,针对不同层次学生的学习状况设定不同层次、不同形式的数学作业,不仅可以把学生从数学题海中解放出来、提高学生对数学的学习兴趣,更是发展学生数学知识综合运用能力,促进学生数学核心素养发展的有效途径。

三、问题对策

经过一番思考,我认为首先需要重视学生之间的个体差异性,将学生群体进行隐性分层。并且深入分析教材所涉及的相关练习,将题目按难易程度适当分层,同时指导学生根据自己知识掌握的情况选择合适的分层作业。接下来还需要深入分析初中数学教材,根据知识特点和学生接受情况,设计出多种多样的初中数学作业形式,并指导学生以合适的形式呈现作业。与此同时再配以定期对学生的优秀作业进行展览或者评奖,进一步激发学生的积极性和进取心,同时提高学生数学学习兴趣。

1. 作业难度分层化。结合课堂教学的实际情况,考虑到不同层次学生的学习差异,在设计学生的课堂作业时分为三个层次:A层作业主要面向数学基础较弱的学生,作业内容以知识回顾、课堂内容反馈、知识简单应用为主;B层作业针对班级中大多数学生,作业内容主要是课堂内容的变式、相关知识的简单综合应用;C层作业旨在进一步发展学生的数学思维,培养学生的探究能力和创新能力,因此,这部分作业选择有一定难度的知识综合运用、学科综合或拓展性题目。例如,在学习了一次函数之后,可以引导和组织学生以小组合作的形式,调查研究、利用一次函数相关知识完成一项微项目式作业。此时,老师可以适当提供一些微项目供学生学习和参考。例如:为家人选择一款合适的手机套餐;家庭安装直饮水净水装置和购买大桶水哪样更合算;如何选择水龙头更节水;了解银行存款利率,规划自己压岁钱的存款方式等。

2. 作业形式多样化。针对学生的年龄、性格、爱好等特点,结合所学知识,作业可以是思维导图、手工作品、视频音频、研究报告等。例如:每一章结束,在进行章节复习时指导学生利用思维导图、手抄报、音频、视频等形式梳理本章内容;在学习轴对称知识时,指导学生利用轴对称知识为班级制作班徽或班旗;临近期中或者学期结束时,尝试让学生根据一学期所学内容设计测试题,并且在小组内或者小组间交换测试;一段时间内的典型题目,还可以让学生将思考和解决过程录制成视频;在讲解函数部分内容时,引导学生利用假期,进行实验或者调查研究,形成一份利用函数知识解决生活中问题的研究性学习报告;学习三角函数知识时,首先课堂上介绍侧倾器的构造和使用方法,引导学生以小组合作的形式,利用自己制作的侧倾器和三角函数相关知识进行相关测量,并进行汇报。

3. 作业评价多元化。对于学生呈现的作业,以更加丰富的形式和不同的角度进行不同形式的评价。对于作业不仅仅是以正确率高低给予等级式评价,评价时还要参考学生的呈现形式是否新颖、设计是否美观、思维角度是否全面、小组分工合作是否合理等方面给予总结性评价;作业评价不局限于教师的评价,还可以实行作业展览,由同学们进行评价;手工作业可以适当举办评奖,对优秀作业进行褒奖式评价;有时课堂引入学生对某一问题的讲解视频,也是对学生作业的一种肯定和认可。

四、问题效果

针对初中学科知识特点,我们初步设计出有针对性、可操作的数学作业形式。日常作业以分层作业为主,通过合理设置每一个层次的作业难度和习题量,适当减轻学生平日作业负担。实行以来,学生不完成作业的现象得到了很大的改善,而且不同层次学生所选择作业不同,班级内抄作业现象明显减少。

形式新颖的多样化数学作业,则充分激发了学生的数学学习兴趣,学生完成作业积极性得以提高。例如,我所教班级有一位男生,很不喜欢学数学,数学课上总是分心走神,但是我们布置的截几何体、设计徽章等作业他每次都完成的非常认真。一段时间后,我欣喜地发现他在课堂听讲认真很多。一次他突然来找我问问题,借机我了解到,他因为在完成这些手工作业的时候发现要用到的数学知识有很多不会,自己看书又看不懂,所以就觉得需要上课认真听讲。而且经过一个学期他的数学成绩进步很大,由原本的30多分提高到60分左右。这名学生的转变,让我对数学作业的改革更有信心。

微项目式的探究作业则使得学生在探究合作的过程中进一步发展合作能力与自我表达能力。并且因为学生在完成微项目作业时,往往需要借助家长的力量,这一过程加深了学生与家长之间的交流,无形中改善了亲子关系。

作业评价形式的改变,特别是针对学生作业中的闪光点进行表彰,使得原本一些对数学学习丧失信心的学生重新找到学习动力。而且,因为他们获得肯定的次数越来越多,他们也更愿意在课后主动地研究数学,数学成绩也在稳步前进。

初中数学作业形式的多样化,改变了只注重结果、不关注学生的学习过程的作业状况,全方位、多方面发展了学生的数学能力,促进了学生数学素养和应用数学的意识与能力的提升。

借助海大云平台进行初中数学习题高效讲解的实践

青岛市崂山区实验初级中学　王永钢

问题之发现:双减背景之下,国家对教育的要求是对学生的学业提质增效。学生进入初中学习后,在数学学科方面区别于小学的就是每天都有一节新课,只有在章节的最后才有复习课,或者章节内部有少量的习题课。而学生每天作业中都会产生一些问题,什么时间讲? 学生的错误点不一样,讲多少? 以哪种方式展开,怎么讲? 这些问题都一直困扰着老师们。错题讲的多,学生学习新课的时间必然少。讲个别题目,哪些更有针对性,其他问题怎么办? 不讲,学生的错误在不断地积累。有了这样在教学实践中的矛盾,促使我开始思考,并尝试解决。

问题之思考:现代教育信息化这么发达,怎样借助云平台、大数据、现代教育技术等网络热门技术来提质增效,是我最近一直在思考的问题。正好我们学校有幸和海大云平台合作,学校作为典型正在做着这方面的教学改革与实践,所以我自然地想借助海大云平台的技术支持,高效地进行数学习题的讲解。

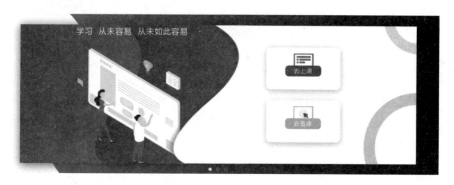

问题之对策:错题要及时讲,这是毋庸置疑的。从发现问题的几个角度来逐一分析,什么时间讲?讲多少?怎么讲?这些基本方面,我开展了一些实践。曾经尝试从以下 6 种方式进行习题讲解。

一、上课时讲作业习题

在新授课之前完成前一天的作业存在的问题。数学一般安排在早晨一二节课的时间,从时间安排上,很难把任课两个班的作业都批完并反馈给学生,也就是说,学生的易错点在之前只能通过老师的经验,或者个别的抽样调查来代替全班同学的完成情况。而借助海大云平台可以较好地解决这个问题。平台本身带有扫描仪设备,能够实现选择题电脑批阅,但是填空和答题还是需要老师批阅。所以,在作业布置时就要考虑到批阅的问题,选择题要有一定量的比例,填空题不要太多,解答题要有代表性和可拓展性。然后在任教的两个班级中,轮流选择一个班级,尽量在上课前批完填空和解答题部分,再用平台的扫描仪批阅选择题,就可以实现课前了解学生学情。

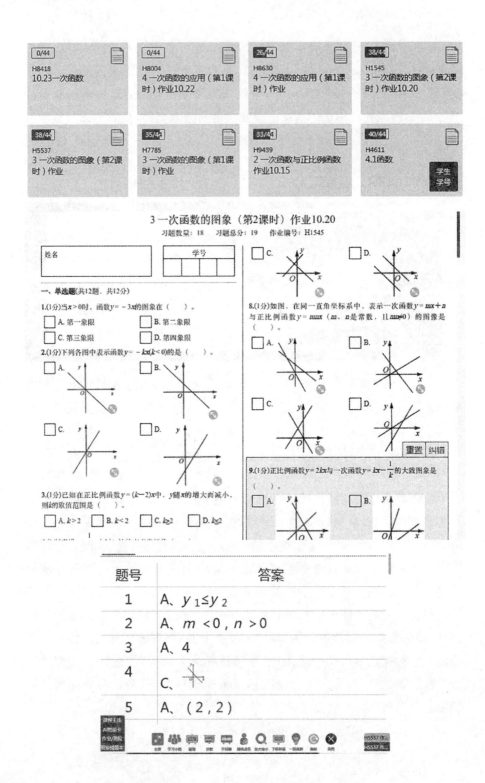

0/44 H8418
10.23一次函数

0/44 H8004
4 一次函数的应用（第1课时）作业10.22

26/44 H8630
4 一次函数的应用（第1课时）作业

38/44 H1545
3 一次函数的图象（第2课时）作业10.20

38/44 H5537
3 一次函数的图象（第2课时）作业

35/44 H7785
3 一次函数的图象（第1课时）作业

33/44 H9439
2 一次函数与正比例函数作业10.15

40/44 H4611
4.1函数

学生学号

3 一次函数的图象（第2课时）作业10.20

习题数量：18　习题总分：19　作业编号：H1545

姓名　　　　　　　　　　学号

一、单选题(共12题，共12分)

1.(1分)当$x>0$时，函数$y=-3x$的图象在（　　）。
- A. 第一象限
- B. 第二象限
- C. 第三象限
- D. 第四象限

2.(1分)下列各图中表示函数$y=-kx(k<0)$的是（　　）。
- A.
- B.
- C.
- D.

3.(1分)已知在正比例函数$y=(k-2)x$中，y随x的增大而减小，则k的取值范围是（　　）。
- A. $k>2$
- B. $k<2$
- C. $k\geq2$
- D. $k\leq2$

C.　　　D.

8.(1分)如图，在同一直角坐标系中，表示一次函数$y=mx+n$与正比例函数$y=mnx$（m，n是常数，且$mn\neq0$）的图像是（　　）。
- A.
- B.
- C.
- D.

重置　纠错

9.(1分)正比例函数$y=2kx$与一次函数$y=kx-\dfrac{1}{2}$的大致图象是（　　）。
- A.
- B.

题号	答案
1	A、$y_1\leq y_2$
2	A、$m<0$，$n>0$
3	A、4
4	C、
5	A、（2，2）

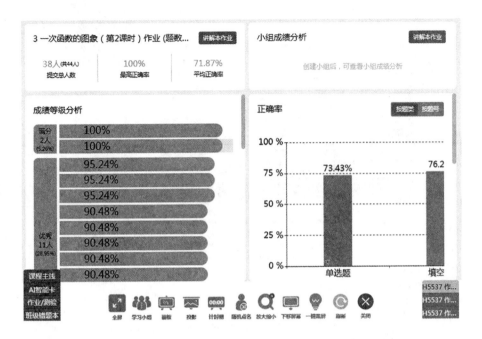

具体我是这样做的：班里有 40 多名同学，当通过率超过 80％的同学时就不在全班统一讲解了。按照 4 人一小组，也就是组内成绩薄弱的 1 名同学还可能存在问题。这就需要老师单独地去关注，课堂统一讲解的意义不大。也需要小组合作学习，同学们的互帮互助。在小组合作学习的制度下，很容易学生内部消化这些问题。我们上课需要先讲通过率特别低的题目。如果是通过率低于 50％，也就是全班有一半以上的同学存在问题，那么，这种题是适合全班讲解的，需要从读题开始一点点引导学生思考，讲完后再让学生进行变式训练，内化这个知识、能力点。在 50％～80％之间的题目，可通过平台选择班级学力平均水平的同学的典型错误，进行细节上的辨析，直指思路上的错误。在讲题时，讲"重点"，讲"要害"，讲"核心"。压缩讲题的时间，重在思路上的转化，重点转化学生成绩在 50％～90％的同学；其他剩余 10％的同学重在落实。

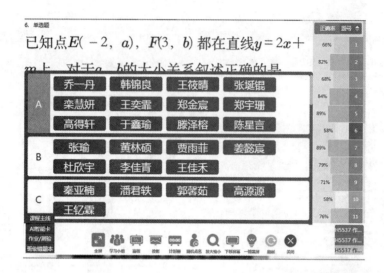

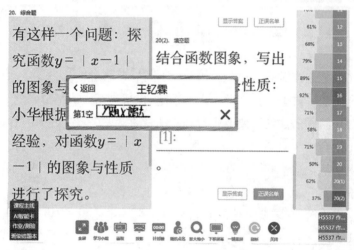

二、习题课讲解作业习题

1. 课上,这种方法需要把学生几天内的问题积攒在一起处理,需要教师提前统计错点,把出错多的知识点重新排列组合,以"例题＋练习＋变式拓展"的方式进行习题课的练习。当然统计的过程可以借助海大云平台的功能实现。

2. 课下,形成错题本,平台自带错题收集记录功能,学生可以打印出自己的错题,把错误订正,把知识内化。另外,可以利用平台功能针对学生的错误布置靶向作业,作为知识、能力点的巩固性检查。

3、问题解决：

如图（3）为2个相同的圆柱紧密排列在一起，高为5厘米，当蚂蚁从点A出发沿圆柱表面爬行到C点的两条路线长度相等时，求圆柱的底面半径r。（注：按上面小明所设计的两条路线方式）

［添加收藏］ ［查看解析］ ［习题纠错］ 错误学生人数：43 ［编辑］ ［添加变式题］ 添加

（育才中学期中）如图，点A的坐标是（2，2），若点P在x轴上，且△APO是等腰三角形，则点P的坐标是_1_。

［添加收藏］ ［查看解析］ ［习题纠错］ 错误学生人数：41 ［编辑］ ［添加变式题］ 添加

在△ABC中，AB=20，AC=15，BC边上的高等于12，求△ABC的周长。

［添加收藏］ ［查看解析］ ［习题纠错］ 错误学生人数：38 ［编辑］ ［添加变式题］ 添加

1 2 3 4 5 > 共93页 1 跳转

↩ 返回 **02-09 12:37 靶向作业** 发布时间：2022.02.09 12:37 总分：9

01班(0/43人)

作业详情

作业提交人数：0/43 ↻查看题号 □只看待批

题号：1

（1分）（填空题）（育才中学期中）如图，点A的坐标是（2，2），若点P在x轴上，且△APO是等腰三角形，则点P的坐标是_1_。

已提交：0人 未提交：43人 全对：0人 全错：0人 半对：0人 平均分：0/1分 得分率：0%

题号：2

三、利用翻转课堂的形式进行习题的讲解

对于一些占用时间特别长，或者学生听一遍不能很好地理解的题目，乃至一些校内未能解决的习题内容，则利用翻转课堂的形式。老师以微课的

形式制作一些题目的讲解。每个习题一个微课,力争讲透,把这些微课上传到云平台,或者其他一些具有云储存功能的 App 中,学生可以自主下载学习,实现学习的能动性。

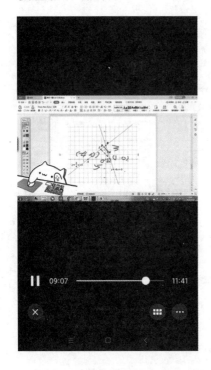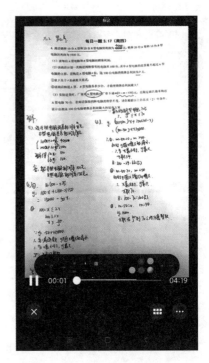

四、学生小组合作讲题

学生通过海大云平台的学生端,能够查阅到自己所有的错误,并会被电脑记录,可打印、可整理,而教师的讲解任何情况下也不能保证百分之百地解决每个学生所有的问题。那么,小组内的合作学习,同桌间互相讲题就起到了有益的补充。我一直对学生说,对于知识点所反映出的习题理解,有三个层次、三个所对应的检验标准:一是"记得下",相对应的就是能够听懂老师的讲解;二是"写的出",与之对应的就是能够理解知识,并能成功表达;三是"讲明白",相对应地是,如果能给别的同学讲解,并让不会的同学听明白了,那么,作为"老师"的这位同学,就一定对知识有了深刻的了解,如果还能进行简单的"变式"考察同学,那么,对于知识、对于能力就已经达到很高的层次了。所以,小组内的合作学习,实际上对讲题的双方都是有利的。学生们乐于接受,也都能共同成长。

五、学习论坛讲题

现代化的多媒体手段的讲题也要与传统的板书讲题相结合。我在教室黑板区域设置互动研学区。同学们可以把好题欣赏、问题求助、擂台挑战等各种名目和形式组合在一起。一方面,解决同学们存在的困难,展示一些好题及好的方法;更重要的一方面是培养班级同学学习数学的兴趣,形成一种氛围、一种文化。

六、教师一对一讲题

对于学困生,教师一对一当面的讲授是必不可少的,既能检查小组合作学习的成果,也能更有针对性地指出学生对知识理解的错误。更重要的是强化了学困生学习的自觉性和主动性,是班级"补弱"的重要方式。

研究之效果:作为一名一线的初中数学教师,在讲解学生错题中遇到了时间紧、任务重的问题。通过自己的实践,借助海大云平台的功能基本确立了适合自己的讲题时间和方式,提高了讲解习题的实效性。当然,目前都还是一些实践探索,后面我会继续深化这个微课题,把它做得更完善。另外,发掘一些其他教育教学的问题,作为微课题的研究项目。

初中生数学课后作业评价的有效性研究

青岛第三十九中学市北分校 綦家武

一、问题之发现

作为数学教师,除了上课备课,几乎每天都是埋在作业或者试卷堆里奋笔疾书,即使累得腰酸背痛、头昏眼花,也无怨无悔。然而,最近发现的现象,却让我特别郁闷。那就是,辛辛苦苦批改的作业、评判的试卷,学生竟然不关心对错,纠错也不积极、不在乎。是只有我们班有这种情况吗?我又问了我们学校的其他教师、问了其他学科的教师,并跟外校的一些老师也进行了交流,这才发现,这种情况不是个案,几乎是初中生的"通病"。

学生的作业其实构建了师生之间的桥梁,借助这座桥,老师可以了解学生对知识的理解和掌握情况；通过分析和沟通，找出学生理解不了的知识的原因和解决问题的障碍，有针对性地进行讲解和指导，而学生则要借此查缺补漏。学生的作业重点在纠错。为什么学生不重视呢？怎样才能提高学生对于作业改错的重视程度呢？

二、问题之思考

对学生而言，教师评价的效果随着学生年龄的增长，其显性的积极作用会越来越弱，尤其是整体性的评价效果会更差一些。对于初中生来说，独立意识和自我思考能力越来越强，个性化的评价成为主要需求。经过一段时间的观察、调查，以及跟学生和其他老师交流等，我发现，学生不重视作业和纠错的原因主要有以下几个方面。

第一，作业难度不合适。作业多数情况下是过难，学生解决不了，费时费力最后很有可能还是错的，还是要改错重做，长此以往就不想做作业了。

第二，作业批改不及时。老师太忙的时候，没有及时批阅作业和及时反馈给学生，时间太长老师批出错题，对应的知识和题目已经淡忘了。时间越久，学生越不重视。

第三，作业评价指向不明确。关于对错的评价与关于作业态度的评价笼统晦涩，不够精准，没有调动学生的积极性。评价或是惜字如金，或是繁杂啰唆，语言不精准，言之无物，学生不明白老师的意思。

第四，作业评价语言单调乏味，说不到学生心坎里。有的学生需要直截了当，有的则需要委婉提示。部分学生对于教师直接的批评建议会有所抵触，而另一部分学生对于教师的委婉评价就理解不了。

第五，作业的评价没有长效性。前几次的作业，有的没有改错，或者老问题总是不解决，老师没有惩罚；有的认真改错了，没有及时鼓励表扬，时间长了，学生就懈怠了。

三、问题之对策

有了以上思考，我在班中展开了实践，着重进行了以下具体措施。

第一，作业设计分层。作业尽可能地覆盖要考察的所有知识和题型，学生的作业适合自身的水平，才能更好地诊断出在知识上的漏洞和理解上的不足。让学生感觉作业是为其量身定制的，难度适合，有被重视的感觉。这样分层设计作业及进行作业评价时,也可以较好地做到"精、全、准"。

第二,尽最大努力及时高效完成作业批阅。常言道,打铁要趁热。因此,在最近发展区布置的作业,我就努力坚持一个原则:能面批则面批,能当天评价的作业绝不拖到第二天。

第三,作业评价语言应努力做到有理有据,要有明确的指向。例如,是概念的理解出错,还是过程的步骤不规范,还是少了什么分类讨论的情况等等。只有精准的评价语言和言之有物的建议,才能赢得学生更多的认可。

第四,适合学生的作业评价才是最好的,这需要教师在长时间与学生相处中了解对方的脾气性格。比如,是直接指出问题和错误,建议如何改正;还是委婉的提示就可以让学生心领神会,自觉改正。作业评价语言有适合的"温度",作业评价既要有"走脑"的理性评价、客观分析;又要有"走心"的感性交流,更好地激励学生的主观能动性。只有"刚柔并济"的作业评价,才能让学生入脑入心,愿意跟随教师探究学习,乐于追随教师走进浩瀚的数学天地。

第五,作业的评价有纵向的时间延伸,前一次、前几次的作业问题,后续作业中是解决了还是依然存在,同一个知识点的深入学习对应的连续的几次作业,可以很好地看出学生对知识掌握的层次,教师应该给出连续进步、不断提高的升级性质的评价和鼓励。同时,作业的评价也要有横向的比较和激励,我会在当次作业末尾对应等级和评语,同时也会把优秀等级打在学生作业本的封皮上,在班级正面表扬,而且学生很容易比较优秀等级的积累次数,教师也可以定期表扬或奖励优秀等级积累多的学生,从而激励学生更认真地对待作业问题,提高作业质量。

四、研究之效果

学生的作业质量有了明显提高:不交作业的几乎没有;有不会的问题学生会第二天一早积极探讨解决,及时补上;作业纠错积极高效很多,因为每天的作业落实到位,学生的学习状态和成绩自然有了大幅度的提升,最终对学好数学越来越在乎、越来越自信、越来越期待!

教师作业评价的能力、激励学生学习积极性的能力都有比较大的提高;教师更加理解学生,更加理解作业中的问题和出错的原因;教师对教材的理解、教学目标的落实等,有更好的把握和办法;教师更善于在课堂上、作业中发现学生的优点,更善于用学生乐于接受的方式去评价教育学生。

学生在教师的积极评价中,尤其是"入脑入心"的作业评价中,更加自信地表达自己的想法、展示自己的做法;学生更乐于参加数学问题的探究学习,主观能动性得到极大的激发;学生更善于正确地理解教师表扬和批评的积极意义,更好地发扬优点和改正缺点;师生关系更加和谐健康,学生得到了更好的身心发展。

浅谈初中数学课堂沉闷的原因和优化策略

莱西市河头店镇南岚中学　段琴琴

一、问题之发现

我曾对所教一个 45 名学生的班级,在数学课上举手发言的情况做了调查,统计的结果是:除了积极举手的 8 人外,在不积极举手的同学中,有不会者 6 人;不愿意举手者 18 人;见风使舵者 8 人;犹豫观望者 5 人。不愿举手者表现为怕自己的答案不确切,答错怕丢面子,也怕惹老师不高兴;见风使舵者认为,某人都没举,我也没必要举。调查结果与当前课堂教学以学生为主体的教学原则呈现出一种对立,这也许是许多教师在从事教学工作过程中感到困惑的一点。

课堂提问是初中数学教学中教师最常用的教学手段之一,学生"举手发言"是课堂上学生参与教学最直观、最形象的表现,也是课堂教学中一道不可缺少的亮丽风景线。可近年来,我发现,初中学生随着年龄增长变得越来越不爱举手发言了,有些很简单的提问,也总是只有那么零星的几个活跃分子举手。奈何有些学生课堂上就是不举手回答问题,通过这些孩子躲闪的眼神,我可以感受到,他们并不想被老师提问。还有不少学生整节课坐在那里,他们只想"安安静静"地当听众。这样的数学课堂必定出奇得沉闷,严重影响教学效果。

二、问题之思考

学生从小学进入初中,心理发生了微妙的变化,随着年龄的增长,自我意识不断增强，自尊心也日趋强烈，而心理学家认为，学生都有一种表现自我、体现自我价值的欲望。尤其是初中学生，对事物的认识已有了自己独到的见解，自我意识也逐渐在增强，他们的表现力应更为强烈。是不是我们老师的教育方式出了问题，导致学生不主动举手发言。这就不得不使我们思考：我们应该如何改变课堂，才能够让学生主动举手发言呢？

经过调查发现，导致初中生不爱举手回答问题的原因主要有以下三个方面。

(一)师生关系不融洽

个别老师在教学时刻板、严厉，缺少和蔼可亲的态度。初中生正处于叛逆的时候，这样的老师在他们眼里就是冷漠与专横。所以导致有些初中生故意跟老师对着干，也就导致了他们即使是会的问题也不举手回答。

(二)课堂的提问无效

1. 初中的数学课堂讲究高效，一些数学老师上课时忙于去完成一些教学环节，在问题提出后，急于给出学生答案，常常一个问题连着一个问题，很多学生还没能思考成熟，来不及回答问题。

2. 有时老师提出的问题太难，只有少部分学生会，大部分学生根本不会回答，即使有想法了也怕答错；或者问题太简单，没有思考的必要，懒得回答。

(三)课堂气氛不活跃

有些课堂是单纯的"满堂灌"，师生之间、生生之间交流讨论较少，老师讲得头头是道，眉飞色舞，没有关注到学生是否参与进来，这样，教师所提问题自然没有学生理会，更谈不上积极举手发言了。

三、问题之策略

针对以上问题，我将自己所教的一个班级作为实验班，在师生关系、课堂提问的设计、课堂教学方式方面做了调整，主要做出以下改变。

(一)努力营造融洽的师生关系

转变观念，从人格的角度平等对待每一位学生，尊重和爱护每一个学生，视学生为平等的共同完成课堂教学任务的合作伙伴，引导学生重新认识新型的师生关系，视教师为自己学习的引导者、促进者、传授者。

(二)增强课堂提问的有效性

1. 关注问题的清晰度。笼统抽象的问题不利于学生思考,一次性提出一连串问题,学生从中找不到核心问题,也会使问题变得模糊。每次提出一个或两个具体且有针对性的问题。

2. 问题的难度要适中。研究表明,对低年级学生而言,低难度问题有效;对高年级学生而言,高认知水平问题更有效。因此,要做到精心设计提问,做到因"人"而宜。

3. 努力扩大提问面。让所有学生习惯于接受课堂提问。按一定形式依次让学生回答问题。明确的叫答方式可减轻学生的焦虑水平,有利于学生集中注意力。而教师随机叫答主要倾向于少数优秀学生,这对能力较差的学生来说是不公平的。因此,在教学中,按座次、学号顺序或开火车等方式请学生回答问题,有时给予所有学生回答问题的机会,有时刻意地请学困生回答较简单的问题,这样不仅可以培养学生回答问题的习惯,还有助于引导学生专心地参与教学活动。

(三)组织开放的课堂讨论

1. 组织师生之间的课堂讨论。善待学生的发言,特别是要尊重学生的"插嘴"。当大多数学生沉默不语时,鼓励他们参与教学,甚至允许他们"插嘴",以此来激发学生思考和参与学习的积极性。因为,我们深知:每一个学生都是一笔"价廉物美"的课程资源,关注这一课堂资源的开发,就能解决好预设和生成的关系,并直接指向和挖掘学生的潜能。

2. 组织生生之间的课堂讨论。教师精心准备讨论主题,通过讨论过程的指导,吸引所有的人参与,激发全体学生参与群体活动的积极性。通过课堂讨论,使学生认识到一些问题的多面性,从而丰富对事物的认识,进而改变自己的观点和态度。

讨论是一种思想的碰撞,也是一种情感的交流、信息的共享。尽管课堂讨论不易控制、耗费时间,而且讨论结果无法预料,但经常组织开放的课堂讨论活动,如"小小辩论会""数学小课题研究""小型解题交流会"等,在讨论中学生的表达能力提高了,"举手发言"也就成了"小菜一碟"了!

四、问题之效果

通过教师和学生的共同努力,特别是教师在教学实际中长期不懈的努力——转变观念后和学生的关系相处得更融洽了；课堂上精心设计的提问提高了教师的教学组织能力，促进了学生积极参与课堂；有效的课堂开放讨论，激发了学生的想象力，锻炼了学生的语言表达能力，发掘了学生的学习潜力，达到了良好的教学效果，学生的数学成绩也都有了进步。

基于学科素养的初中数学开学第一课素材开发

青岛第三十九中学　舒畅

一、问题发现

从 2008 年起，每年新学年开学之际，教育部都会联手中央电视台推出"开学第一课"节目。其中，2021 年的"开学第一课"以"理想照亮未来"为主题，结合真实的故事向学生展示了理想的意义，令人热血沸腾。中央电视台播出的"开学第一课"对全国学生核心价值观的启迪有着重要的作用。那么，面对初中学生，数学学科的开学第一课应该如何设计呢？这同样是一个很有意义的问题。

为了了解这个问题，笔者以"数学开学第一课"为关键词搜索了相关文献材料，根据学段进行筛选，发现了一些前人设计的优秀案例。其中对初中学段的研究成果有：福建省莆田市城厢区南门学校的黄玉霞老师在其文章《"开学第一课"——七年级数学入学衔接课教学设计》中分享了自己对开学第一课的思考和精彩的教学片段。江苏省南京市宁海中学分校的卜以楼老师在 2016 年发表文章《"初中第一课"的教学设计》，从设计背景、课堂活动和教学启示三个方面介绍了自己对初中数学开学第一课的思考。山东省惠民县辛店镇中学的陈元云老师和山东省滨州市北镇中学初中部的邢成云老师在 2021 年联合发表文章《玩转数"9"开放思维 勾勒全貌》，在"整体化教学"思想的引导下设计了一节围绕数字 9 展开的初中数学第一课，这节课围绕 6 个与数字"9"有关的问题向学生展示了初中知识和小学知识的联系与区别。

笔者在对现有文献进行了详细阅读后发现：目前已有成果多数为具体的课堂设计，特色鲜明，个性化强，充分依赖教师个人的教学经验和教学能力,研究结果推广难度大。另外,大家对初中数学开学第一课的定位不尽相同,出发点多为感性的兴趣培养,缺乏理论支撑。如何在这两个方面有所突破,对适合初中学段的开学第一课素材进行开发,是本文研究的主要问题。

二、问题思考

在研究这个问题前,笔者首先对开学第一课的意义进行了一定的思考。

开学第一课的目的是什么呢? 站在一个刚刚告别小学生活步入初中校园的孩子的视角,其心情是既有点兴奋又有点忐忑的,兴奋在于开启学习生活新篇章的新鲜感,忐忑在于对未知知识的不安感。所以,开学第一课的设计要帮助学生延续其对初中知识的新鲜感,消除学生对未知知识的不安感。说得再简单点,就是让学生觉得学习很有趣,让学生相信自己可以很好地融入初中生活,这就是我们设计开学第一课的目的。

数学学科的开学第一课要告诉学生什么呢? 这是一个很复杂的问题。课本上从来没有这节课的内容,每个老师都有自己的答案。在笔者看来,想得到这个问题的答案要考虑两个方面:目的和方法。我们希望学生觉得数学很有趣,就要把数学中有趣的问题展示出来;我们希望学生可以自信地学习数学,就要让学生轻松地学到知识。在数学里,有趣的问题往往与生活联系紧密,也就是有应用价值;轻松的问题往往与学生的认知层面接近,也就是有直观性。所以,选择既有应用价值又相对直观的数学问题就可以很好地抓住学生的关注点。

三、问题策略

纵观数学课本,既有应用价值又相对直观的问题是很多的。如何筛选这些素材呢? 笔者在与学校老师进行充分的沟通后,把目光投向了《义务教育数学课程标准(2011 年版)》,在课程标准中有对数学学科素养的明确要求:在数学课程中,应注重发展学生的数感、符号意识、空间观念、几何直观、数据分析观念、运算能力、推理能力和模型思想。在核心素养的引导下,笔者认为可以选择培养对应能力的合适问题为素材,完成开学第一课。表 1 是学校老师们在设计这节课时用过的一些素材汇总。

表1 开学第一课素材汇总

核心素养	素材
数感	比较分数的大小
符号意识	捕猎问题、为什么用 x 等
几何直观	比较线段的长短、比较圆的大小等
数据分析观念	哪个月来青岛旅游最合适、明天你会带伞吗等
运算能力	淘宝上买东西用满减还是折扣更划算,如何拼单凑满减等
推理能力	苏格拉底经典三段论
模型思想	工程测距的原理

四、问题效果

对于开学第一课的设计仅有素材是不够的,还要善于将素材背后的教育价值用学生可以理解的方式告知,在笔者与数学组老师的切身实践中,笔者总结了几个可以推广的教育方向。

(一)体验"感受—验证—结论"的思考过程

刚刚进入初中的学生还没有形成严谨的思考习惯,在面对问题时经常会依赖自己的直观感受,上面的实例中很多是直观感受无法得到正确结论的,这就需要我们引导学生借助一定的标准来验证,只有这样才能得到正确的结论。从数学中抽象出数学问题,用数学方法予以解决,这本来就是数学课程标准中对应用能力含义的解读,在开学第一课让学生体验理性思考问题的重要性是很有价值的。

(二)了解初中数学的内容划分

初中数学主要由四部分内容构成:"数与代数""图形与几何""统计与概率"和"综合与实践"。上面这些例子也可以用这四部分内容进行分类,用这些实例让学生初步了解初中数学内容的组成,形成知识整体观也是一个不错的选择。

(三)体会数学"源于生活、服务生活"的实际意义

这些素材都是数学在生活中的应用,学生在自己的生活中也多有体会,

不过因为年龄尚小、知识储备不足，对背后的数学知识很难完全领会。在课堂上呈现这些素材的同时，可以引导学生思考身边遇到的类似问题，启发学生在平日生活中要善于用数学的方法来解决问题，让生活更加美好，调动学生的学习热情。

第三节　切实行动　你我共科研

运用智慧数学平台进行课内翻转课堂案例研究

青岛市崂山区实验初级中学　王永钢

一、问题的提出

近年来，随着翻转课堂和可汗学院在全球迅速走红，"微课"或者称"微课程"成为教育界关注的热点话题。人们发现，由于信息技术的普及，人人都有手机的时代到来了，BYOD(让每一个学生自带信息设备来上课)终将成为现实，传统的课堂的组成结构将会发生变化。那就是，学生可以随时随地使用自己的手机等移动终端设备，通过互联网来学习原来在课堂上由教师讲授传递的学习内容；教师也可以改变自己的教学方式，将上课讲授的关键内容(教材的重点、难点、易错点)制作成微视频让学生自主学习，课堂上则帮助学生解决不懂的问题，师生互动讨论或者给予学生个性化的辅导。这种近乎理想化的教学模式极大地激发了追求教育改革的人们的浓厚兴趣。从 2012 年下半年以来，这种录制教师上课的"微视频"和"学生课前自主预习、课中教师辅导疑难"的教学组织流程相结合的"微课程"开始在国内流行。2013 年，微课概念在得到教育界广大同行的高度认可的同时，教育部教育管理信息中心举办全国性的微课大赛。这是教学资源建设的一次变革。早在 2010 年，国内微课创始人胡铁生老师就已经在广东省佛山市成功举办了首届微课大赛。胡铁生老师界定的微课概念：微课，就是微型视频课程，是以短小的教学视频为主要载体，针对某个学科知识点(如重点、难点、疑点、考点等)或教学环节(如学习活动、主题、实验、任务等)而设计开发的一种情景化、支持多种学习方式的新型网络课程资源。

利用微课进行授课,学生的学习不受时间和空间限制。一方面因为学生个体的学习差异,学习接受能力各不相同,所以学生可以针对自己不懂的问题,独自学习,反复学习,课前学习,课后学习。将学习知识的主动权交给了学生,学生可以真正地做到有针对性的自主学习。另一方面,教师也从知识的传授者,转变为对学生学习方法的指导、对学生不懂的问题进行解惑的辅助者。

但是,利用微课进行课堂的学习还没有非常成熟的方案和成果。学生自主学习的学习习惯的养成是一个非常重要的过程。在利用微课上课的过程中,教师如何处理共性与个性,如何选择进行全班或者是同学的个别辅导,如何把握学生课堂学习的节奏是利用微课教学的一些主要问题。特别是对于初中数学教学,如何在学生的学习过程中,产生体现学生思维过程的互动生成;如何在微课的应用中让每个学生都有不同程度的进步,如何在微课的学习后能够对学生更有效的辅导,是数学教学中诚待解决的问题。

二、案例研究

下面以"几何体的截面"这节课为例,讲述笔者利用微课进行授课的研究过程。本节课的教学目标是:经历切截几何体的活动过程,体会几何体在切截过程中的变化,在面与体的转换中丰富几何直觉和数学活动经验,发展学生的空间观念,发展学生的空间想象能力和动手操作能力。通过截一个几何体的活动,认识圆柱、圆锥、正方体、长方体、棱柱等几何体截面的特性。学生要能够动手操作,切截出几何体的截面形状可以是三角形、四边形、五边形、六边形。其中,三角形可以切截出特殊的等边三角形和等腰三角形。四边形能切截出长方形、正方形。学生还要掌握圆锥、圆柱、球体等几何体的截面形状。

这节课我采用的就是翻转课堂的课内小翻转的教学模式。首先我在使用的智慧数学平台网站上,布置这节课的预习任务,首先学生应该在动手操作之前,先来想象,用一个平面去截正面体,它的截面是怎样的一个平面图形。再用实物来操作一下(让学生课下准备几个用萝卜刻成的正方体)印证能否截出想象中的截面。上课的时候,首先提出问题,用一个平面怎样去切截能得到不同的平面图形。这时学生拿出回家截出的正方体,可以看到学生能够截出很多不同的形状。但是,如果问学生是怎样截出来的,大都是一种感受——就是这样的切截,没有办法正确表述。这时,教师要用以下问题来引导学生:你是怎样切的? 你的切面与正方体是怎样相交的? 这个面与正方体的棱或者面之间有怎样的关系? 学生会带着问题进行思考,让学生将思考结果进行交流。很多学生会说,他们的截面平行于上下底面、平行于棱等。但是思考没有顺序、不够系统。这时让学生来看老师制作的微课,从体系上来让学生系统地学习。虽然这样的微课学习,学生可以系统地接受知识,但是难以产生知识自主生成的过程,学生的自主探究难以体现。这时老师出示提前制作的学件,用几何画板制作一个可以旋转的正方体,用一个平面去截这个几何体就会得到不同的形状。这个过程中,学生可以边听边思考,还可以具体动手操作,发现几何体截面的形状。然后让学生自己动手操作,去切截圆柱、圆锥、球等立体图形(几何画板),把得到的结论在小组内讨论、展示、交流。学生把学习过程中遇到的问题,通过智慧数学平台上传到讨论区,学生之间可以互相跟帖、互相解释。另一方面,教师可以在讨论区开设在线答疑的帖子,学生的问题会集中反映在帖子中。对于个别性问题,教师可以单独给学生指导,也可以在平台上留言,让更多的学生能理解老师的思考过程。对全班性反映出的问题就是课堂交流讨论的重点和难点所在。这时全班以小组沙龙的方式进行讨论,再来操作验证。解决完每一个这种集中性问题以后,我们的智慧数学平台上都跟有检测反馈的练习。练习采用选择题自动比对答案、填空和解答题给出标准答案、学生自主比对答案的办法。对每一道错误的题目,我们还相应地设置了矫正练习。对题目设置分为一到六级题目,一二级是基本题目,三四级是中等题目,五六级是中等以上难度题目,主要体现一些综合性或者变式性的练习。借助这个平台,我们可以看到每位学生的答案,可以帮助每位学生进行批改。另外,平台强大的统计功能也能统计出每道题的通过率,这样教师对学生掌握的情况就会一目了然,能够更有针对性地讲解和布置练习。对于学生出错的问题,系统可以建立网络上的错题本,有助于学生有针对性的学习。基础练习后的拓展与提高,可以让学生接触更前沿的数学知识,提高学生的学习兴趣。在新课的小结阶段,学生采用两种方式来总结自己的所学。一是使用思维导图,将每节课的知识不断扩充到初中数学学习的知识体系之中;二是学生把所学到的知识可以归纳到论坛中,便于学生之间的交流总结。在课后的论坛中,我又设置了作业贴、预习贴、课后练习拓展贴,可以全方位地利用网络资源充实学生的学科学习。学生由此对微课学习产生了浓厚的兴趣。这些是课堂和课后学生自主学习的一些过程。这种学习方式的转变对学生来说是巨大的、带有冲击性的。对于班级优秀的学生,无疑有着巨大的作用。但是,对于自控力比较弱的学生,网络游戏的诱惑就远比网络学习的诱惑大,这部分学生难以有实效性的学习。所以,对学生的学法指导就显得尤为重要。教师除了对每节课的学习任务、学习要求有明确地规定外,教师要随时了解学生的学习进度,监管学生的电脑上网的内容,监督学生自主完成练习的速度。对此,我用两种方法并行来调整学生的自主学习内容:①我们使用的智慧数学微课平台,设置的是一个金苹果,按照学生完成任务的比例、答题的正确率来确定苹果是完整的还是不完整的,是青苹果还是金苹果;②学生在论坛中发帖的数量、质量也可以有积分并以论坛元老等称号鼓励学生。这些都可以和小组评价相结合,提高学生学习的积极性。对于学生的学习效果除了平台上的检测外,笔者还进行卷面上的课堂检测,在网络输入的同时,抓住学生卷面的书写。

三、教学过程

课题	§1.3 几何体的截面	课型	新授课	章节/单元	第一章 丰富的图形世界
教学目标			重点难点与策略		
知识技能:通过截一个几何体的活动,认识圆柱、圆锥、正方体、长方体、棱柱等几何体截面的特性。 数学思考:经历切截几何体的活动过程,体会几何体在切截过程中的变化,在面与体的转换中丰富几何直觉和数学活动经验,发展学生的空间观念。			重点: 引导学生经历用一个平面去截一个正方体的切截活动过程,体会截面和几何体的关系,充分让学生动手操作、自主探索、合作交流。 难点: 1.从切截活动中发现规律,并能用自		

(续表)

情感态度:让学生充分经历实践、探索、交流,获得成功的体验,培养其科学探索精神。	己的语言合理清晰地来表达出自己的思维过程。 2. 能应用规律来解决问题,从理论上理解截出五边形、六边形的可能性,以及七边形的不可能性。 策略: 翻转课堂,互动、生成、内在建构。

教学过程

环节及目标	教学内容	师生活动	教师自备
课前积累 第一环节 问题提出 自主学习	1. 请同学们登录智慧数学平台网站,在1.3课时的论坛交流中,老师设置了对这节课的学习要求,请大家提前观看,在学习的过程中如果有疑问,大家可以于在线讨论中留言,老师会来解答大家的问题。 2. 请大家拿出自己制作的小正方体,小组内展示用一个平面去截正方体,它的截面是什么形状? 然后小组内交流。 教师引导语:你是怎样切的? 你的切面与正方体是怎样相交的? 这个面与正方体的棱或者面之间有怎样的关系? 3. 请大家观看1.3节微课,自主学习 (1)请同学们把存在的疑问发帖到在线讨论区,老师可以给大家解答。遇到没看懂的方法大家可以重复看,老师还为大家准备了几何画板学件,大家可以自己操作,观察总结截面形状。	教师课前设计学习要求帖、课堂在线讨论帖,用于与学生的交流 小组内合作交流展示几何体,并考虑还有哪几种 预设资源: (1)用平行于某一面的平面去截正方体; (2)用平行于一条棱的平面去截; (3)用垂直于对角线的平面去截	布置本节课的任务,让学生尽快进入自主学习的状态 教师指导学生明确这个截面与正方体的位置关系,并引导学生有序思考

（续表）

第二环节 问题交流 在线答疑 总结展示	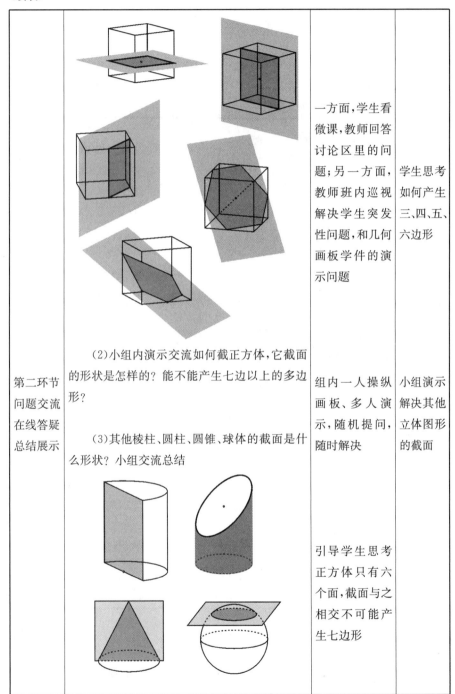 　　（2）小组内演示交流如何截正方体，它截面的形状是怎样的？能不能产生七边以上的多边形？ 　　（3）其他棱柱、圆柱、圆锥、球体的截面是什么形状？小组交流总结	一方面，学生看微课，教师回答讨论区里的问题；另一方面，教师班内巡视解决学生突发性问题，和几何画板学件的演示问题 组内一人操纵画板、多人演示，随机提问，随时解决 引导学生思考正方体只有六个面，截面与之相交不可能产生七边形	学生思考如何产生三、四、五、六边形 小组演示解决其他立体图形的截面

（续表）

第三环节 当堂检测 拓展提高	4.请同学们自己将收获制成本节课的思维导图 （1）学生完成练习一、练习二的题目 （2）请大家欣赏智慧故事,学习拓展内容 	帮助学生建立知识框架 在后台统计学生做错的习题,课堂讲解 学生自学,利用课后学习	提升学生学习的兴趣
	课堂检测		反馈效果
	1.在几何中,我们有时需要研究几何体的截面。用一个_____去截一个几何体,截出的面叫作截面。 　　2.用平面去截圆柱,截面的形状可能是_____ 　　3.正方体的截面形状可能是什么？怎样截出来的？		卷面统计
作业布置	必做题:1.完成练习一、二的矫正练习 　　　　2.制作本节课思维导图 　　　　3.完成下节课的预习任务 　　　　4.完成课本 1.3 课时 选做题:配套练习册 1.3		

四、效果评估

微课教学的优点很多,我们突出的感受是:学生自学的速度是有差别的,部分学习速度快的学生可以自学下一课程,而有问题的学生可以利用系统,不断的比对和矫正答案或是思路点拨或是重新学一遍,这种学习照顾了学生差异化的学习。根据学生的能力,自己来安排学习的内容和深度,是彻底的自主学习,不同地区的学生都能同时享受优质的教育资源,都能按自己的愿望来进行学习,这是未来学习的趋势,课堂的学习是一种沙龙的形式,总结、补充,是对自学能力的指导。微课教学方式非常得新颖,学生十分感兴趣,参与度也很高。并且节约了学生大量整理材料的时间。学件的应用也能弥补学生学习微课中探究过程的不足。学生非常喜爱这种上课的方式。

五、案例总结

本节课,学生能够借助计算机技术很好地完成学习任务,但是,另一方面,学生对实物的切截还没有实现每一种都操作到。计算机容易解决的问题,在学生的具体操作中也许并不好操作,如六边形的截取等。但是,有了计算机的模拟,学生可以依法来做。利用微课上课,学生学习习惯的培养是非常重要的,如何在单位时间内提高学生学习的实效性是后面研究的重要内容。我们要更加注重对学生的学习兴趣、学习能力、学习方法的培养以及学习制度的建立。另外,对于数学学科、平台的数学符号、图形等录入速度还受限制,手写版的训练也需要一个较长的过程。对答案比对功能,对于数学解答题还存在难题。利用微课平台学习要关注学生内心世界,不能用机器取代人与人之间的沟通,我们应做好学生的心理辅导。

随着网络的发展和全球化的资源共享,自主学习、终身学习的观念深入人心,借助网络学习的微课教学应该成为未来的发展趋势,并且一定可以取代传统的教学。现阶段的实验中,即使遇到很多困难,我们也坚信一定能够成功。我们愿意做改革的实验者,愿意为全球化的教学改革付出我们的智慧和努力。

让错题本成为提高学生成绩的利器

平度市同和街道办事处朝阳中学　赵丛丛

在初中数学教学中,经常见到学生会出现这样或那样的错误。不少教师把错误的原因简单地归咎于学生的粗心、马虎,并且试图通过机械重复、

"题海战"的训练来提高学生的数学解题能力和思维能力,但往往是事倍功半。新课标中既重视对数学知识结构的掌握,更关注学生对数学学习过程的经历与体验,注重数学思维的培养。学生学习是一个主动构建的过程,纠错应成为教师指导学生学习的一个良好契机,错题本的巧妙使用可以起到事半功倍的效果。本文从错题本建立与应用的提出背景、核心概念及理论依据进行阐述,并结合教学实践对错题本的建立、使用和实效提出建议。

一、概述

(一)提出背景

学生在学习过程中,对于作业、习题、试卷中的错题,我们一再要求学生改正,但往往学生只是订正了事,然后放到一边再也不管不问,时间长了就忘了,甚至找都找不到,没有实效。归根到底,有以下原因。

1. 作业修改不认真

作业中的错题,我们一般都是在做错的题上打上红红的叉,一般不会注明错误原因,后果是学生不知错在何处、如何改,慑于老师的权威不敢问。部分同学只好偷偷借来别的同学的作业抄袭,应付了事。作业为什么错、怎么改这个问题始终没能解决。有的孩子甚至完全应付,认为这是在给老师订正。更有甚者,改都不改。

2. 未明白错误的根本原因

学生对在学习过程中出现的错误,总是习惯性地归结于"粗心",却不知是什么原因导致这样的"粗心",这个"粗心"能否避免,不能领悟"粗心"背后真正的原因。可能是相应的知识点没记住或者不理解,所以,导致对于同类型的题目,教师以只改变某些数字的题目再次出现时,学生还是错态百出。

(二)课题的核心概念

1. 核心概念

错题本就是指学生在学习过程中,把自己做过的作业、习题、试卷中的错题、易错题、难点题、典型题等整理成册,以便找出学习中的薄弱环节,使得学习重点突出、更加有针对性,进而提高学习效率、提高学习成绩。错题本应该是对知识的梳理,是重点尤其是难点、精点的集合,是系统学习基础上的重点解析。

2. 建立与应用

(1)建立错题本就是把平时练习或模拟考试中做错的题进行整理、分析、归类。当然,错题本上也可以记载一些考查知识全面、解法灵活多样的典型习题及值得记录的题。建立错题本的过程就是有针对性查缺补漏的过程,也是将解题思路类型化的过程,是升华知识的过程。

(2)错题本的应用是要求学生经常在空闲时间或准备下一次考试时,拿出错题本,浏览一下,对错题不妨再做一遍。这样持之以恒,可以更准确地把握薄弱环节、易错点、知识点及概念点,可以极大地改善粗心的现象,从而迅速地提高学习成绩。

(三)国内外研究现状

随着新课程新理念在教育领域中的全面推广,对于如何做到最大限度地减轻学生学习负担,同时提高教学质量,成为教师共同关注的焦点。纵观我们的数学教学,不少教师都有这样的烦恼:反复练习、反复讲的习题,学生仍会犯错,而且栽倒在同一个错误上。不少学生都有这样的怨言:数学题目怎么这么多、这么难,我做来做去还是不会做。因此,建立一个符合学生学习能力的、系统的、可操作的“错题本”已成为广大教师和学生的共同需求。

北京天利考试信息网联合全国学习科学研究会考试研究中心根据学科特点,按照学科要求划分专题,对专题内典型、易错的试题进行归类、剖析,编写了“点击典型、易错试题”,其中的“易错警示”部分从反映学科漏洞、考试技巧、学习习惯、学习方法、学习心态等方面剖析,以期考生能够从“他山之石”中获得“宝玉”。各地有很多考生,借助“错题本”的功能,获得了许多不同程度的进步。从以上实例可以看出,这个课题很有实效性,本课题旨在通过再次充分地挖掘“错题本”的功能,探究有实效性的方案,让每个学生都有一本适合自己的、有特色的“错题本”。

希望通过“错题本”的建立,提高学生的数学成绩,使学生对数学感兴趣,在不知不觉中提升学习的能力。建立“错题本”对促进数学教学有着重要的现实意义,并且具有一定的推广价值。

二、理论基础

(1)学习应该是学习者积极主动地建构知识的过程。数学学习是学生通过独立思考、主动构建数学认知结构的过程;数学的自我纠错过程就是以学生的自主学习活动为基础的。

（2）英国心理学家贝恩布里曾经说过："差错人皆有之，而作为教师，对于学生的错误不加以利用是不可原谅的。"学生在学习数学的过程中出现错误是在所难免的。故在学生易出错之处，让学生去尝试、去"碰壁"和"跌跤"，让学生充分暴露问题，然后顺其错误认真剖析，不断引导，使学生恍然大悟，留下深刻印象。

（3）数学建构主义对数学教学的启示：一、要把数学教学理解为数学思维活动的教学；二、数学教学是数学学习者主动构建知识的过程。教师的主要作用是设计有利于学生主动构建的环节。

三、课题研究过程

（一）建立错题本

1. 怎样记录

要求学生每天记录在数学学习方面的错题、典型题，每错必写，并找到错误的原因，记录下完整的解题思路及答案。为了省时间，可以将试卷上的题目直接剪下来粘到错题本上。

2. 分析错题

（1）错在哪里：在出错的地方用红笔标记，以提示或警示。

（2）分析错因：从根本上解决问题，避免此类现象再发生。

（3）记下正确答案：不仅是正确的答案，更应包括老师讲解该题时的思路突破方法、解题技巧、规范步骤及小结等项。

（4）错题改编：举一反三。

3. 错题整理

为了让"错误"变得更加清晰，要求学生将错题分类整理。分类的优点在于既能按错因查找，又能按各章节易错知识点查找，方便今后复习。例如，标出"概念错误""审题错误""思路错误""理解错误""无为之错"五个板块，对于每一板块出现的错误都要有针对性地分析与反思，这是对于前面四种错误的要求，而对于"无为之错"除了要求完成上面的两点外还要侧重分析解题技巧、方法和思维。

要求学生在第二次做错的题目之后写上几句"警示"语，可以是：要注意什么；解决这道题的关键是什么；或者是前车之鉴，以后不要再犯；还可以改变题目的条件,把已知条件变为未知条件;等等。看似是在给别人提建议,实则是在给自己理清解题的思路,还能在头脑中形成一种以不变应万变的解题能力。

允许他们在错题本空着的地方设计一下图案,来装点错题本,从而提高自己的编排能力和审美能力。阅读时也赏心悦目,提高阅读兴趣。

(二)数学错题本的利用

1. 经常阅读,避免再错

一本好的错题本就是最珍贵的复习资料。刚记录的错题,要求学生在几天之后把这些错误的题目再重新做一遍,这样既可以防止短时间记忆,也可以看看孩子们对于之前老师的讲解是否真正理解了。另外,同学们要经常在空闲时间或准备下一次考试时拿出错题本进行复习,从而避免再犯。

2. 交换阅读

每个月都组织一次"交换阅读"活动。同学之间、同年级之间可以相互借看,相互学习,相互交流,取长补短,在别人的"错题"中淘到了"宝",就不会再出现"1+1"还不知道等于几的低级错误了,而且可以减少自己同样错的机会。

3. 错题分级,逐个"消灭"

教师可以针对全班错误率较高的题目整理成一张数学练习试卷,让学生再次巩固练习、订正。学期结束时,再进行期末系统地、有针对性地复习,查漏补缺。

四、研究成果

(1)加强对学生的挫折教育。错题本的使用,可以改变学生对待错误的态度。做错、考差,对学生来说就是一种挫折。面对挫折应该怎样? 不要看到错误就胆怯,而是要勇于去面对,弄清楚对待错题的态度是减少错题的关键。我们对待错误一定要"善待""严逮"。

(2)养成良好的学习习惯。错题本的使用,可以改变学生马马虎虎的不良学习习惯。因为绝大多数的学生为了能少抄一些题目,甚至不用抄错题,从而会在做题时仔细、仔细、再仔细,只要一有多余的时间就会想着去检查,以此来避免错误的发生。

(3)提高学生的听课、做题效率。为了避免自己要抄过多的错题,学生就会抓住每分每秒,上课更会加倍认真地听讲,不懂就问,不留疑点,争取不出现或少出现错误。在做题时,他们会认真审题,对于题目中的关键词或关键字都会留心,孩子们的审题能力与技巧因此也有了很大的进步。

(4)加强学生的逻辑思维能力。因为对于每一道错题,学生都要分析错因,在自己的错题本上写上解题思路和方法,把结论的得出缘由又重新理了一遍,自然对解决事物的逻辑推理能力也有所提高。学生能够利用错题集归类、简化、举一反三。

(5)把作业的主动权还给了孩子。错题少也就意味着抄得少、做得少,不错也就等于没有作业了。正因为有这层关系,孩子们在做任何作业都会一看二做三回头,因为他们知道作业的多少,取决于他们的认真程度,错题多的学生无疑会增加作业负担,尤其是学习习惯差、成绩差的学生,困难本来就多,怕做作业,偏偏错题多,对他们来说思想上有抵触情绪,时间上难以安排。虽然执行起来有一定的困难,但要把它看成是端正学生学习态度、培养好习惯的好时机。

经过一段时间的实践,错题本的使用效果是很明显的。实验班每次测试的成绩都高于同年级的平均水平,而且一些基础题型和计算题的得分率甚至高达90%。

就教师本身而言,时间长了还可以分析出不同学生和整体教学存在问题的倾向性,便于抓住重点,发现规律,从而克服过去复习时盲目乱抓的现象,提高了复习补救的针对性,学生学习的积极性大大提高。学生的错题,就是学生学习的难点所在。教师不仅据此设计复习题,舍弃题海战术,减轻学生负担,教学思路还因此更明确,教改的步伐更坚实,学生自己也懂得了如何依据错题,重点攻关、补救、反思、进取、创新,各方面相得益彰。

初中数学微项目教学课堂实践研究

青岛第三十九中学　荣秀梅

一、选题的目的及意义

(一)选题的目的

2021年3月15日,山东省教育厅颁布的《山东省普通中小学办学基本规范》，在第八条"优化教学方式"中指出："注重启发式、互动式、探究式教学，组织研究型、项目化、合作式学习。"该《规范》是我省中小学校办学标准化体系之重要构成部分，为基础教育高质量发展提供了制度保障。《义务教育数学课程标准》（2011 版）在课程基本理念第三部分指出：教师教学应该以学生的认知发展水平和已有的经验为基础，面向全体学生，注重启发式和因材施教。教师要发挥主导作用，处理好讲授与学生自主学习的关系，引导学生独立思考、主动探索、合作交流，使学生理解和掌握基本的数学知识与技能，体会和运用数学思想与方法，获得基本的数学活动经验。

目前，由于国家对课程改革教育理念的重视程度不断提升，导致我国的教育课程不断改革，各种全新的教学理念与模式也得到了广泛的运用。其中，采取项目学习的方式就是将学习者作为主体的教学方式，不断培养学生良好的学习习惯，激发其对数学的兴趣。在此基础上，使学生能够掌握初中数学课堂中的重、难点问题，进而培养学生良好的思维能力，促进学生的数学水平不断提升。

首先，项目式学习能够满足学生的个性化发展，采取不同的学习方式，创设良好的发展空间，使用各种各样的技能来解决问题。其次，培养学生的自主学习能力，根据学生的学习水平与兴趣决定学习内容，制定明确的学习计划，使学生的自主管理能力得到锻炼。最后，项目式学习模式能够使学生对知识进行活学活用，还能够更加注重知识的体验与应用，确定存在的问题，并将信息进行整合，提高其解决问题的实际能力。

总而言之，在开展初中数学教学的过程中，项目式学习模式具有一定的推广价值。它不仅能够提高学生的综合学习能力，还能够使老师更加深入地了解项目式学习基本特点，注重将理论与实践相结合，进而不断创新教学体制。

（二）实践意义

项目式教学将教学内容与生活经验有效整合，注重学科融合，能有效提高学生实际思考和解决问题的能力。项目式教学主题涉及生产生活的方方面面，在此过程中对学生各方面能力的提升有很大促进。微项目教学是基于真实的问题情境，引导学生将所学内容和现实生活经验相结合的问题解决模式。因此，微项目教学有着重大的实践意义。

1. 微项目教学帮助学生寻找终身发展方向。基于现实情境的微项目教学，学生对于问题的提出和探究过程，需要经历不同角色的模拟，从不同的角度体验问题的生成、体会项目研究的必要性。在这个过程中,学生需要互相之间交流沟通,并且有条理地展示,表达自己的观点和结论,学会人际交往和团队协作的能力,培养工作的责任心和计划性。这一过程中,学生的兴趣点和个性发展优势得以充分体现。学生为了满足自身成就感和实现自我价值,自然而然地在整个过程中会寻找和强化自身的优势,从而逐步发现和明确自己终身发展的目标。

2. 微项目教学培养学生数学核心素养。探究活动是发展数学核心素养的主要途径,而微项目式教学正是基于课程标准,以真实情景为载体的探究式学习。学生于现实情境中抽象出数学问题,并且在探究过程中逐步发现、归纳出这一数学问题的解决方法。学生抽象能力、归纳总结能力、数据分析能力、运算能力、逻辑推理能力、数学建模能力都在这一过程中非常自然而又行之有效地得以提升。微项目教学利于学生学习方式的改变,微项目教学是学生积极主动地获取知识、认识和解决问题的实践活动过程。在这个过程中,学生围绕着真实的现象、现实中的情境,由学生提出相关项目来进行研究。微项目教学是基于问题的未知性与发现性,探究过程的开放性与主动性进行的学生自主学习,这样的学习过程最核心的内容是发现问题和解决问题,在探究过程中更易于触及学生的思维及能力发展,需要学生在问题解决的过程中更加主动获取相关知识,从而在根本上触发学生学习方式的改变。使学生从模仿迈向创造、从被动接受转为自主探索,培养学生独立学习能力和终身学习能力。

3. 微项目教学有助于优化课堂教学效果。在微项目教学过程中,通过合适的项目教学步骤,打破原本传统的授课方式,将问题导向前置,充分激发学生的学习兴趣。而且通过问题导向前置,使得教师在课前有效地了解到学生学习过程中的障碍和知识漏洞,有助于教师及时调整课堂教学侧重点,提升课堂教学针对性。在项目研究过程中,学生需要先经历独立的分析、归纳、思考,再到小组合作、讨论、展示的过程。这一过程中学生的学习障碍得到初步解决,有效地提升课堂效果。

二、与本课题相关的国内外研究现状概述

(一)国外研究现状

项目教学法是一种以学生为本的教学方法,它萌芽于欧洲的劳动教育

思想,最早的雏形是 18 世纪欧洲的工读教育和 19 世纪美国的合作教育,经过发展到 20 世纪中后期逐渐趋于完善,并成为一种重要的理论思潮。它以促进整体教学和素质教育为目的,不仅可以开发学生的智力,还能培养学生的动手能力、学习能力、创新能力。

项目学习的思想起源于欧美的劳动教育。美国维拉德·尼尔森·克卢特(Willard Nelson Clute)在 1918 年 3 月发表《对项目教学的几点异议》(*Some Objections to Project Teaching*)一文中,最早提及项目教学的概念。同年 9 月,美国著名教育家杜威在哥伦比亚大学的《师范学院学报》第 19 期上发表《设计教学法:在教育过程中有目的的活动的应用》一文中,明确了项目学习的思想,并提出知识只有通过行动才能获得。

20 世纪 90 年代以来,世界各国的课程改革都把学习方式的转变视为重要内容。欧美诸国纷纷倡导"主题探究"与"设计学习"活动。例如,2003 年 7 月,德国联邦职教所制定以行动为导向的项目教学法。

目前,国外关于项目教学法的研究成果丰富,理论基本成熟,实践的例子也很多,从其研究发展看,最初关注的是基于项目教学法本身及其应用,随后才关注基于项目教学法的应用。

(二)国内研究现状

项目教学法于 20 世纪 90 年代被引入我国。1998 年,洪长礼在其论文《项目教学法的培训效果初探》中初次谈到项目教学法。此时,国内关于项目教学法的原创文献并不多,大多数都是对项目教学法的介绍。例如,1999 年,经贸委培训司在《"项目教学法"——一种有益的尝试》一文中介绍了发达国家实施项目教学法的步骤;2002 年,朱丽梅的《项目教学活动及其运用项目教学活动概述》,从项目教学活动的概念、理论基础、基本特征、实践模式、组织指导方法及教师专业发展等方面入手,对项目教学活动进行较为系统的介绍分析;2002 年,沈幼其的《实施项目教学 深化教学改革》,针对什么是"项目教学",实施"项目教学"应遵循的原则,"项目教学"目标定位及"项目教学"在教学中所起的重要作用,作了粗浅分析。

之后,项目教学法在中国才得以慢慢推广和应用,广大教职工也开始对项目教学法进行尝试,但多数应用于高中和职业学校的计算机领域。例如:2005 年,李红的《在中等职业学校的计算机课程上推行项目教学方法的实践与研究》中,对在中职计算机课堂教学中应用项目教学法的切入点、原则及时机进行了研究,并得到很好的效果;2007 年,高晓、卓琳的《项目教学法在计算机教学中的应用》,着重探讨项目教学法如何应用于计算机教学,以及所遵循的原则和应注意的问题;2009 年,钟丽云的《项目教学法在网页制作课程中的应用》,阐述了在高职网页制作课程中实施项目教学法的途径。

2010 年,对项目教学法的研究开始蓬勃发展起来。据知网记载,每年关于项目教学法的文献都多达数百篇,某些年份甚至达上千篇,其应用也涉及各个领域,且多数集中于高中和职业学校,很少应用到初中。例如:2010 年,曾玉章、唐高华的《职业教育项目教学的理论依据与实践价值》阐述了职业教育项目教学的理论依据,并从推动职业教育教学改革发展和人才培养两方面,论述了项目教学的实践价值;2011 年,李宁的《项目教学法在课程教学中的实效性探索》通过对项目教学法在课程教学应用中的探索与研究,指出项目教学法应用于课程教学时存在的若干问题,阐明了确保项目教学法在课程教学过程中行之有效的关键所在;2012 年,程凌燕的《项目教学法在高校实践教学中的应用探索——以经济管理类专业为例》通过对项目教学法与传统教学法进行比较,探讨了开展项目教学法的条件及实施步骤,进而对项目教学法在高校经济管理类专业实践教学中的应用提出建议。

2018 年以后,初中阶段的项目教学法开始崭露头角,但多数文献集中在计算机领域。据知网记载,初中数学的相关文献只有寥寥数篇。例如:2018 年,宋文静的《项目教学法在初中英语阅读教学中的应用研究》尝试将项目教学法运用到初中英语阅读教学中,提高学生阅读能力和阅读策略的运用;2019 年,江继娟的《项目教学 让学生成为主宰课堂的主人——谈项目教学法在初中数学教学上的尝试》将课堂教学精准定位成一个"项目",让学生经历整个项目的研发,促进学生数学素养的全面提升;2020 年,马晓芸的《项目教学法在初中数学教学中的应用研究》分析了项目教学法应用的价值,提出了项目教学法在初中数学教学中的应用策略以及实施过程中需要注意的几个问题。

因此,项目教学法是一种非常值得推广的、能促进学生进行有效学习的新型学习方式。在国外,项目教学已经被广泛应用并已形成了完备的理论体系;在国内,项目教学还是一种新鲜事物,被引进才将近 20 余年,且多数应用于大学、高中和职业学校,很少应用到初中数学。为此,应继续加强初中数学阶段的项目教学的课堂实践研究。

三、本课题研究的主要内容及研究方法上的特色

(一)研究的主要内容

本次研究,主要是在前人已经研究的基础上进行的实践研究。因此,课题组成员将在自己的日常教学中选择一个相对独立的项目,交由学生自己处理。从信息的收集、方案的设计、项目的实施及最终的评价,都由学生自己负责。学生通过该项目的进行,了解并把握整个过程及每一环节中的基本要求,从而提高自己分析问题、解决问题的能力。当然在实施项目的过程中,也缺少不了理论知识的传授。这和数学课标的要求:数学要源于生活、服务生活以及要让人人学习"有价值的数学"恰好是一致的。在本次研究中,我们重点研究如何捕捉、分析项目中的关键信息,从而对项目进行分步并寻找合适的关联知识解决问题。真正做到在做中学、用中悟。

为了更好地在微项目教学实践过程中落实能力发展点、体现学科特点,对微项目教学的实施过程进行有效诊断和措施应对,在前期的项目式教学实践基础上,为进一步明确"初中数学基于微项目教学的课堂实践研究",确立了以下研究问题:

1. 当前在初中数学学科开展微项目学习存在哪些问题?如何克服?如何实现初中数学学科微项目教学中横向和纵向的知识一体化?

2. 基于微项目教学案例分析:微项目教学在教学中可以起到怎样的作用?

3. 对数学学科微项目教学的优势:提出教学实施建议并实施。

4. 在进行微项目学习的过程中,信息技术可以在哪些方面发挥作用?

5. 实施微项目学习实践效果如何?评判标准有哪些?

6. 初中数学基于微项目教学的实践研究过程中有哪些关键性的实施策略?

针对以上几个研究问题,结合微项目教学的特点,准备从以下几个方面来开展研究。

(1)对于当前初中数学学科微项目教学存在的问题,设计调查问卷,进行初中数学学科微项目教学情况调查,分析调查结果,形成调查总结。

(2)学习微项目教学已有教学成果,整理已有完整教学案例,团队进行分工合作,通过分析教学案例,总结微项目教学在落实数学学科知识、能力

点的教学方法和策略,进行交流总结,整理成册。

(3)对前两项工作进行研究反思,在发现问题的基础上,查阅文献,进行基于微项目教学的实践策略研究。

(4)对工作室成员进行分组,每小组选择合适的教学内容,进行微项目教学实践,在实践过程中探索落实微项目教学的关键策略,基于微项目教学模式的特点,探索在微项目教学开展的各个环节如何有效实施课堂教学。

(5)各小组内要经常进行讨论,共同完成教学设计和实施,并形成文本性资料和典型课例;各小组间要定期组织交流,对教学设计、教学实施、教学评价等环节进行小组间和小组内互评,分享实践经验,并形成文本性资料。

(6)针对各小组的实践成果,进行专题会议交流,进一步总结凝练出初中数学中基于微项目教学的教学实施策略。

(7)对于形成的研究成果以课例、论文等形式或者通过开放课堂、公益课堂等形式进行推广传播。

本课题的项目探究意图将北师大初中数学教材进行横向、纵向的梳理。分成数与代数、空间图形与几何、统计与概率、综合与实践四大项目。进行项目的综合式管理,做到整体与部分相呼应。选取有一定价值的课题设计为项目式学习,每节课又设置成一个个恰当的微项目,让学生既能看到整体,也能掌握部分。并且在每节课的具体项目学习中,既掌握数学知识技能,领会数学思想,又能体验到数学学习过程中的乐趣,感受到数学在实际应用中的作用。提升学生多学科的融合发展思维能力、创新能力和问题解决的能力。

(二)研究方法上的特色

1. 以小组学习为载体,以对学生进行综合性评价为内容,开展课堂微项目学习的研究。

在数学微项目学习中,学生作为主体,其中包含了学生能力提升与获取知识的过程。因此,在数学微项目活动开展的过程中,主要从以下几个方面入手。①各个合作小组先对项目活动任务进行分解,然后在项目计划的基础上,制定探究目标,将不同的学习任务划分给学生。②各个小组的学生在得到任务之后,要凭借自己的努力收集资料,解决关键点,并提出有效的解决措施,将不懂的知识点记录下来。③各个合作小组进行沟通与交流,打造多样化的合作交流方式,创设公平的竞争学习环境。④对于实践性较强的项目活动来说,学生可能需要凭借自己的努力完成作品,可以利用信息化技术、网络与教师等渠道获取到重要的资源,促进小组成员的合作,开展资源整理工作。⑤在项目式学习完成之后,学生还需要完成一个能够使用到现实生活中的作品才表示整个学习过程的完结。其中,不仅蕴含了学生的学习兴趣,还要为学生提供展现自我的平台。各个小组可以根据项目作品情况,设计出符合自身的汇报形式。小组的汇报形式可以采取板书式或者多媒体技术进行展示,还可以利用小组表演的形式完成项目学习汇报,进而提升学生的综合实力。⑥教师要给出明确的建议,还要给予综合能力较差的小组更多的帮助,为其搭建完善的资源平台。结合各个小组的项目完成情况,给予综合性评价。

2. 融合多媒体教学和翻转课堂学习等辅助手段,对学生课后项目式学习进行研究。

3. 以课标为基础,以教材为蓝本,对教学内容进行项目化的分析。

4. 以教师为主体,以教研为手段,以微项目为内容,聚焦教师的课堂教学和教学效果评价。

5. 以效果提升为目标,以同课异构为比较方式,量化项目式学习的知识能力增长提升度。

四、本课题研究的可行性分析

(一)有利条件

1. 组织健全。工作室建立课题研究协调机制,明确任务分工,明确责任主体,制定工作进度,切实把各项任务落到实处。成立了课题研究小组、领导小组,经常针对课题开设情况研究会议,及时反馈过程中出现的问题,并解决相应的困难,确保课题实施效果。

2. 经费保障。教育局为本项研究从政策、制度方面给予全力支持和帮助,并提供足额活动经费、设备和科研人员,保障外出学习培训、购置图书资料和所有科研经费。

3. 理论支持。拟聘请专家:刘永洁老师、孙泓老师、安志军老师对课题研究进行学术理论指导。

4. 研究能力保障。

(1)青岛第 39 中学已经实行项目教学 5 年了,在一线的实践教学中,已经有一定的成熟经验。在接下来的研究实践中可以顺利往前推进。

（2）课题主持人研究能力强，分别参加了山东省课题"数学学科教学中进行德育渗透的途径与方法研究""信息技术与数学教学深度融合的实践研究""数学建模思想的体系化教学实践研究"及十二五省级重点课题"'自主、导学、合作、生成'数学学科个性化教学模式研究"等课题的研究。发表论文：《应用网络学习空间　创建个性化学习环境》《激活系统源头　营造生态课堂》《曲径通幽巧达意》《数学需要"动手做"》等。

（3）课题组成员以中青年骨干教师为主，科研力量强。成员中已有教师成功立项课题或参与省级课题，并且所有课题组成员重视教育教学理论的研究，经验丰富，活力充沛，有时间、有能力保证课题研究的深入开展并取得较好的成效。课题组成员都是从事数学学科教育的一线教师，有着丰富的教学经验，且有成员获得省级、市级优质课，公开课等奖项，能在教学过程中掌握第一手新问题、新现象、新资料，从而为该课题的研究奠定坚实的基础。课题组成员都有志于将项目教学应用于教学，对增强学生关键能力的培养进行研究。因此，本课题组有信心在预期时间内完成课题研究。

（二）难点及对策

课题研究的难点之一：由于课题组的成员在青岛不同地区的学校任教，听课交流起来不是特别方便；难点之二：课题组中有几位老师所在学校之前没有开展项目教学；难点之三：初中阶段研究项目教学的例子很少，可借鉴的也非常少，作为第一个吃螃蟹的课题组，要在项目教学上有所创新是有一些困难的。

对策之一：采取对课堂进行录播，组织成员定期学习观看，然后进行交流评价；对策之二：采取送课及讲座的方式对刚接触项目教学的学校进行点对点、手把手地培训指导；对策之三：多搜集资料交流学习，通过实践总结经验，请专家指导，课题组齐心协力反思调整，力求获得最佳方案。

五、本课题研究的方法和步骤

（一）研究方法

本课题研究主要采用行动研究法，在研究过程中步步落实。根据实际情况进行相应调整、修改及补充，以求研究的实效性。

1. 文献研究法：学习教育教学理论，指导实际教学工作。

2. 调查研究法：结合具体研究问题，向学生展开问卷调查，以搜集资料，深入研究。

3. 行动研究法：定期开展课堂教学研讨活动，整理课堂实录，并建立有典型意义的个案。

4. 比较研究法：开展同课异构、一题多议的活动，在比较中积累有价值的经验。

5. 经验总结法：总结各阶段研究经验，组织撰写教育案例或者教育论文。

(二)研究步骤

本课题属于应用研究，以教育理论为指导，理论与实践相结合。在进行充分的调研、教学内容和方法研究、课堂应用、理论和方法总结之后，进行归纳提炼，形成系统性的、可以指导后续教育教学的理论性材料。理论研究既注重分析前人已有的研究成果，又结合学生的学情，采取边实验、边总结的教育研究方法，逐步形成一套适合初中数学的课堂实践研究。

第一阶段：准备阶段(2021年4月至2021年9月)

筹建课题组，召开课题组成员会议，制定课题研究方案。

落实人员分工，进行理论资料的准备，调查分析、收集资料，撰写开题报告。培训课题组成员，掌握项目式教学的一般步骤和方法，理解和传统教学的区别。

第二阶段：实施和完善阶段(2021年10月至2022年6月)

召集课题组成员分析教材，确定初中各年级可开展的微项目教学内容，完成教学内容的优化研究。

组员老师根据自身各方面情况选择一到多个微项目，进行初步研究，做好模拟上课的准备工作。

通过组织问卷调查，召开教师和学生的座谈会等形式，征求微项目教学实施过程中的意见、建议，收集第一手资料，反思、调整研究计划。

根据调研的汇总反馈，组员老师对自身选择的微项目进行设计调整，争取更符合学生知识的"最近发展区"和课堂教学内容的落实，争取更有利于项目式教学的开展和发展学生的学习研究能力。

在组员老师进行模拟上课、充分预演课堂展开过程的前提下，做好充分研讨、调整后，举办本项目课题阶段性教学观摩课，各组员老师通过现场听课或观摩录像课等形式,互相学习,总结项目式教学的具体方法和模式。

结合理论学习、结合自身项目教学展示课反思、结合现场听其他组员老师课或录像课,分析、总结并整理材料,撰写论文。进行定期评估,检查、督促课题实施情况。

第三阶段:全面总结阶段(2022 年 7 月至 2022 年 9 月)

举办项目教学交流会,总结经验,形成成果集。

撰写工作报告、研究报告,做好结题相关工作。

六、本课题预期成果形式描述

序号	预期完成时间	成果名称	成果形式	责任人
1	2022 年 7 月前	教师课例集	书籍出版	赵丛丛 段琴琴
2	2022 年 9 月前	教师围绕课题撰写的各类论文	论文集、论文发表	袁翠洁
3	2022 年 9 月前	《初中数学基于微项目教学的课堂实践研究》	论文集、论文发表	舒畅 曹晓冬
4	2022 年 9 月前	基于微项目教学的示范课和课堂教学实录	音像制品	任燕 綦家武
5	2022 年 11 月前	收集研讨会资料、专题学习资料、编写校本培训教材	书籍出版	王永钢 姜旗旗

七、本课题组成员分工

荣秀梅:主要负责课题的总体设计、课题组的筹划,把握课题组的总体工作,撰写研究报告,参与项目教学的全程研究。

曹晓冬、舒畅:负责课题研究的具体实施,参与项目教学的研究。

袁翠洁、任燕:课堂教学,结题报告的撰写。

姜旗旗、赵丛丛、段琴琴:课堂教学,具体实施资料汇总。

綦家武、王永钢:各类工具的制定,全程负责信息技术方面的工作。

思维导图在农村初中数学错题集中的应用研究

莱西市河头店镇南岚中学　段琴琴

一、课题提出的背景

1. 2016 年 9 月,教育部举行了《中国学生发展核心素养》研究成果发布会。中国学生发展核心素养,以培养"全面发展的人"为核心,分为文化基础、自主发展、社会参与三个方面。综合表现为"人文底蕴、科学精神、学会学习、健康生活、责任担当、实践创新"六大素养,具体细化为国家认同十八个基本要点。

2019 年 6 月 23 日,中共中央、国务院印发了《关于深化教育教学改革全面提高义务教育质量的意见》(以下简称《意见》)中指出:"突出学生主体地位,注重保护学生好奇心、想象力、求知欲,激发学习兴趣,提高学习能力。精准分析学情,重视差异化教学和个别化指导。"该《意见》是新时代我国深化教育教学改革、全面提高义务教育质量的纲领性文件,它的出台有着深刻的历史和时代背景,意义十分重大。

2021 年 3 月 15 日,山东省教育厅颁布《山东省普通中小学办学基本规范》,在第八条"优化教学方式"中指出:"注重启发式、互动式、探究式教学,组织研究型、项目化、合作式学习。"该《规范》是我省中小学校办学的标准化体系重要构成部分,为基础教育高质量发展提供了制度保障。

2.《义务教育数学课程标准》(2011 版)在课程基本理念第三部分指出:教师教学应该以学生的认知发展水平和已有的经验为基础,面向全体学生,注重启发式和因材施教。教师要发挥主导作用,处理好讲授与学生自主学习的关系,引导学生独立思考、主动探索、合作交流,使学生理解和掌握基本的数学知识与技能,体会和运用数学思想与方法,获得基本的数学活动经验。

3. 错题是学生数学学习中常见的问题。在数学教学中,尽管老师反复强调易出错之处,但学生经常会在练习和考试中又出现同样性错误,成为教师非常"头疼"的问题。教师在教学中面对"错例"资源，是否让"错例"成为"开启智慧的宝藏"，成为学生的提分点，是教师研究业务是否选择的切入点。为避免学生数学学习过程中出现的此类问题，越来越多的教师推荐学生使用数学错题本。但是，学生利用数学错题本的效率普遍低下，部分学生甚至不会使用错题本，主要表现为：一是错题的整理只是将资料上原有的内容抄写下来，没有进行有效的梳理消化；二是错题整理完成后，错题本静静地躺在书桌里直到下次错题整理。很显然，这样的使用方式对提高学生的数学学习效率并没有太大意义。

基于以上因素，对于学生而言，建立错题本，用科学的方法收集错题、整理错题，并且让错题发挥最大的应用价值，对于教师有效教学的研究，有着十分重要、十分必要的意义。

二、本课题在国内外同一研究领域的现状（趋势分析）

（一）国外研究现状

1. 国外的研究中提到只要对错误进行行之有效的管理，就能取得更高的绩效、收到事半功倍的效果，对学生建立错题本提高学习成绩的研究不多，国外对思维导图的研究较多，但是二者结合起来尚未进行探索。

2. 思维导图（Mind Map）又被称为心智图、心灵图、脑图等。最早是由英国心理学家托尼·巴赞（Tony Buzen）于 1970 年提出的。他在《思维导图》一书中是这样定义的："思维导图是放射性思维的表达，因此也是人类思维的自然功能。它是一种非常有用的图形技术，是打开大脑潜力的万用钥匙。思维导图可以用于生活的各个方面，其改进后的学习能力和清晰的思维方式会改善人的行为表现。"托尼·巴赞发明思维导图后，由于它能提升思考技巧，大幅增进记忆力、组织力和创造力，展现个人智力，很快就在世界各国的企业培训和教育方面得到推广和运用。在一些国家（如澳大利亚、美国、日本等）还被应用于创意的发想与收敛、项目企划、问题解决与分析、会议管理等方面，它能大幅降低所需耗费的时间，大幅度地提高绩效水平。如IBM 培训部门利用思维导图展示与英国政府合作的帮助人们学习和活动，波音公司将波音飞行手册压缩成 25 英尺场的思维导图……

3. 国外教育界与思维导图相似的研究还包括"概念图"（Concept Map）研究。目前，比较公认的是由美国康奈尔大学教育系的 Josehp D. Novak 教授在 20 世纪 60 年代最早提出主动自觉地在教学活动中运用概念图来帮助教师和学生提高教学质量。Novak 教授认为,概念图对于学习者和教师同样重要,可以在教学活动中帮助师生的认知活动。此外,思维导图作为帮助学生认知的工具,在美国的中小学教育中得到了广泛的应用,从《美国国家教育技术标准》所提供的教案范例和软件资源目录中也可以看到许多优秀教案都使用了思维导图。

(二)国内研究现状

1. 国内最早使用错题管理一词的刘儒德教授在 2004 年通过自编问卷对内蒙古 110 名高一学生进行了调查,结果显示:高一学生普遍认识到了错题对于学习的影响,从情感上不回避错题。但对于错题的价值认识不足,尤其是缺乏良好的错题管理意识与系统的错题管理策略;学优生在错题管理观念与态度上显著优于普通生;学优生和普通生在错题管理的行为与策略上不存在显著差异。其后,南京师范大学的孙桂珍又做了初中生错题管理的调查研究,对 154 名初中生进行调查,结果发现:初中生能够重视错题,但在具体管理行为和策略上还比较欠缺;初一年级和初二年级在错题管理行为上存在差异;女生在错题管理态度和价值上明显好于男生。该研究者在 2007 年对山东省 749 名初、高中生进行了调查研究发现:中学生错题管理存在学校、性别和成绩水平的差异;元认知水平越高,管理错题的主动性越强,数学成绩越好。

2. 国内学者孙桂珍于 2007 年在《中学生元认知、错题管理与学习成绩的关系——以数学学科为例》一文中指出,错题管理是这样一种过程:学生对错题具有积极的管理态度,能够认识到错题对学习具有价值,在行动上采取一定的方法或策略,对考试或练习中做错的题目进行整理、搜集、分析、归类、利用,以达到掌握知识、提高学习能力的目的。同时,该文指出错题管理方法隶属于学习策略。学者周婉于 2009 年在《数学学习中错题管理与有效学习》一文中指出,应该从两个方面来理解错题管理:一是错题管理实质上是学生的一种学习自我监控的过程;二是错题管理实现了知识的内化。

3. 上海市五三中学周鹰(2004)提出应该建立"错题集",并指出了操作要点:记录原题,注明正、错解,分析错误根源;避免形式主义;学会总结,学会发散。湖南省衡南第五中学周厚忠(2008)对数学错题研究过程提出了两大步骤:建立错题集和利用错题集。

有一位江西的高考优秀生说得好："做错一道题比做对一百道题更有价值。"用好错题本，你也可以决胜中考！全国名校衡水中学、临川一中、临淄二中的师生都重视使用错题本。

4. 相对于国外的发展来说，国内思维导图的应用还刚刚起步，教育界的很多教师和研究人员也对此进行了积极的探索，在一些小学、中学、大学进行了思维导图与学科教学的尝试，使思维导图的应用无论是在理论上还是实践上都有了很大的发展。我国的港澳台地区有不少学校都在推行思维导图教学。值得一提、也颇有借鉴意义的是，澳门大学图书馆文献中心收藏的梁佑澄所著的《以思维导图为核心的学习辅导课程对初中学生之学习业成绩提升之研究》。

大陆起步较晚，但发展迅猛，关于思维导图应用于教学的研究越来越多。现在据互联网所查，河北省唐山市开滦二中的齐伟老师把思维导图应用于物理学中取得了一定的成果；桂林市中山中学一级教师石向东开展了《"思维导图"优化教学过程提高思政课实效》的课题研究等。目前中文互联网上有不少关于思维导图的论坛，有利于人们互相切磋。可以肯定的是，在明确的、可以预见的时间里，思维导图必将有更加广泛的应用，也必将更加深入到教学的各个环节中去。

思维导图引入我国已有近 20 年的时间，相比国外来说起步较晚，但并不缺乏思维导图的研究者。从论文的发表数量来看，我国思维导图的研究总体呈上升趋势。运用文献法对近十年来（2002—2011）我国在中国期刊网上发表的论文进行研究，归纳并总结国内对思维导图研究的方方面面，主要研究了思维导图的概念、特征、制作流程。

综上所述，错题管理正在逐渐受到关注，成为当前的研究热点。国内外研究大都集中在理论研究和定性描述，关于错题管理的实践研究、应用研究还很少。国内进行了大量的调查实证研究，整体研究还处于起步阶段。

三、课题研究的实践意义与理论价值

(一)实践意义

1. 错题集对于学生来说是审视自己的一面镜子，也是衡量自己能力和水平的一把尺子。每天在记录、收集、归纳总结错题、难题的过程中，可以发现自己的短板和不足。

2. 错题是一种有价值的知识资源,学生通过平时将典型的错误记录下来,利用思维导图进行分析、归类、反思、巩固,理清这些出现错误的原因,弥补知识缺陷,完善知识结构体系,提高问题解决和自我监控的能力,提高学习的有效性。

3. 错题研究是教师研究教法、学法的重要环节,是优化教学策略、提高教学质量的有效措施。而集中的错题是教师掌握的第一手资料,具有极高的真实性和可靠性,可以成为教师研究学生知识掌握情况的重要依据,从而调整自己的教学,帮助学生排除学习上的障碍,真正让学生的纠错落到实处,是教师提高教学质量的有效措施。

(二)理论价值

1. 通过本课题的研究与实验,解决如何落实学生主体地位的有效手段问题;研究如何在教学过程中开展因材施教、关注学生的个体差异问题。因此,本课题对如何扎实推进新课程改革具有一定的指导意义。

2. 本课题利用思维导图对错题的收集、整理、应用进行实验研究,走好管理学生错题之路,有效提高学生的数学学习成绩。因此,本课题具有一定的实效性,对于提高初中数学学习效果具有普遍的借鉴意义。

3. 建立错题本其实很大程度上是自己对待错误的一种态度,把错题写在错题本上说明个人重视自己的错误。本课题研究将为广大教师开展教学策略研究在理论指导、目标、评价标准及方式、内容、方法等方面提供可选择的新的思路和操作样式。

(三)支撑性理论

1. "群体动力"理论。该理论认为,在一个合作性的集体中,具有不同智慧水平、不同知识结构、不同思维方式的成员可以相互启发,相互补充,在交流的撞击中,产生新的认识,上升到创新的水平,用集体的力量共同完成学习任务。

2. 建构主义学习理论。该理论是由瑞士的皮亚杰(J. Piaget)最早提出的。建构主义认为,知识不是通过教师传授得到的,而是学习者在一定的情景即文化背景下,借助其他人(包括教师和学习伙伴)的帮助,利用必要的学习资料,通过意义建构的方式而获得。它提倡在教师指导下的、以学习者为中心的学习。也就是说,既强调学习者的认知主体作用,又不可忽视教师的主导作用,教师是意义建构的帮助者、促进者,而不是知识的传授者、灌输者,学生是信息加工的主体,是意义的主动建构者,而不是外部刺激的被动接受者和被灌输的对象。

3. 结构主义教学理论。由美国心理学家、教育学家布鲁纳(J S Braner)依据认知心理学观点提出的,他提倡发现教学。他认为,教学的根本目标在于使学生尽可能牢固掌握科学内容,尽可能使学生成为自主且主动的思想家,使其日后能独立地向前迈进。为实现这一目标,学生必须积极主动地构建自己的知识结构,亲自探索或"发现"应得出的结论或规律性知识,并发展他们发现学习的能力。

4. 多元智力理论。多元智力理论是由美国哈佛大学的发展心理学家霍华德·加德纳教授提出的。他认为,世界上不存在谁聪明、谁不聪明的问题,而是存在哪一方面聪明及怎样聪明的问题。即学校里没有所谓"差生"的存在,每个学生都是独特的,也是出色的,这样的学生观一旦形成,就使得教师乐于面对每一个学生,乐于多角度评价、观察和接纳学生,重在寻找和发现学生身上的闪光点,发现并发展学生的潜能。这正是新课程倡导的发展性学生评价的改革方向,关注学生个体差异性和不均衡性,评价内容多元,评价标准分层,重视评价对学生个体发展的建构作用。

四、研究目标与研究内容(研究内容的分解与具体化,含子课题的设计)

(一)研究目标

1. 培养学生学会错题收集、修正、再应用的方法,发现自己的不足之处,进行针对性整改,提高解题准确率,避免同一错误重复出现。

2. 培养学生学会制作错题思维导图,将学习中的重难点、易错点及遗漏点集合归纳,形成知识体系,培养数学思维,最大程度做到"错题不错"。

3. 通过错题思维导图,培养学生良好的学习态度和习惯,指导学生学会归纳分析、梳理,抓住问题的关键,条理化、系统化地解决问题;培养学生自我剖析和自我解决问题的能力,形成良好的学习品质,提高成绩,增强自信心,提高学习的有效性。

4. 学生个人、小组、全班建立错题思维导图集,构建学生错题交流平台,建立错题集和思维导图资源库,促进错题资源共享,形成整理归纳习惯,改进学习能力和思维方式的提升,增强记忆力、组织力和创造力。

(二)研究内容

1. 初中数学错题的收集、归类方法研究。包括两方面:一是数学错题集的准备和收集的方法;二是错题集的整理和分类的方法。

2. 初中数学错题错因分析及修正策略研究。对初中数学错题的错因如遗憾之错、是非之错、无为之错进行归类研究。

3. 初中数学错题应用的策略研究。主要从错题经常翻看方法;构建学生错题交流的平台、建立错题集和思维导图资源库,促进错题资源共享;建立错题多次考试机制等方面进行研究。

4. 利用错题思维导图,教会学生在学习中抓住重难点、易错点及遗漏点,归纳并形成知识体系,培养数学思维,提高学习能力。

五、研究过程设计(阶段时间划分、阶段达成目标、阶段研究内容、阶段成果形式)

(一)准备阶段(2021.03—2021.05)

设计课题研究方案,搜集大量相关资料、文献进行理论学习,确定实验班级,申报立项。

(二)实施阶段(2021.06—2022.04)

1. 2021.06—2021.10 研究专题。

(1)初中数学错题的收集、归类方法研究。包括两方面:一是数学错题集的准备和收集的方法;二是错题集的整理和分类的方法。

(2)初中数学错题错因分析及修正策略研究。对初中数学错题的错因如遗憾之错、是非之错、无为之错进行归类研究。

课题组成员针对两个研究专题进行研究,培养学生养成每天都整理错题、答题步骤规范、标记解题"卡点"(即题目解题思路中的关键一步)的习惯。采用周碰头会反思问题、解决问题的方式进行研讨,同时采用错题本展评的方式进行工作推进。

2. 2021.11—2022.02 研究专题。

(1)初中数学错题应用的策略研究。主要从错题经常翻看、构建学生错题交流的平台、建立错题集和思维导图资源库、促进错题资源共享、建立错题多次考试机制等方面进行研究。

(2)利用错题思维导图,教会学生在学习中抓住重难点、易错点及遗漏点,归纳并形成知识体系,培养数学思维,提高学习能力。

课题组针对两个研究专题,邀请教科所徐绍光主任、崔兴华主任进行课题跟踪指导,并进行手把手、点对点的错题本整理的指导,召开阶段性课题开展研讨会,进行校级错题展评、学生错题整理经验分享等活动。

3. 2022.03—2022.04,课题组对研究专题的方式、方法及存在的问题召开研讨会,总结经验,并且形成学生的个案集、论文集。

(三)总结阶段:2022.05—2022.06

对课题进行全面、科学的总结,完成课题研究报告,做好课题解题准备。

预期成果:学生个性化错题本;学生反思集汇编;学生错题思维导图集;教师整理的错题集;错题资源库;论文集;案例集;论文研究报告。

六、研究方法设计

1. 文献法:通过查找资料,了解本课题研究的现状,发掘数学错题本的功能。

2. 实验研究法:通过实验教学,以错题本的使用情况,把行动和研究紧密结合起来,在研究中不断发现问题、提出问题并解决问题。

3. 经验总结法:总结学生优秀错题本和优秀错题思维导图的整理方法,形成如何整理实用错题本的具体做法。

4. 个案研究法:对典型学生的错题整理本和错题思维导图进行跟踪分析,从中寻找课题研究进展的突破口。

七、在学术思想、学术观点、研究方法等方面的特色和创新

1. 学生分析错题时分析错误原因中对"卡点"的研究解决,形成案例集。

2. 国内外尚未进行针对学生错题本习题进行分类后形成思维导图的研究,利用错题思维导图培养学生抓住学习中的重难点、易错点及遗漏点,形成知识体系。本课题将填补这一研究领域的空白。

3. 构建学生错题交流平台、建立错题集资源库的策略研究,形成资源库和论文。

八、预期研究成果(成果形式、预期完成时间及责任人)

序号	完成时间	最终成果名称	成果形式	责任人
1	2022.02	关于农村初中毕业班学生利用错题本提高数学成绩的实验研究的论文	论文	戴绍江 王言红 段琴琴
2	2022.03	关于农村初中毕业班学生利用错题本提高数学成绩的实验研究案例	教学案例集	段琴琴 李静
3	2022.05	关于农村初中毕业班学生利用错题本提高数学成绩的实验研究经验总结	经验总结	刘进 段琴琴
4	2022.06	关于农村初中毕业班学生利用错题本提高数学成绩的实验研究报告	研究报告	段琴琴 姜英平

第四章　研中升

　　教育者应当深刻了解自己的领域,只有在自己整个教育生涯中不断地研究,加深自己的知识,才能够成为教育工作的真正的能手。

——苏霍姆林斯基

　　作为一线教师,在我们的教学生涯中,会遇到很多困惑或者难题。怎么解决这些问题? 需要的就是"研"——研讨,钻研,研究。通过跟专家同行研讨学习,通过深研细究前因后果,获得解决问题的方案。问题即课题,真正的研究就是要解决自己遇到的问题。我们要做个有心人,善于向身边的榜样学习科学有效的方式方法,并在研究、反思中解决困惑,提升自我。事实上,促进一个教师专业成长的最重要的方法和途径,就是做研究。在研究中不断地总结、反思、改进、提升。在反思中成长,在成长中成熟。本章主要收录了工作室老师在平时教学时,跟同行听课研讨过程中的收获、反思,以及在问题解决中获得的教学经验。

第一节 聆听共研 榜样在身边

当时只道是寻常

青岛第三十三中学 袁翠洁

听课是每位老师教学过程的必经之路,每学期从区市到学校,大大小小的教学活动都围绕着听评课进行。一堂好课,听课时会让人不由得身心投入、如沐春风;一堂好课,听完后又会让人觉得酣畅淋漓、通体舒畅。

网课期间,碰巧听了孩子数学老师讲"探索直线平行的条件"这节课,这让我不由得回忆起15年前我听省教学能手卫洲老师讲这节课的经历。

15年前,我刚刚踏上工作岗位不久,每天一有时间就拿上听课本和教参,去听卫老师的课。作为初出茅庐的"小菜鸟",我那时哪里会听课啊。经常是直接把卫老师讲的内容囫囵吞枣地记录下来,然后方便自己后面照葫芦画瓢地搬到自己的课上。要讲"探索直线平行的条件"这一节课了,我又提着小凳跟着卫老师进了课堂。当时的我边翻着教参边想:这节课内容真少,就那么两个定理,一会儿卫老师肯定让学生做练习,我得好好记下来卫老师都布置了哪些题。可是课堂一开始,卫老师花了大力气在讲什么是"三线八角";怎样由已知的角确定平行线和截线;不厌其烦地让学生动手画图,找图中的同位角、内错角和同旁内角。当时的我坐在那里既着急、又费解。这么简单的知识,同位角、内错角、同旁内角,那不是显而易见的嘛,为什么卫老师在这里要这么大费周章! 有这个时间还不如让学生做两个练习呢,说不定还能碰上一道考试题。

现在回想起来,当时卫老师课上讲了哪些题,我的课上又让学生做了几道题,竟然是一点印象也没有了。但是卫老师引导学生认识、寻找"三线八角"的过程我却历历在目。再次听到这节课时,不由得暗笑自己当年的幼稚想法,也更惊叹卫老师对教材和对学情的深刻了解。

重温这节课,重新品味卫老师的课堂,我对课堂教学又有了新的认识。

一、"化简就繁"是为"繁中取简"

"探索直线平行的条件"这节课是北师大版七年级下学期的一节课。这节课主要是在探索直线的平行条件中自然引入"三线八角",并引导学生在操作试验、探索解决的过程中加深对平行线的理解,进一步发展学生的空间观念。这节课是学生几何公理化体系的入门课,更是培养学生的符号语言、图形语言、文字语言互相转化的基础课。

就这一节课而言,因为学生刚刚接触平行线的判定,第一次把角的关系转换成直线的位置关系,所以,课本设定的图形都比较简单,学生几乎是一眼就看出两个角是不是同位角、内错角和同旁内角。但是,随着学习的深入,图形会越来越复杂。如果我们前面教学时没有重视学生基本图形的认识,而是觉得简单就一带而过,那么,学生面对复杂图形时就会无从下手。因此,在这里放慢教学速度,利用最基本、最简单的"三线八角"图,让学生学会如何从角的关系过渡到线的关系,是非常有必要的。只有这样,才能培养学生的识图能力,教会学生从复杂图形中找到要研究的基本图形。

二、"有板有演"才有"深入浅出"

卫老师让我印象特别深刻的一点是,她对工作非常得严谨。卫老师说,每天晚上,她躺在床上都会把第二天要上的课在脑子里过一遍。每个环节要说什么、要讲什么,一句话一句话地过。如果自己对第二天要讲的内容没有充足的把握,自己晚上就会睡不着觉。

随着自己工作经验的增加,我也越来越感觉到:不备课不敢踏入课堂。因为无论我们的知识经验多么丰富,若不备课,就难以将课本知识系统地传授给学生;若不备课,就无法顺利完成教学任务;若不备课,就不可能创造富有激情的课堂。只有深入地研读教材,准确地把握学情,细心地设计教学流程,才能真正上好课,才能真正实现高效课堂。

三、"人文情怀"造就"课堂大美"

很多人认为数学是理性思维的学科,数学课应该就是数字与图形的结合,是纯理性的、抽象的、不带个人情感的。像人文情怀这样文艺范的东西是不会出现在数学课上的。但是,听了卫老师的课,我发现数学课堂中一样可以渗透人文情怀,并且渗透人文情怀的数学课堂会更加精彩。

卫老师上课总是优雅而美丽的。她的课是老师与学生思维的碰撞,是老师与学生情感的共鸣。她从内心尊重学生,允许思维慢的学生有更多思考的空间,允许表达不清晰不流畅的学生有重复和改过的时间,更重要的是,允许学生有失误和改正失误的机会。即使学生回答问题有错误,也能得到教师的指点和鼓励。在学生叙述自己发现问题、思考过程、得出结论时,她总是耐心地倾听,适时地点拨和鼓励。课堂上处处可见她亲切的笑脸,时时能听见她激励赏识的评价。在卫老师的课上我感受到了生命的涌动和成长,感受到创造力的光辉。

当年听课时自己懵懵懂懂,只知道听卫老师的课那样舒服、那样引人入胜,并没有真正体会到卫老师课堂的精妙之处。十五年弹指一挥间,如今我才幡然醒悟,卫老师对知识难易程度的把握,对教材细致入微的处理,对学生恰如其分的引导,是如今的我都远远不及的,值得好好学习。正是"当时只道是寻常,而今才知当时错"。

在磨课中成长 在听课中反思

青岛第三十九中学市北分校 任燕

前段时间,我非常有幸参与了我校青年教师逄潇的市北区公开课的磨课、上课过程。逄老师的课题是"两条直线的位置关系"第一课时,是章节起始课。虽然内容比较简单,但最后逄老师所呈现的课堂却是非常精彩的。通过这次的经历,我认为一堂优秀数学课应具备以下特征。

一、注重导入艺术 调动学生兴趣

逄老师本节课通过丰富的图片,让学生寻找熟悉的线,调动了学生的学习兴趣,让学生感受到数学知识来源于生活。一个巧妙的问题引入,把学生探究知识的兴趣激起,这就是老师的智慧。作为一名数学老师,我们就应该在我们的课堂上多提供一些既能学习到数学知识,又能让学生感觉有趣的问题,这样数学课堂才会充满活力和魅力。

二、抓住教学"意外"提升教学智慧

逄老师在讲解完对顶角的概念后,有个学生突然冒出一句"对顶角好像剪刀"。老师即刻抓住了学生的智慧,表扬了这名同学善于将数学知识与生活中的事物相联系,课堂气氛一下子就活跃起来。同学们对对顶角的认识更加深刻了,获得了成功的愉悦。

学生在思考中产生新的问题,有些问题是老师预知的,有些却是意外生成、始料不及的,这才是真实的课堂现象,数学课堂也因此变得灵动、精彩。一名优秀教师的教学艺术,总是能发现学生们的智慧,挖掘学生有思想的回答,让学生们感受到数学的简约及魅力,触及数学的本质,还原数学最朴素的状态。

三、以学生为主体 焕发课堂活力

逄老师对每个教学环节的设定都以学生为主体,让学生参与到教学活动中来,利用学生的成果生成教学资源。学生通过观察寻找图中的相交线和平行线;通过对角组合的分类,得到了补角和对顶角的概念;通过猜想—验证得到了对顶角、补角的相关性质;类比补角,进行了余角概念和性质的学习。

在探究对顶角相等时,老师先让同学们观察、提出问题:你认为对顶角有什么性质,怎样去验证你的想法? 学生回答了一种方法后,老师继续追问,还有其他方法吗? 鼓励学生放飞思绪,主动探索,发表个人见解,老师适时地总结、鼓励,调动学生的学习主动性和积极性。不仅让学生们愉快地掌握了知识,更得到了自我价值的肯定;教给学生的不仅是一个知识点,而是教会他们解决问题的科学方法,体验到成就感,使课堂教学焕发出生命色彩。

要使一堂数学课变得精彩,教师还应从下面几个方面完善自己。

首先,重视磨课。磨课是一个学习、合作、研究、交流、实践、反思和创新的过程,也是检验中获取真理的过程,有助于教师的专业化成长。在磨课的过程中,教师对教材的研读更深入,对学情的了解更透彻。通过交流,更多的经验得以分享,教学智慧得以发展。

其次,自我定位准确。教师是教学活动的组织者、引导者和合作者,教

学活动必须是以学生为主体的,自主探究和有意义的接受这两种学习方式应相互补充,也就是我们常说的该"放"就"放",该"收"就"收"。

最后,要充分运用学习共同体。学生们在小组讨论时,会产生不一样的"化学反应",对于亲身经历探究过程得到的结果,学生往往印象比较深刻。

在帮助别人磨课的过程中,对教材、学情的理解更加透彻,自己的专业化得到了提升。年轻教师的课堂氛围感的营造、信息技术的灵活应用、评价语言的多元化都值得我学习。

学习"'几何画板'深度融入数学课程"有感

青岛市崂山区实验初级中学　王永钢

2022 年 3 月 19 日,"新时代大先生"公益讲座邀请了齐鲁名师、"万人计划"教学名师刘同军老师进行公益直播:"几何画板"深度融入数学课程的案例分享。我在网络上学习了刘老师的直播,感觉收获巨大,对信息技术在教学中的应用有了更深刻的认识。

刘老师首先介绍了教育部印发的《教育信息化 2.0 行动计划》,让每一位老师都深刻地认识到:现代信息技术给教育教学带来了巨大的变革。这既是时代的发展需要,更是国家对教育现代化的要求。站在这个高度上,我们就能理解现在从省级开始的教师信息化 2.0 培训的意义和价值。那么,对于一位中学数学老师,怎样将现代教育技术融入自己的日常教育教学中呢?刘同军老师给了一个案例分享———一种可行性的方案。

话题 1:用"几何画板"盘活已有课程资源

刘老师以几何图形变换中的奔马图为例,给我们讲解了奔马图的设计,这个过程可以用几何画板进行展示,如何将一个正方形分割成不同的部分,然后通过平移变成一匹奔腾的骏马。整个过程的动态展示,丰富了学生的直观感受。然后,由一匹马继续移动,进而可以得到一个镶嵌的奔马图。这个镶嵌的过程用几何画板的平移功能展示,会让学生更清楚地看出它的产生过程,感受到平移操作的魅力。

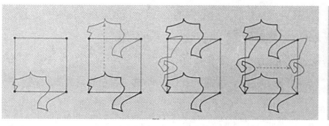 

进一步思考,这样的教学资源只能停留在直观展示的阶段吗?还有怎样的教育价值呢?刘老师给我们上了生动的一课,拓展了教材上没有的资源。如果学生去查阅一下相关资料,就会发现荷兰版画家——埃舍尔,他的很多作品都体现了这样的图形运动——平移。所有这些图画都是通过平移镶嵌得出了美丽的图案。

  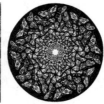 

这些版画还能再拓展,能够引出莫比乌斯带。随着图片的变化,还能看到一些视觉上的错误图片,由此引出罗素悖论。由罗素悖论引发第三次数学危机……

 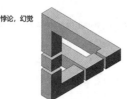

悖论,幻觉

理发师悖论:

1919年,罗素把他提出的集合论悖论通俗化如下:
萨魏尔村有一位理发师,他给自己订下一条规则:
他只给村子里自己不给自己刮胡子的人刮胡子。
请问他该不该给自己刮胡子?

这样的教学价值就是巨大的了。由此展开,学生能从一个奔马图,从平移运动出发探索整个未知的世界。这是除了知识以外巨大的教育价值,学生学会从一个点出发去探究整个面。

利用信息技术盘活课程资源完全是可以操作的,但也需要老师能对一个教学资源不断地研究和打磨,有更广阔的视野。

话题2：用"几何画板"创生优质课程资源

举例：分形树与问题意识——数学是描述自然的语言。

话题3：用"几何画板"提升课堂品质

鉴于时间原因，刘老师并未能在后两个话题展开来讲，虽说有些遗憾，意犹未尽，但是，这些案例也已经给我们指明了方向。

我们会发现几何画板是屏幕上的直尺和圆规，所有的尺规作图都可以用几何画板进行构造。除了作图，几何画板还具有度量、变换、追踪与动画等功能。关于如何开发教材，如何利用信息技术手段实现教育教学价值的最优化，由点及面，刘老师给我们做出了非常好的榜样。他的榜样力量也督促着我们这些年轻教师，为实践教育技术现代化而认真学习，刻苦钻研自己的业务，并付出最大的努力去提高自己的教育教学水平。

发现身边的星星

——评贾烨文老师"图形的位似"

青岛第三十九中学　舒畅

最近听了贾烨文老师"图形的位似"一课，被贾老师深厚的知识素养，扎实的教学风格，有序的课堂管理所震撼，整节课活动丰富，互动频繁，沟通有效，每个知识点的生成都恰到好处，节奏张弛有度，给人美的享受。

首先，贾老师为学生提出了一个问题：九年级（1）班同学准备开一节班会，想将一个五角星的图样放大，使放大前后对应线段的比为1∶3，你能帮助他们找到放大的方法吗？用引人入胜的情境开启课堂，激发了学生浓厚的兴趣，课堂在轻松愉快的氛围里展开。经过一番热烈地讨论，有学生尝试提出方案，贾老师充分肯定了这位同学积极思考的研究态度，并引导学生通过本节课的学习来验证这个方案是否可行。在验证之前，贾老师再次与学生明确这个问题的要求：要改变图形的大小而不能改变图形的形状。围绕着这个要求展开对新知识的学习。

这节课的核心知识点有两个："位似多边形和位似中心的定义"与"位似

多边形的性质"。对于"位似多边形和位似中心的定义"贾老师的设计环环相扣，她先以放电影为例引导学生思考满足条件的图片有什么特点，学生通过动手实践很快得到"这些图形是相似的"这个结论，同时发现每一组对应点的连线都经过同一点，学生带着自己的发现上台展示，很快，大多数同学都认可了这个结论。随后，贾老师给出了一组位似四边形的几何图形，引导学生一起归纳出位似多边形和位似中心的定义。由于在定义中提到了 $OP=kOQ(k>0)$ 这个要求，贾老师引导同学们思考：对应点与位似中心所连线段的长度存在怎样的关系？有一位女生发现了它们之间的比值关系，但此时班里发现这个结论的同学并不多，贾老师没有着急推进，而是马上安排了讨论，自己参与到各个小组讨论之中。讨论后，贾老师邀请同学上台用测量法清晰得出这个结论。此时大多数同学对这个长度关系已理解到位，归纳位似多边形和位似中心的定义的教学任务顺利完成。

趁热打铁，贾老师开始引导学生解决第二个知识点"位似多边形的性质"。首先引导学生对位似比 k 和相似比之间的关系进行思考，各小组讨论后，学生顺利证明出位似比等于相似比的结论，并由一位同学代表小组上台展示。乘胜追击，贾老师又引导大家思考位似与相似的关系，并生动地总结为：位似是有位置要求的一种特殊的相似，为学生建立起对位似的完整认知。位似除了具有相似的性质之外还有什么性质呢？贾老师又为同学们提出了新的问题。在新一轮的小组交流下，同学们发现位似图形的对应线段平行或在同一直线上，对应点可以在位似中心的同侧或两侧，进而归纳出位似图形的三条性质，对位似中心与位似图形的认知更加深入了。

为了帮助学生更加深入地理解这节课的重点，贾老师安排了针对练习，要求学生判断图中多边形是否为位似关系，如果是，则需找到位似中心，并将位似图形根据位似中心位置的不同进行分类。通过这个练习，学生深刻体会到位似中心在位似多边形中的重要作用。随后，贾老师给出一道放大三角形边长为原来的 2 倍的例题，学生在思考后迅速独立找到了解决方法：先规定图中一点为位似中心，再根据比例扩大对应点与位似中心的连线，并动手操作、然后上台展示。这个活动的经验帮助学生顺利解决了在引入环节中提出的如何放大五角星问题。在贾老师的鼓励下，有的学生动手尝试了缩小的画法！随后贾老师安排了本节课的随堂检测，学生完成后分组上台展示。大家精彩的发言时常赢得同学和老师们赞赏的掌声。

这节课给我留下了深刻的印象,是我听过的一节充分体现了教学之美的课。

首先,这节课的教学结构是美的。思路清晰,层层递进,从问题提出到概念生成,再到性质,最终回归问题,每一步都在为下一步做铺垫,从问题出发又带着解决方法回归,巧妙地设计思路令人回味无穷。

其次,这节课的教学气氛是美的。思维的碰撞在这节课展现得淋漓尽致,没有刻意地灌输,每一个知识点的生成都是那么的自然,每一次讨论都来得恰到好处,每一次总结都水到渠成。清水出芙蓉,天然去雕饰。这是贾老师个人风格,也是她这节课的风格。

再次,这节课的教学价值是美的。充分挖掘了位似图形的应用价值,把放大与缩小这个生活中常用的情境引入课堂,让学生充分感受到数学源于生活、服务于生活的应用价值,将数学的价值渗透进学生的每一个活动之中。

最后,这节课的教学方法是美的。在这节课上学生一直在动手实践,量一量、试一试、想一想、议一议,不断体验着自己去挖掘知识的快乐,在这节课上,每个学生的脸上都出现过笑容。我想,学生的笑脸就是对这节课最高的评价。

哈尔莫斯曾说"数学是一种别具匠心的艺术"。贾老师把这节数学课上成了艺术。在这节课上,她将放大五角星的方法教给了学生,同时又把一颗勇于实践、探索真理的星星挂在了学生的窗前。我想,有时候教师的工作就是发现身边的小星星,通过每节课,把这些星星挂在学生的面前。或许,这节课的星光并不足以点亮每一个学生的求学道路,但是看到星星的那个瞬间,足以给每个学生带去一份美好的回忆。

整体化教学尝试 构建学生完整知识体系

——听青岛第三十九中学市北分校任燕老师"平行线的判定"有感

青岛第三十九中学市北分校 慕家武

2021 年 12 月 20 日,我听了青岛第三十九中学市北分校任燕老师的一节公开课"平行线的判定",收获非常大。

本节的重点是：平行线的判定公理及两个判定定理。一般的定义与第一个判定定理是等价的，都可以做起始的判定方法，但平行线的定义不好用来判定两直线相交还是不相交，因此本节课并不好讲。虽然任燕是一位年轻的教师，但是她很善于钻研，进行了充分地备教材、备学情、备教法，因此，整节课层层递进，有条理、有激情，学生学习的热情高涨，效果良好。任老师给大家呈现了一节新课程理念下的优秀课例。

从整体化的教学观来说，本节课是学生公理化体系构建的一个缩影。所以，学生的认知由感性的观察、度量等向理性的说理和证明过渡。任老师的课堂设计和展示都较好地体现了这一理念。

第一环节，任老师通过几何画板的动画展示，回顾初一时学习两直线平行的判定方法，唤起学生对重要结论及验证方法的记忆，承接上节课，观察猜想，得出结论不可靠，需要进行严谨的证明，激发学生主动探究的兴趣，自然过渡到第二环节探究新知。

第二环节，在证明"内错角相等，两直线平行"这一定理的时候，学生需要把文字语言通过对应的图形转化为符号语言。这是本节课的难点所在。为了更好地让学生突破这一难点，任老师通过引导分析、板书示范、错题解析等方式，让学生完整地实践了由分析命题、画图、写出已知和求证并完成证明的过程，亲身经历了由命题到定理的升华，体会了公理化体系的构建过程。任老师适时地跟进讲解，水到渠成地形成了脉络清晰的思维导图，并在黑板上清晰、规范地呈现。这对于学生后续公理化体系的进一步构建具有重要的意义。同时，学生自主选择两个命题的证明，并独立完成，再通过小组合作展示，有独立思考，有合作学习，相辅相成，启迪智慧。

第三环节，随堂练习，可以看出任老师精心地挑选。第一道练习难度不大，方法多样，适合学生巩固不同的方法。第二道则在方法多样的基础上，关注到了开放性，利用不同的工具，实现构造平行线的目的，是对知识的进一步巩固，也提升了学生的能力。本环节的设计立足学情，精心用心，既训练了学生的观察力，发展了学生的思维力，又培养了学生的合作力、表达力、创新力，充分地达到了知识渗透、能力培养的目的。在作业题的设计方面也体现了分层，真正在落实双减政策，减的是不必要的重复性作业和负担，对学生能力的培养和锻炼要求反而更高。

从学生的参与度来看，学生在本节课的参与度非常高。在任老师的精心设计和课堂引导下,学生自主探究、合作学习、总结陈述等,都体现了学生各方面能力的发展与进步。整堂课以学生为主体,教师只是做必要的引导,题目设计很开放,让学生积极地参与思考、灵活选择、智慧碰撞,最终体验成功并快乐分享。整堂课投射出任老师对新课程理念的深度理解,真正体现了学生为主体的教学理念,她精心的课程设计,使整节课充满了活力,灵活且高效。

本节课让我收获很多。首先,教学理念的更新、教学方法的变革,是现代教育改革所必需的。它给课堂带来新的活力与生机,学生在这样的课堂上会得到更多的锻炼机会,能更好地提升自己的综合能力。其次,课前精心备教材、备学生,进行优质的课堂环节设计,会让整节课如行云流水,节奏感十足,让学生在愉快且充实的学习过程中,乐学爱学,意犹未尽。最后,我还体会到了整体教学的优势,它将以前学过的与本节课相关的知识与本节课进行衔接,给了学生很好的知识回顾与铺垫;同时也展望了本节课所学内容对学生后续学习的重要性,使本节课的知识在学生的知识体系中完整起来,从而达到更好的理解和应用。

"第12届初中数学青年教师课例展示活动"评课感悟

莱西市河头店镇南岚中学 段琴琴

2021年12月10~12日,第12届初中数学青年教师课例展示活动在教研网开展,我有幸听取了全国优秀青年数学教师的课例,颇有感触,深感"道虽迩,不行不至;事虽小,不为不成"的道理。我慢慢聆听,认真思索,感悟成长。

本次活动是以教师的自述形式,将一整堂课以说课的形式展示,其中教学的重、难点以及精彩之处又以课堂实录展现出来。此种形式的活动既能将一堂课的精彩之处完美呈现,又能够知晓上课老师的设计意图。形式新颖,注重实效。

我学习和反思最多的一节课是"一元二次方程根与系数的关系"。接下来,我从以下三个方面谈谈我的收获与感悟。

一、创造性使用教材 注重数学史渗透

教材万变不离其宗,而如何解读教材、如何创造性地使用教材是我们在

教学中需要深度研究的。上课时，老师先进行了知识回顾，用所学过的配方法、公式法、因式分解法解几个二次项系数为1的一元二次方程，再引导学生统一用因式分解的方法将前面几个一元二次方程解出来，进而得到一般性的结论，即二次项系数为1的一元二次方程的根与系数的关系，揭示了本节课的课题并板书。整堂课做到了从教材出发却不囿于教材，更注重学生的实际发展状况，既有创新也有坚守。

老师的教学过程中，数学历史的相关知识贯穿始终，介绍了本节课的数学文化背景，揭示了韦达定理名字的由来，并从各个环节落实了"文化育人"。通过这些有趣的数学历史，提升了学生学习数学的兴趣。

二、有效进行数学课堂建构 注重知识的自然生成

虽然结果重要，但是，过程中学生的思考、体验、收获是更加重要的！课堂上，老师给予充足的时间让学生探究，鼓励学生进行探索和交流，提倡解决问题策略的多样化。让他们在合作探究中体验数学学习的美妙之处，从中获得满足感。在教学过程中教师引导学生自主活动和展示交流，从多角度体验系数不为1的一元二次方程的根与系数的关系，强调转化思想；将系数不为1的方程转化为系数为1的一元二次方程，探寻根与系数的关系。学生思维活跃，参与度极高，竟然展示了五种推导根与系数关系的方法。最后，老师又引导学生回顾本章，学生蓦然发现，一元二次方程的求根公式和根的判别式其实已经揭示了一元二次方程根与系数的关系。本节课研究的其实是一元二次方程的两根之积、两根之和与系数的关系。寻寻觅觅后的眼前一亮，让学生真正了解了根与系数关系的来龙去脉。

学生动手动脑的过程越多，他们对数学的探究欲望也就越强烈，当大家通过不断地思考、讨论获得最终的结论或者概念时，过程中的一切都是财富，包括犯错！

三、加强学习 促进专业化成长

教师要想给学生一滴水，自己就必须具备一桶水。但要想学生永远取之不尽，用之不竭，教师就得时时给予补足。专家的话充分印证了这句话。针对这节课，专家点评时，给出了几点思考与建议：(1)学生运用韦达定理的方法，没探究出来，可引导学生往深处挖掘；(2)因式分解探究韦达定理，具

有可推广性,对一元三次方程等,教师没有从此角度指导,这是美中不足的地方。

教师们对教学中的困惑和争论,更让我体会到了进行终身学习、促进教师专业化成长的必要性。面对着一群群求知若渴的学生,我深感自己的责任重大以及教师职业的神圣。冰冻三尺,非一日之寒。我们教师只有不断地学习,不断地完善,不断地提升,才能胜任教师这一行业。

优秀教师的课堂实在是令人受益匪浅,值得学习和思考的地方还有很多很多。为人师者,终身成长。学习着,努力着,行动着……

精心设计教学　促进学生发展

胶州市第十八中学　姜旗旗

在研修时我有幸听到刘晓燕老师讲"最短路径问题探究"这节课。刘老师精心设计课堂教学、有效渗透数学思想、通过追问引导学生深入思考等,都让我感受到她的深厚功底和教育智慧。

一、精心设计课堂教学　让不同层次学生得到不同的发展

这节课,刘老师的教学环节设计环环相扣,难度层层深入。从"将军饮马"问题引入课堂教学,调动了学生的积极性。从平面图形中的最短路径问题开始探究,面向全体同学,使学生经历观察、思考、交流、画图等过程,总结出数学模型。在例题的基础上又出示一道变式练习,使同学们在合作探讨的基础上加深对平面图形最短路径问题的理解。继而转入立体图形中的最短路径问题,使成绩中等偏上的学生能学会灵活运用转化思想和模型思想。最后将问题升华为求代数式的最小值,使学优生能跳一跳够得着。环环相扣,层层深入,将分层教学落到实处,让不同层次的学生得到不同的发展。

二、有效渗透数学思想　提升模型应用能力

刘老师先是通过著名的"将军饮马"问题,引导学生将同侧最短路径问题转化成异侧最短路径问题,并抽象出它们的数学模型。利用此模型,既解

决了平面图形、立体图形中的最短路径问题,又解决了求代数式最小值问题。在立体图形求最短路径问题时刘老师出示的是"蚂蚁吃蜂蜜"问题:圆柱形玻璃杯的高为 12 cm,底面周长为 18 cm,在杯内离杯底 4 cm 的点 C 处有一滴蜂蜜,此时一只蚂蚁正好在杯外壁,离杯上沿 4 cm 与蜂蜜相对的点 A 处,则蚂蚁到达蜂蜜的最短距离是多少?刘老师先引导学生将立体图形转化为平面图形,再从问题情境中逐步得出问题的本质:点 A、C 在直线 L 的同侧,点 P 是直线上的一个动点,当点 P 在 L 的什么位置时,PA＋PC 最小?最后综合运用数学模型和勾股定理解决了此问题。既训练了学生的思维,提高了学生分析问题的能力,又培养了他们的转化思想和模型思想。在求代数式最小值问题时,刘老师给出这样一道题目:如何求代数式 $\sqrt{x^2+1}$ ＋$\sqrt{(8-x)^2+25}$ 的最小值?我在听课时就很好奇,刘老师会怎样处理这个问题呢?结果刘老师先是带领学生分析此代数式的特征,然后建立出几何模型,并用几何画板演示模型,让学生有一个直观感受。这时学生便恍然大悟:这不就是两个直角三角形求斜边之和的最小值嘛!同样可以用我们总结出的异侧模型来解题。听到这里,我也激动起来:这道题里不仅体现了转化和模型的思想,还体现了数形结合的思想。正所谓"数缺形时少直观,形少数时难入微"。实在是太妙了!

三、适时追问 将学生的思考引向深入

刘老师在课堂上善于用追问来引导学生深入思考。例如,在平面图形中的最短路径问题:正方形 ABCD 边长为 4,F 是 BC 的中点,P 是对角线 BD 上的一个动点,当 P 在什么位置时 PF＋PC 最小?请确定 P 的位置并求出 PF＋PC 的最小值。

在学生找到第一种做法(找到 C 关于 BD 的对称点 A,连接 AF 交 BD 于点 P)后,刘老师紧接着问还有没有其他方法?学生经过思考又找到第二种方法(作 F 关于 BD 的对称点 E,连接 EC 交 BD 于点 P)。通常我在上课时,也会选用这道例题,但当学生找出第二种方法后,我就直接进入下一题。但刘老师又跟上追问:请同学们画出这两种方法对应的图形,分别找到他们对应的 P 点,观察你两次找到的 P 点位置有什么关系?学生经历操作后发现两次画出的 P 点是重合的。进而更加确定方法的正确性。

听完刘老师这堂课我深受启发。"台上十分钟,台下十年功",刘老师在

课堂上循循善诱,既鼓励学生表达自己的想法,又能进行详细深入的点评,时时渗透数学思想,处处培养数学思维。我想,这都是与她平时的积累分不开的。这也启发我平时在教学工作中,既要练就扎实基本功,又要深挖教材,精心设计课堂教学。只有这样,才能将数学思想方法更好地渗透到课堂中,才能更好地引导学生进行思考,让不同的学生在数学课上获得不同的发展。

"平行线的判定"评课

平度市同和街道办事处朝阳中学　赵丛丛

2021 年 12 月 17 日,我有幸参加崂山区第七中学承办的"整体数学实践展示——基于学科核心素养的初中数学逆向教学设计"的教研活动。在本次活动上,由青岛第三十九中学市北分校的任燕老师出示的公开课:北师大版八年级上册第七章"平行线的判定",对我启发很大。

一、教学过程体现整体性

本节课是在学生已经学习了平行线的判定和性质的基础上进行的,是空间与图形领域的、关于证明的入门课,是以后学习几何证明的基础。

首先,任老师通过习题引入本节课:"如图,直线 a,b 被第三条直线 c 所截,在什么情况下 $a//b$?"借助微课视频,帮助学生回忆"探索直线平行的判定定理(公理)"过程。学生通过对前面所学知识进行回顾,顺利进行知识的迁移,与本节课知识建立联系,从而达到温故知新的作用。

然后,任老师指出"同位角相等,两直线平行"是公理,可直接当作证明依据。根据该公理引导学生推导出"内错角相等,两直线平行"以及"同旁内角互补,两直线平行"。随后,任老师引导学生总结出平行线的三种判定方法,给出数学语言,及时归纳总结。整个教学过程,教师站在整体的高度去教,引导学生站在整体的高度去学,掌握平行线的三种判定方法之间的联系与区别,形成良好的数学认知结构。

随后的"尝试应用""巩固提升",让学生所学知识在应用中加深理解与掌握。讲练结合,将教师的单向传授变为教师与学生、学生与学生之间的互动,将教师唱独角戏变为学生动脑、动眼、动手,积极参与教学活动,使学生由"要我学"变为"我要学",极大地调动了学生的积极性。教学思路清晰,结构严谨,环环相扣,过渡自然。

此外,任老师对学生掌握几何语言的训练也非常重视,推导过程的书写及讲解,任老师完全放手给学生。在学生讲解过程中,任老师认真聆听,及时指出学生的错误并纠正。体现了任老师严谨治学的态度。

在整个教学过程中,任老师教态亲切,循循善诱,与学生配合相当默契。通过提问、学生相互交流,让学生与学生之间的思维,学生与老师之间的观点,触发出一个个激烈的碰撞,使学生去参与学习和思考,极大调动了学生学习积极性,取得了很好的效果。例如,"巩固提升"环节:让学生利用直尺、三角板做出直线 $a /\!/ b$,并说出依据。学生积极思考,踊跃发言,争先恐后地上台展式自己小组的交流成果。对于每一位同学的展示,任老师都给予肯定表扬,让学生随时保持着积极热情的状态。

整堂课如行云流水,步步流畅,充分地达到了知识的渗透,能力的培养,情感的交流,有效地训练了学生敏锐的观察力,发展了学生的思维能力,激发了学生的想象力和创造力。

二、教学效果高效

任老师很好地完成了三个教学目标。首先,让学生合作、探究,自主证明平行线的判定定理,掌握直线平行的条件,根据判定定理进行简单的推理并写出推理过程,实现了知识目标;其次,让学生经历观察、发现、探究、归纳等一系列过程,培养学生观察分析、归纳概括的能力,培养学生的合情推理能力和逻辑推理能力,实现了能力目标;最后,学生站在整体的高度学习平行线的判定方法,有助于学生构建一个系统的几何证明体系,掌握规范的推理论证格式,实现了方法目标。

通过这节课,我深切体会到了:在课堂上,要善于启发引导活力四射的学生,让学生成为学习的主人;要给予孩子们充分的时间探讨和合作,同时对于学生的课堂激励也十分重要,让学生随时保持着积极热情的状态上课。另外,在数学教学中,我们教师要着眼于数学知识之间的联系与规律,着眼于数学思想方法的渗透,站在整体的高度去教学。

走出去 发现数学之美

青岛第三十九中学 曹晓冬

我曾经参加在西安举行的天元初中数学名师课堂观摩和研讨会的听课学习活动。两天时间，全国各县市优秀数学教师展示的 10 节数学课，使我感受颇深，受益匪浅。老师们的课堂授课水平之高，对教材内容挖掘之深，课堂教学过程设计之精彩，让我对自己所教的这门学科有了更深刻的认识，下面就这方面谈谈自己的一点体会。

一、数学可以充满趣味和挑战

长期以来，数学几乎成了枯燥乏味的代名词，重知识的传授，轻能力的培养；重学习的结果，轻探究的过程；重反复的练习，轻情感的满足……这一切，都使学生对数学"爱不起来"。他们感到数学是枯燥的、繁琐的，数学几乎就等同于做题，而且味同嚼蜡，没完没了。学生的学习是认知和情感的结合。成功是一种巨大的情绪力量，每一个学生都渴望挑战带来的成功，这是学生的心理共性。因此，教师在课堂教学中，要有意识地创设各种情境，为学生提供挑战的机会，不失时机地为他们走向成功搭桥铺路，使他们感到数学是有趣的。在西安高新一中雒萍老师讲解"勾股定理的应用"这节课中，设计的第一个问题就非常具有挑战性。题目是这样的：有一次阿凡提去见国王，要求国王答应他提出的几个要求，国王说，如果你能站在距离我 $\sqrt{41}$ 个单位的地方回答出我的问题，那么，我就满足你的要求。聪明的阿凡提发现国王的房间是用正方形的地砖铺设的，于是阿凡提很快找到了这个位置，而且回答对了国王提出的问题，于是他的要求得到了满足。同学们，你能当一次阿凡提吗？问题给出后，学生热情高涨，因为阿凡提这个形象已经成为聪明的代名词。学生一听当一次阿凡提，向阿凡提挑战，充满朝气的初二学生谁不想一展自己的风采呢？一个巧妙的问题引入，把学生探究知识的兴趣激起，你还用担心本节课学生学习的热情吗？这就是老师的智慧。作为一名数学教师，我们应该向这些老师学习，让我们的课堂充满趣味和挑战。

二、数学可以简单而直达本质

在这次观评课中,宁波赫德实验学校胡赵云老师在讲解完几个有理数相乘的符号规律后,安排了一个玩扑克牌的游戏来巩固法则,老师规定游戏规则:每个学习小组的组长任意抽取几张扑克牌,请小组的其他同学判断牌面上几个数的乘积的符号,抽到红色的规定为正,黑色的为负。当老师给每个小组发了扑克牌后,各个小组活动很热烈,而且当活动结束后,同学们的学习热情明显地得到了提高,课堂气氛比活动前活跃了更多。游戏中也可以学习数学,数学知识可以通过玩游戏来解决,我想这种方法非常适用于刚升入初中的同学,我相信参加那堂课的同学永远都不会忘记多个有理数相乘的积的符号的判断法则。领略到名师的教学艺术,我们也看到了孩子的智慧,听到了富有思想的回答,让人忍不住为他们鼓掌,同时也忍不住为老师的教学喝彩,因为他让孩子们触及了数学的本质,从而在内心发出强烈的震撼。能让孩子们觉得数学是简单的,不仅是一种技巧,更是一种智慧,是还原数学最朴素的状态。只有这样,才能极大地释放孩子的潜能。而为了做到这一点,老师精彩的课堂设计才是最关键的。

三、数学可以鲜活而灵动

现代数学观认为:教材处理的核心是从学科世界走向学生的生活世界。当数学和学生的现实生活密切结合时,数学才是活的、富有生命力的,才能激发学生学习数学的兴趣。同时鲜明的现实背景,更有助于学生发现和理解数学概念,形成数学思想和方法,积累数学知识和解决问题的经验。我们应不断攫取生活中的新鲜素材来充实我们的课堂,使我们的数学变得丰富多彩、生动活泼。在这方面,开设公开课的几位老师都做得很好:将扑克牌引入课堂,使抽象的数学变得简单形象;将游戏引入课堂,使得呆板的数学学习过程生活化;在数学老师的学案上,小鸟从一棵大树飞到另一棵大树,使伟大而神秘的勾股定理变得那么平易近人;帮阿凡提回答完问题,同学们又和老师一起来帮蚂蚁找到爬行的最短路线。这些都让人感觉不像是在上数学课,反而像是在社区搞活动……这些鲜明的生活素材,极大地调动了学生学习数学的兴趣和热情,充分体现了新课标中提出的数学来源于生活又应用于生活这一理念。

这次听课学习的时间是短暂的,但是,我们的课堂改革以及课程改革是长久的。开设更加有趣的、简单的、鲜活的数学,从而更好地激发学生的兴趣,我想是我们数学教师一直在努力的目标。

第二节　经验共享 大家同提升

例谈完全平方公式(2)教学

青岛第三十三中学　袁翠洁

"完全平方公式(2)"是北师大版七年级下册第一章第六节的内容,在这节课中我们主要通过类比、归纳、转化等数学思想方法,引导学生进一步综合运用平方差公式和完全平方公式解决相关问题,并且深化理解公式的几何意义,培养学生的数形结合思想,发展学生的符号意识。这一节课重点和难点都是如何理解完全平方公式中乘积二倍项。针对这一问题,我们进行了三次集备。下面我和大家分享一下我们的三次集备过程。

一、紧扣教学目标 深化教学环节

第一次集备过程中,我们首先精简课件,主要集中在课前引入("怎样计算 102^2、197^2 更简单")和例题讲解环节。原本对于 102^2 的计算是老师引导学生思考:对于把 102^2 改写成 $(a+b)^2$ 还是 $(a-b)^2$? a,b 怎样确定?经过思考,我们去掉教师的提示和引导,把问题解决的过程放手给学生。这样去掉教师的束缚,更好地呈现学生的想法,从而使学生的学习过程,从机械地模仿记忆,提升为师生的思维碰撞,更好地激发学生思考。

在完成了 102^2 和 197^2 学习之后,为了巩固利用公式简化运算的方法,设计了"巩固新知"环节。集备时,我们认为原本提供的两个练习:96^2 和 203^2,只是对例题的单纯模仿,没有任何提升。因此改为 99^2-1,同时为后面例题的字母运算做铺垫。实现由数字上升到字母、由特殊到一般的转变。

教材中例 2 的第 2 小题 $(a+b+3)(a+b-3)$、第 3 小题 $(x+5)^2-(x-2)(x-3)$ 两小题,我们普遍感觉第 2 小题难于第 3 小题,因此交换了一下顺序。其中第 2 小题三项乘三项的问题是本节课的一个重点和难点，因此在例题之后，紧跟着设置了变式练习。但是，例题中相同的有两项，相反的只有一项，而变式练习相同的只有一项，相反的却有两项。大部分学生在解决时一定会遇到困难。原本此处是想通过提示，引导发现解决办法，后改为：增加一个变式练习 $(a+b-3)(a-b-3)$，将教师引导，改为学生自主思考发现解决方法，更好地体现学生的主体地位。例题之后紧跟巩固练习，希望进一步巩固所学知识。

通读本章教材，结合本节课重、难点——巩固、理解 $(a+b)^2=a^2+2ab+b^2$ 与 a^2+b^2 的关系，在"老人分糖"问题之后，我们增加了如下一个环节（图 1）：通过面积的对比，让学生更直观地感受乘积 2 倍项，在完全平方公式中，确确实实必不可少！同时，既从数的角度、又从形的角度解释了完全平方公式，体现数形结合思想，回扣上一节课内容。加深学生对知识的理解，同时增强知识间的关联性。

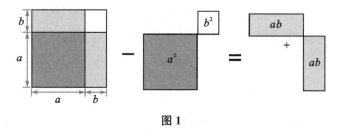

图 1

二、明晰教法学法 提高课堂效率

试讲之后我们再次针对本节课教学环节的设计、教法学法的应用、练习题的设计等方面进行集备。

首先温故知新环节，我们在课堂设计方面做了比较大的调整。由单纯"回忆公式"改为通过"正误辨析"回忆相关公式，避免学生单纯的机械性回忆，提倡学生将数学知识运用到具体问题中。课堂试讲过程中，发现课前一练三道练习题占用时间过长，影响整节课重点的讲解，因此去掉了此环节，和"正误辨析"合并为一个教学环节。突出重点，降低课堂教学起点。

"情境引入"环节，进一步简练课堂语言，并且在讲解过程中，由老师引导学生思考，改为鼓励学生呈现不同的解决方法：有的学生用小学三位数乘三位数来计算，也有的同学通过预习用完全平方公式来计算，都予以肯定。

体现数学思维的多样性。然后再对几种解决方式进行对比,让学生对比发现使用公式的简便性,从而既让学生体会到我们学习完全平方公式的必要性,又体现出同一问题,选择不同的方式,解决难度也不相同,渗透情感价值目标。

$(x+3)^2-x^2$ 这道例题,当时考虑既想让学生用完全平方公式来计算,也想对学生思维提升拓展,逆用平方差公式来计算。但是,这毕竟是八年级的因式分解的相关思维方式,就目前学生的认知水平,逆用平方差公式造成计算上一个很大的混乱,对正常运用完全平方公式,还有平方差公式,这些知识有很大的冲击,因此去掉了这一部分。

在教法、学法方面,原本前两道例题都是学生黑板板书,然后老师先针对学生在黑板上完成的情况进行讲解,再投屏展示其他学生的不同做法,最后对比讲解。教法相对单一,而且很多地方重复讲解,课堂有些拖沓,也不利于学生学习习惯的养成。试讲之后,感觉第一小题学生基本能够独立完成,只是比较容易遗漏乘积 2 倍项,因此,第 1 小题直接投屏学生的错误答案,有针对性地纠错,然后老师 PPT 展示,强调不要遗漏乘积 2 倍项。通过第一小题的强化,第二小题学生基本能够正确使用完全平方公式,因此直接由学生到黑板完成,再由小组纠错即可。第三小题则建议先独立思考,然后带着自己的思考和疑问,有效地进行小组合作。这样教师的教便建立在学生已有思考的基础上,而且教师点评、学生点评,教师引导、小组互助相互交融,教与学有机结合。

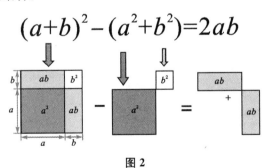

图 2

利用图形(图 2)直观感受 $(a+b)^2=a^2+2ab+b^2$,原先在设计的时候是直接教师给出来的,然后通过图形的对比,让学生直观地看到大正方形的边长是 $a+b$,大正方形的面积减去边长为 a 和边长为 b 的两个正方形的面积,得到了 $2ab$。在此处,进一步修改为:课堂上首先呈现已列出的代数式,然后引导学生思考平方的几何含义,让学生自然而然地完成从数到形的转变。

我们深感这样一改，就不仅仅是体现数形结合思想，而是真正培养学生的数形结合思想，这才是我们的数学课堂真正应该教会学生的。

三、打磨课堂语言 细化教学过程

经过反复的调整和试讲，这节课已经基本成型。在正式上课之前，我们再次对本节课深度挖掘，"情境引入"环节，"怎样计算 102^2、197^2 更简单？"去掉"更简单"几个字。因为原本有"更简单"几个字时，有人为提示引导学生使用完全平方公式的嫌疑，不如去掉这几个字，充分展示学生的思维，让学生在实际操作中发现。对于同一问题，我们是有很多方法可以选择，但是，越是复杂问题，通过这种思维训练，解决问题简化的程度越高。

例2的第一小题 $(x+3)^2-x^2$，我们再次展开讨论，是否需要呈现两种方法。最后解读本节课教材的编写意图。本节课的重点是对完全平方公式的应用和理解，此处如果提出逆用平方差公式这种方法，势必会冲击本节课的重点。而且，我们在前期试讲过程中，也尝试过讲解逆用平方差公式的方法，但是效果非常不好，因此此处保留了原先的设计，未做调整。但是，如果学生出现逆用的这种方法，老师也予以肯定。

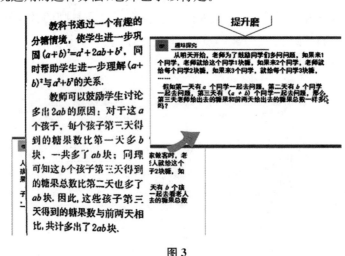

图3

针对"老人分糖"问题（图3）。首先为了调动学生的积极性，也为了激发学生学数学的热情，将"老人分糖"改成"老师给问问题的同学分糖"。然后结合安老师的建议，我们针对教参中对这部分的分析，再从公式计算和数形结合两方面体会 $2ab$ 的存在的同时，又增加从实际问题情境中让学生体会

$2ab$ 的产生。这样满足学生不同的学习需求,也加深学生对完全平方公式的理解。并且反复推敲如何引导学生从实际情境中分析、理解 $2ab$ 的存在。

教材是我们实施课堂教学,引导学生数学学习,培养学生数学思维最根本、最重要的资源。教材几经修订,可以说综合了众多大家、名师的智慧。因此,在教学中我们只有走进教材,深入挖掘教材,与教材深层次对话,才能够使我们的课堂充满灵动和智慧,才能使我们的数学教学扎实有效。

精准定位　查漏补缺

——中考复习经验交流

青岛第三十九中学　曹晓冬

一模是中考考前的定位测试,也是对初中阶段总复习的成果的第一次大检验。考试已经过去,通过一模为自己的成绩定位,总结改进自己的问题、制定正确的复习策略才是每位初三教师和中考生需要聚焦的重点。

一、一模考试反映出的问题

(一)审题

审题错误或审题模糊是考试中最为常见的低级失误,在数学考试中尤为致命。一般来说,审题错误会直接导致丢分;而审题模糊则会浪费时间,造成在考试中的隐性失分。因此,老师在试卷讲评中提醒学生关注由于审题造成的丢分现象十分必要,这在很大程度上能提升学生的细心程度和自信心。

(二)解题思维过程

中考数学提出"以能力立意",就是要求学生有更为清晰的解题思维过程,进而培养学生的理性思维。因此,在考后试题的讲评中,老师应特别注重提示学生解题过程的思维方法。通过反思,使学生明确中考对于数学思维和方法的考查,仍然要与数学知识的考查相结合,使学生明确掌握知识的发生、发展过程比掌握知识本身更重要。

(三)规范表达

简单地说,"规范表达"就是要解决学生"会而不对"的问题,也就是数学语言的表达能力问题。和其他科目不同,在数学解题中更强调严谨的步骤和逻辑,解答的过程应该完备、没有漏洞。

(四)应试技巧

和数学本身一样,应试技巧也是一种理性思维。在数学考试中,学生应该学会舍弃,在考试当中设计自己的答题节奏,使考试时间得到合理的分配。在合理的时间分配上,应该进一步分清哪些题目对自己更重要。这些题目是指应该切合自身的能力,通过自己的努力能做对的那一部分题目。

二、一模考试后的学法指导

一模考试后一段时间如何学习是学生们最感困惑的。对此情况,我会找学生谈心,关爱他们,激起学习激情。我知道热爱学生、走近学生,哪怕是一句简单的鼓励的话,都能激起学生学习数学的兴趣,进而激活学习数学的思维,做通思想工作。帮助学生重拾自信。今后一段时间如何学习,要求学生课上跟着老师的思路走,课下勤巩固,坚持每天做、看前面做过的中考试卷1~5个选择题,1道大题,90分以上的同学,建议他们课后可做一些适合自己的题目。对一些数学"学困生",鼓励他们多问问题、多思考。采用低起点,先享受一下成功,然后不断深入提高,逐步达到适合自己学习情况的进步和提高。

一模考试后,反思今后一段时间的教学,由第一轮"复习什么、巩固什么"到"解哪类题、有哪些方法"的过渡,解题不是目的,而是通过解题来检验学生的学习效果,发现不足之处,以便改进和提高。因此,解题后的总结至关重要。对于一道完成的题目,要求学生有以下几个方面总结:①在知识方面,题目中涉及哪些概念、定理、公式等基础知识,在解题过程中是如何应用这些知识的。②在方法方面如何入手,用到了哪些解题方法、技巧,自己是否能够熟练掌握和应用。③能不能把解题过程概括、归纳成几个步骤。④能不能归纳出题目的类型,进而掌握这类题目的解题通法,鼓励学生自己总结、归纳。

今后这段时间每周做一次、二次小综合练习,把平时考试当作中考,从心理调节、时间分配、节奏的掌握以及整个考试的运筹诸方面不断调试,逐步适应。滚动复习,提高重现频率。我采取"甩包袱"的策略,让学生有所为、有所不为(该做的做、不该做的不做)。每份试卷都根据学生特点进行了删减。每份试卷要达到预期的效果,讲评是关键。讲评一般包括四个方面的内容:①本题考查了哪些知识点? ②怎样审题? 怎样打开解题思路? ③本题主要运用了哪些方法和技巧? 关键步骤在哪里? ④学生答题中有哪些典型错误? 是属于知识上、逻辑上、心理上还是策略上的原因? 同时还要考虑一个问题,就是针对学生存在的问题如何调整复习策略,使复习更有重点、有针对性。而学生自己也应认真总结。要求他们在反思中力争做到"三看":一看自己在数学知识上还有什么薄弱环节,认真加以补充;二看自己在解题方法上是否还有薄弱环节,通过总结解题策略来提高解题能力;三看自己在思维上是否还有薄弱环节,从变换视角、逆向思维和求异思维中提高思维的灵活性、创造性。

实践出真知 适合的就是最好的

青岛第三十九中学市北分校 綦家武

新课标修订已有多年,新课改的理念也已深入人心,初中数学教学越来越注重学生能力的培养和提升。有效的数学学习活动不能单纯地依赖模仿和记忆,动手操作、自主探索和合作交流是学生学习数学的重要方式。因此,在十几年的数学教学中,我在课堂教学的方法改革方面不断努力尝试,有了一些自己的心得和相对固定的教学办法。下面谈谈我在教学中的几方面实践。

一、选择性使用学案或课件导学 提高课堂效率

"学案导学"教学模式基本上是以老师构建学案—学生自学—相互合作—交流讨论—老师引领总结为主线。因为该模式能够凸显学生学习的主体性,并且在学习中培养了学生的合作意识、语言表达能力等,对学生的全面发展有积极的意义。"课件导学"的模式优点在于,可以采用多媒体技术中图形的移动、定格、闪烁、色彩变化等手段表达教学内容。动画模拟不但能彻底改变传统教学中的凭空想象、难以理解之苦,同时还能充分提高学生学习的主观能动性,产生很好的教学效果。

在具体教学中,我很少两种导学法同时并用,通常会根据课程内容选择

其中一种更适合的、更有利于课堂提质增效的。如果两种方法切换使用,多数情况下会分散学生有限的注意力,日常教学中最重要的是实用,对学生来说,最重要的是落实。

通常需要计算的代数部分或需要严格证明过程的几何内容,多选择"学案导学",能更好地抓学生落实,也能更好地检测反馈。如果所学知识需要数据直观展示或图形动态演绎,这时候需要思考、探究的内容比较多,需要给学生更多的直观引导,选择"课件导学"更有利于抽象的数学知识的具体化,有利于逐步培养学生的空间想象和规律探究。

二、同伴互助 形成学习共同体

建立学习共同体需要考虑两个方面的问题:①学生能否真正从学习共同体中获得智力进步和能力提高,是否对他们产生积极的影响;②教育公平的问题,即团队与团队之间的数学水平是否能够一致,不同共同体之间能否有合作、有竞争力的共同进步。

学习共同体的开展是全方位的,从课前预习、分工合作,到课堂讨论、互相答疑解惑、思想碰撞,再到课后作业分层布置、协调解决,整个学习共同体的权益是一个整体。课堂优秀表现的加分、检测中的进步加分、作业完成良好的加分等等,最终在学期末会根据小组的整体得分,评选最优学习共同体,集体荣誉让每个同学都可以得到最大的奖励,鼓励互助合作。

升入初中后,学生面临的学业压力增大,但仍然有许多学生因为贪玩、沉迷网络而在课后"放飞自我",既不预习也不复习,所以在课上听不懂、跟不上。教师要灵活地发挥学习共同体的作用,因为利益共享、互相影响,所以让学习共同体的成员之间相互监督、互相帮助、共同进步,养成良好的学习习惯,达到共同进步的学习效果。

三、分层布置作业 减负增效

学生的学习能力、学习习惯在初中阶段的差距越来越大,每个学生都是可造之才,但在初中数学学习中成绩分层是不可避免的,尤其是在八年级以后,学生的理解能力和认知能力的发展出现比较大的分层,导致很多学生跟不上一般的学习进度,更不用说拓展研究了。而其中一些思维活跃、能力明显领先的同学,一般学习进度又吃不饱,所以分层教学和分层作业势在必行。

因为受初中数学课时短和教学内容量大的限制,课堂授课的分层教学其实很受限制,讲课如果难度大一些、拓展一些,学习能力中等和偏下的学生跟不上,讲得简单一些,对学习能力优等的学生基本属于浪费时间,很容易使他们失去课堂学习的兴趣,所以,在一般情况下,课堂教学都是围绕中等教学难度展开。相比较而言,作业分层的实行空间就大很多,所以,在学生出现比较明显的分层情况时,我都会比较适时跟进分层作业的布置和评价。

设计分层的数学作业,对于基础较薄弱的学生来说,使用基础概念基本定理的题目应该是作业的主要部分,可以帮助学生巩固课堂所学,同时规范学生的答题过程,熟练运用相关的概念和定理;而针对学习能力较强的学生,作业中不仅需要有基础题目,还应当涵盖一些能够拓展学生思维的题目,以提高学生自主学习的能力。

对不同学生提出不同的作业要求,客观尊重学生的差异化,而作业评价更是关键,更多地鼓励学生、肯定学生的进步,对学生提出适合的建议和有针对性的指导,让每一个层次的学生都有成就感是最难能可贵的。

作为多年处于教育一线的数学教师,同时也是多年的班主任,每天都有大量的时间和学生在一起,观察他们、引导他们、影响他们,经常感觉压力山大。因为我们的工作是影响孩子们一生发展的,所以,在初中数学教学的路上,我会多一些认真准备、多一些课堂热情、多一些课后思考、多一些责任和担当,始终走在"为学生更好地发展"而努力的路上。

我的教学策略分享

青岛第三十九中学市北分校　　任燕

我在初中数学教育之路上走过了近 12 个春秋,从一名对教学懵懵懂懂的年轻教师,蜕变成如今步入而立之年的骨干教师,其间有磕磕绊绊,但也在逐渐成长,收获了一些成绩,积累了一些经验。我从以下几个方面来分享自己的一点教学心得。

一、提升自我　形成自己独特的教学风格

教学风格既不会与生俱来,也不会无缘无故地突然形成。教学风格是

教师大胆实践、勇于探索、长期教学经验积累的结果。首先,我要求自己掌握教育科学理论,然后辩证灵活地运用教育科学理论来指导自己的实践。其次,我认为,教师面对的对象是学生,只有热爱自己的学生,才能把教育当作事业来追求,才能享受"乐教"的乐趣。再次,教师要有清醒的自我定位。以我自己为例,我上课时富有感染力,融语言、表情于一体,但缺乏毅力和耐心,对基础差的同学不能很好地去辅导和教诲。在了解自我之后,我就会有意识地多关注基础较差的同学,对学生要有同理心、多表扬、少批评,善于发现学生的优点。最后,教师要善于借助团队智慧。在集体备课活动中,一定要善于听取他人的成功经验,如对某一教材内容的教法、学法、重点、难点的确定和处理,在交流过程中不断提升自己的教学水平。

二、摸清班情学情 找准教学切入点

对自己新接班的班级,首先搞清楚班级的整体学情。比如,是属于两极分化严重的班级,还是优生少、中等生多、学困生少的"大肚子"班级,抑或是学困生比较多的班级。对于两极分化比较严重的班级,我会利用"结对子"的形式——"小师傅"教"小徒弟":小师傅用自己的语言讲解知识时,会将知识内化;小徒弟得到了一对一的点拨,对知识更容易接受,最终同学们的成绩都得到了提升。而对于中等生较多的班级,我会努力寻找学生的"闪光点",抓住每一次转化契机,多表扬和鼓励,给他们创造表现的机会,调动他们的积极性,并通过营造气氛,调动他们的竞争意识,将其转化为优生。对学困生比较多的班级,就要多鼓励,不要打击他们;批评时不要太直接,换一种语气学生易接受;有一点进步就鼓励。同时对他们期望值不要定得过高,过高既让自己失望,也让学生没信心。要有耐心,不要着急,换位思考,促进双赢。

高效课堂的构建离不开准确把握学情。学生现有的知识结构、兴趣点、思维状况、认知规律都是我把握学情的切入点。我会通过课前测了解学生的知识经验,课前预设学生学本课最大的困难是什么? 可能会在哪些地方感到困惑? 学生会对哪些内容理解不透彻? 是否愿意按我的设想去学习、去思考、去探索、去交流等等。针对这些预测制订相应的措施或策略。在课堂上,我会做到"眼观六路、耳听八方",通过观察、倾听、分析,密切关注学生的表现,善于捕捉转瞬即逝的学情。学生已经领会的,不必再纠缠,学生的理

解有误的,想方设法帮助和引导,根据课堂的生成实际,不断调整,展开教学。

总之,学情分析是对以学生为中心的教学理念的具体落实。为人师者,只有充分关注学情、依据学情,制定目标,组织教学,方能让课堂高效起来。

三、抓好课后落实 巩固教学成果

课后落实有"硬任务"和"软任务"之分。硬任务指完成具体的练习题,并上交批改;软任务指复习、预习、思考等等。一般来说,硬任务比较好落实,而软任务不太好落实。软任务要硬化,我会利用课前 3～5 分钟进行检查;硬任务要强化,要清查是否有缺交、迟交、"假作业"(抄袭),是否按要求完成(包括方法运用、答题规范、卷面书写等)。学生作业应该全批全改,尽量避免部分批改和学生自对答案的现象。

课后落实还应包括作业和测试之后的改错落实。要分层次提出改错要求,学困生只需将基础题进行改错,并会做基础题的变式练习。中等生和优生则需要分析自己的错误,收集错题整理到纠错本上,以防再犯此类错误。

教无定法,贵在得法。针对不同的学生,采用不同的方法,构建师生和谐的高效课堂,是教学最终目的。

勤学善思 多问笃行

平度市同和街道办事处朝阳中学 赵丛丛

大家好,很荣幸能有这样一个和老师们交流学习的机会。听到刚才两位优秀老师的发言,我深有体会,也学到了很多。我也是一位正在成长的教师,在这里,很高兴与老师们分享自己的成长感想和教学体会,不当之处,请批评指正。我将从以下三个方面分享。

一、青蓝工程助力成长

从融入朝阳中学这个大家庭的第一天起,我就深深感受到了朝阳中学全体教师的团结向上和兢兢业业的工作热情。为了能让每一个学生成人、成才、成功,我们学校的每一位教师,从领导干部到普通教师,从前勤教师到后勤职员都担负着多重角色,我们既是老师,也是父母,更是朋友。每一位老师每天都是早出晚归,每时每刻都在想着一件事:怎么才能上好每一节课?怎样才能让每个孩子都不掉队?我被这种浓浓的教书育人的氛围深深感动和感染着,所以,我也暗暗下决心:一定要做一个像他们一样的老师!

不知不觉,在这里工作已经4年多了。4年来,我在教师这个平凡的岗位上履行职责、默默工作,也在朝阳这片沃土中不断地磨砺、锤炼、成长。

作为一名新教师,我对课堂的了解是从听课开始的。为了使我们青年教师成长得更好更快,学校一直坚持"青蓝工程",为我们每一位青年教师高配了一位师傅。学校领导也一直让我们秉承"青年教师要先听课再上课"的优良传统。从经验丰富的老教师身上我的确收获非常多。他们对于学科有着整体、系统的把握,对于各阶段的教学目标有着清晰的定位和理解,每次针对我的问题他们都会给出实质有效而且具体多样的教学建议,他们经常针对某一课题进行一帮一备课,帮助我分析教材,教我如何关注学情,如何抓教学重、难点及各个环节如何在课堂上实施,不同的班怎样实施。每次我都会有很多实际的收获,然后对他们的建议进行思考和整合,整理出有效的方法,应用于我的日常教学中。

二、集体备课促进高效课堂

在朝阳中学,在数学组,我们大家都有一个共识:大家好才是真的好。每个人都为集体的发展献计献策,心灵的碰撞产生了智慧的火花。组里每位老师心里都有这样一句话:我们大家要抱成团。抱成团,就会出成绩,比单兵作战更容易出成绩。

最让我记忆深刻的就是2022年疫情期间的网课,老师们都知道,刚开始时,这是困扰我们的一大难题。怎样录课,怎样网上上课、批作业?选择哪个软件?都让我们无从下手,尤其是老教师们。作为青年教师,电脑技术是我们的强项,所以,组内青年教师先学会这些网课的电脑技术,然后再培训组内所有的老教师。我们组内的老师都非常好学,尤其是老教师,他们的电脑技术不熟练,他们一遍遍问,我就一遍遍指导,功夫不负有心人,我们组内所有老师在三天内就掌握了所有网课技术,我们学校每个班级的网课都顺利进行。作为初一数学组组长,统筹好网课的备课也是我的责任。虽然我们都是在家办公,但是每次的教研活动我们都跟在学校一样,每位老师从不缺席。一周一次的集体教研、每天针对遇到的难题随时教研成了我们的习惯。所以,在我们组所有人的共同努力下,网课期间我们学校学生的上课质量都非常高。承蒙平度教研员郭春东主任对我们的信任,我们还承担了平度市中小学云课堂 23 节课的录制。开学考试,我们的数学成绩由原来的全市同类学校第二跃居第一。成绩的取得让我真正体会到集备的重要性,在此非常感谢组内教师的支持与帮助!

三、教学反思提升专业能力

初入朝阳中学,承蒙领导信任,我除了教两个班的数学外还担任一个班的班主任。我就认真观察并学习其他班主任的班级管理方法,比如:早读晚自习多靠靠,上课到教室后边多看看,及时发现班级问题并及时解决,这是及时了解班级情况的最直接方式。不懂的地方就去找其他班主任求教,这些同事也都非常热心地帮助我,这才使我一点点摸着了当班主任的门道,学校领导们更是经常指点我在工作上面的得失,让我及时反思自己,及时调整自己。反思真的是加快青年教师成长的有效途径之一。

古人云:"亲其师,信其道。"作为一名青年教师,在工作中我除了要不断提升自己的业务能力外,我还跟老教师们学着怎样提高自己在学生心目中的威信力。这样我才能在教学和班级管理中事半功倍。"教育者先受教育",从平时的教学生涯中让我体会到了这句话的真谛:我们要时时处处以身作则,为人师表,凡要求学生做的,自己必须先做到最好。每天我都会问我自己:做事尽心竭力了吗? 处事恰如其分了吗? 教育是爱的共鸣,是心与心的呼应。做教师,要对每一个学生倾注爱心。教师只有热爱自己的学生,才能教育好学生,才能使教育发挥最大限度的作用。因此,每一天我也会问自己:每一件事都是从爱出发了吗? 这样的反思让我更清晰地认识自己,也让自己的努力方向更清晰、更明确。

总之,我的点滴成绩的取得是学校各级领导和各个老师帮助与支持的结果,是集体智慧的结晶。在大家的帮助与鼓励下我以最快的速度从一个无知的学生转变成颇具成熟气息的教师,大家在教学中及时给我指引方向,让我消除了初来乍到时的许多困惑和对许多事的措手不及。我学会了与学生融洽地相处,学会了课堂授课的游刃有余。

我知道"机会总是青睐有准备的人"。我要继续不懈拼搏,不断向每一位老师学习,做一个永远"有准备的人",一辈子做教师,一辈子学做教师。

提高课堂教学效率的几点做法

胶州市第十八中学　姜旗旗

课堂是学生学习文化知识、进行品德教育的主阵地。尤其是在双减政策下，要有效减轻义务教育阶段学生过重的作业负担和校外培训负担。在这一政策背景下，提高课堂教学效率，尽量在有限的时间里，出色地完成教育教学任务，是提高教育教学质量、培养21世纪合格人才的关键。以下我将结合自己的教学实践，对如何提高数学课堂教学效率的几点做法做粗浅的总结，欢迎大家批评指正。

一、鼓励学生课前预习

课前预习对学生来讲是很有必要的。通过预习，学生对将要学习的知识会有一个大致的了解，把握自己理解的难点，课堂上听讲就会更有针对性，这在一定程度上可以提高课堂效率。在新学期的第一节课我都会耐心地向学生讲预习的重要性并持续培养学生课前预习的习惯。在讲授新课之前，我会向学生布置预习任务并按时检查。

如在学习"一元二次方程"这一章时，我给学生布置了预习任务：①一元二次方程中的"元"和"次"分别是什么意思；②找出解一元二次方程的方法；③总结用每种方法解一元二次方程的步骤。这样的预习任务，将贯穿整章的学习。会使学生的课堂学习变得更有目的性，学习更高效。同时也帮助学生对整章的知识结构有一个整体认知。

二、重视备课

备好课是上好课的前提，好的备课也是提高课堂教学效率的关键。我坚持在备课时既关注教材又关注学生。首先做到自己熟知教学内容、把握教学重、难点，然后思考用什么方法教，学生要掌握到什么程度，在备课时做到详略得当，重、难点突出。同时也要重视集体备课，集大家智慧为己用。

三、教学方法多样化

在课堂上我灵活运用讲授法、直观演示法、讨论法、练习法、多媒体辅助教学等方法调动学生的学习积极性。尤其是在解决综合性比较强的题目时,我会和学生一起分析题目所考察的知识点,然后让学生小组讨论,这样能充分调动学生的积极性和主动性。

例如,在"应用一元二次方程"一节中有这样一道例题:

新华商场销售某种冰箱,每台进货价为 2 500 元。调查发现,当销售价为 2 900 元时,平均每天能售出 8 台;而当销售价每降低 50 元时,平均每天就能多售出 4 台。商场想要使这种冰箱的销售利润平均每天达到 5 000 元,每台冰箱的定价应为多少元?

此例题中涉及的数量关系较多,学生在思考时有一定难度。上课时我会在带领学生审清题意的前提下分析此题的解题思路。然后让学生小组合作,用合适的方法分析其中的数量关系,进而设出合适的未知数解决问题。

讨论结束后我经常让学生当小老师带领同学们再次梳理题目的解题方法和步骤。比如,同学们通过这道题的梳理,可以更加明确列一元二次方程解应用题的一般步骤是:审清题意,找出等量关系,设合适的未知量,列方程,解方程,检验解的合理性,作答。其中关键就是寻找等量关系。这样既防止了学生在听老师单方讲解时由于听不懂而走神儿的现象,又在讨论过程中培养了学生的综合能力。然后我会再出示一道变式练习题检查学生的掌握情况。

再如,大多数课我都会设计当堂检测题目用以检验学生对本节课的掌握情况。学生在做题的时候我会不停地巡视批阅。简单的概念辨析、套用公式计算等题目,我会批阅组内基础较弱的学生的作业,稍灵活一点的题目我就批阅成绩中等的学生的作业,综合性强的题目我会批阅组内成绩较好的学生的作业。这样不同层次的学生都会有一种紧张感和时间观念,注意力也更加集中。我也对学生的当堂掌握情况做到心中有数,对出现问题较多的题目在下一节课上课时重点讲解,个别同学出现问题的题目就留作课后小组讨论解决。

四、精心布置课后作业

课后作业是巩固课堂教学的必要手段。我根据不同学生的学习能力、状态有选择性地布置分层作业,并严格把控作业质量,使不同成绩的学生得到适当的练习,从而满足不同学习程度的需求。

以上是我在提高课堂教学效率的几点做法,不当之处,恳请批评指正。

爱与责任同行 实现扶智理想

莱西市河头店镇南岚中学　段琴琴

各位领导、老师：

我很荣幸有机会向大家汇报工作。我汇报的题目是"爱与责任同行 实现扶智理想"，不当之处，敬请批评指正。

南岚中学是一所普通的农村学校，随着进城务工人员的逐年增加，农村学校面临着生源总人数逐年递减、优质生源严重流失、后进生的比例逐年递增的困境。并且，数学科目一直是我们学校最弱势的学科，我教的这批初四学生，初三期末考试成绩与乡镇中心学校平均分相差接近 15 分。面临这样的状况，怎样才能让每一个孩子都能够升入理想的学校，是领导与老师迫切想要做好的一件事情。教研员崔老师也是看在眼里、急在心里，亲自带领有经验的老师去我们学校手把手、面对面地指导我们的工作。在崔老师的引导下，我们学校姜校长与数学组齐心协力，直面问题，突破难点，深耕细作，一步一个脚印地努力着，中考数学平均分达到 70.8 分，中考普高录取率达到 53.52%，平均分、录取率均名列前茅。

记得 2020 年 9 月，刚调入南岚中学的第一天，拿到分班成绩后，我当时的心情可以用惊慌失措来形容，全班 35 人，及格 12 人（其中 3 人还是 72 分），30 分以下 12 人（其中成绩个位数的有 9 人）。他们都是普普通通的农民的孩子，有的是单亲家庭或者留守儿童，考入高中是整个家庭的希望。姜英平校长是一位特别有教育情怀的人，她嘱咐我说："这些孩子能否顺利考上高中，关键还得看数学成绩。你的责任很重，因为你在给一个个家庭带去希望。"尽最大努力把这批学生送入高中，就是我们的梦想，更是我们的责任。

一、真诚鼓励 树立目标

对于农村孩子来说，家长往往没有时间陪读，也没有能力辅导他们。因此，让学生意识到中考对他们的重要性，意识到时间的紧迫性，然后发挥他们的能动性，这是最重要的。

1. 家访谈心。利用课余时间进行家访，跟家长交流，跟学生谈心，揣摩每个孩子的性格特点,摸透每位同学的现实困难。同时,给家庭带去关爱,让学生感受到老师是真心地想要他们进步、有出息。老师走进了孩子心里,就可以转变孩子的求学态度,同时也得到家长的大力支持。

2. 树立目标。利用开学第一课、班会课、自习课等,结合自己的成长经历谈中考的重要性:中考是比知识、比能力、比心理、比信心、比体力的一场综合考试;是一个实现人生的省力杠杆,毕业班这一年是撬动它的最佳时机。开展"传递梦想"仪式,让学生写下自己的目标,封在信封里,交给老师保存。然后每个人都制定自己的实施策略,朝着目标努力。此时老师给学生树立信心,让学生坚信通过一年努力一定能达成目标。

二、找准问题 对症下药

这帮同学基础太薄弱,又没有养成良好的学习习惯,只有目标,落实不到行动上是不行的。比如开学第一周,上课学生基本不回答问题,即使叫他们回答,声音也很小,因为他们根本没有自信。我们数学组的老师群策群力,在第一周集体听课后,定下如下措施。

1. 设计精彩课堂,吸引住学生。要想提高成绩,课堂是关键。如果课堂吸引不住学生,说效率就是空谈。我们集思广益,通过降低上课内容的难度,精选习题,设置丰富的课堂活动等措施吸引学生参与课堂,使其慢慢对数学感兴趣。同时设立奖励措施,大力表扬上课积极回答问题的同学。毕竟是初中生,好胜心强,基本从第三周开始,学生上课回答问题就比较积极了,而且有的同学还开始勇敢地到讲台上讲题。

2. 作业分层,全批全改。课堂听明白了,还必须加强课后作业练习,才能增强熟练度。这批孩子,成绩不理想的另一个原因,就是家长的监督跟不上,所以利用手机玩游戏的同学很多。课后作业,更是以手机搜答案者居多。我还记得第一次让我傻眼的数学作业:认真写作业的学生基本没有,十几位同学都是用手机在网上搜的答案!作业和考试是查找孩子自身知识漏洞的最好媒介,也是老师跟学生一对一交流的最好工具,必须要改变作业现状!这是我们数学组的共识。

我们制定的措施是把作业分层,同时做到全批全改。作业分层,就可以根据孩子的知识掌握情况来布置作业,让他们跳一跳,可以够得到。这样也就没有了用手机搜题的借口。全批全改,就可以摸透每个孩子对知识的掌握情况,便于针对性辅导。这样坚持了两个周的时间,学生上网搜题的状况就大大减少了,作业质量明显提升。

三、聚焦问题 精准辅导

对于我们的孩子来说,仅靠课堂老师讲题是远远不够的,还得有可行的辅导策略,量身定做,为孩子们制定辅导计划。我们的做法如下所述。

1. 分层教学。将学生按照数学成绩分为三层。对于前几名学生每天多布置一道精选习题,全批全改,单独辅导,提高成绩;对于数学中层的学生经常谈话、鼓励;对于后进生给他们安排小师父,让小师父督促他们学习。

例如,后进生学习内容分层:老师与学生一起,分析中考 24 个题,根据学生的基础,让学生列出突破的知识点,每天学会一个知识点,每周学会一个中考题型,学会后记录在纸上。精选出后 30% 的学生能够得分的习题,单独组题,形成试卷。老师、小师父、后 30% 的学生三者一起努力,按照"学习定义定理—讲解典型例题—巩固提升—再巩固提升—灵活运用"的流程,将前面规划能够得分的知识点逐个突破。

2. 培训小师父。刚开始我们上课的状态是,老师讲完难度偏上一点的题目有一半的同学不能完全理解,那就让学生小组长再讲一遍。开始组长讲题讲不透彻,我们采用课上课下的培训,两个周后组长就都能清楚地讲明白题目。所以,我们的课堂经常会把最后 10 分钟留给学生。

3. 集备补标训练。进行复习时,如果哪一类知识掌握不好,那就会集体备课,精选学生错误率高的习题反复练。尤其是网课期间的那部分知识,我们从基础的知识点开始补起,帮助学生掌握好基础知识。

四、巩固所学 提高能力

学生成绩不好的原因大部分是讲过的同类型题再做又错,所以,我们指导学生进行错题修正,具体做法如下。

1. 建立错题本。老师每天批改错题本,每天的错题要求学生写上日期并且按序号排列,一学期整理 200 道题左右。每一道习题的整理都用三色笔:黑笔书写原题,蓝笔书写过程,红笔书写错误原因。尤其需要书写本题的关键步骤与做题时的卡点以及所用知识点。进入二轮复习后每周将错题以思维导图的形式再整理一遍,培训学生按照章节知识点或者中考题型的一类题目整理。先整理原题,过两天自己以考试的形式书写答案,再对照错题本批改。

2. 写试卷反思。三轮复习后基本上是强化考试。根据考试成绩,给我们的学生设置挑战目标、名次,挑战成功会获得奖励。每次考试,讲评试卷后都要求学生书写试卷反思、然后找老师审核。既有知识点上的反思,也有答题技巧和策略上的反思,老师对每个学生给予适合他们的指导。学生逐渐练就了一项技能是,他们能根据自己的知识掌握情况,来调整自己的答题时间。

五、聚焦目标 精准施策

1. 确立目标分数。学生选好自己的挑战对象,组织目标挑战赛。比每次作业的等级,比每次单元检测成绩。老师建立动态分数折线统计图,根据统计图分析学生的动态变化和提升速度。对进步大、挑战成功的学生予以奖励。

2. 每次考试的质量分析,校长都会亲自带领我们分析班级成绩,具体到每位学生的每一科成绩,有针对性地提出解决策略,也会经常找学生谈心,尤其是中考之前,校长、级部主任、班主任,还有我们任课老师,都找过每位同学谈心。

六、实现扶智 收获幸福

分数段	初三升初四成绩人数	中考成绩人数
90 分以上	5	11
72 分以上	12	21
30 分以下	12	3
10 分以下	9	0

这是今年中考和去年期末考试的分数对照表。其中,升初四时 12 名的王同学 29 分,中考 88 分;升初四时 24 名的聂同学 20 分,中考 89 分;升初四时倒数第三的另一位王同学 7 分,中考 49 分。原来的边缘生通过自己努力考上高中,本来没希望考学的学生通过努力考入了综合高中。这些成绩的取得有领导的支持鼓励,有同行的帮助,当然也有孩子们自己的努力。因为

他们真切地体会到南岚中学这个大家庭对他们的关爱,体会到领导和老师对他们认真负责的工作态度,也感受到老师对他们的爱与期望。中考后我收到一些孩子的微信,也接到不少家长的感谢电话但最令我们欣慰的是学生爱上数学,最值得感动的是这些孩子懂得感恩。相信这些转变会让他们的人生变得更加幸福。

作为老师,学生的进步与幸福是对于我们最大的回报。反思一年的工作,作为农村的初中教师,我觉得,爱与责任心是做好学生扶智工作的前提。我们要以人为本,以生为本,以学为本,坚持回归常识、回归本分、回归初心、回归梦想,不放弃一个学生! 让每个孩子都努力成长为最好的自己!

第三节　规划自我　上下而求索

云端相约　携手共进

——青岛市荣秀梅名师工作室第一次会议

2021 年 4 月 9 日上午,青岛市荣秀梅名师工作室开展第一次线上会议,由工作室主持人荣秀梅老师主持。首先由荣老师介绍工作室的组成情况和发展规划,然后由 9 位成员老师结合自己的自身情况交流三年规划,最后由荣老师做总结发言,并向成员们介绍近期活动安排。

工作室成员来自局属、市北、崂山、平度、胶州、莱西等多个区片的学校,旨在发挥荣秀梅老师的名师指导、示范和辐射作用,为优秀教师实现自我价值,提供机遇,促进年轻教师迅速成长,使工作室成为重要的骨干教师培养发源地,促进数学教师队伍的不断发展。

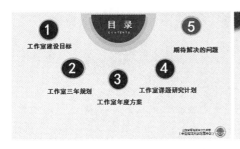

在会议中,荣老师向成员们具体介绍了工作室的建设目标、三年规划、年度方案、课题计划和解决问题,成员们结合自己的工作实际分析目前的优势和不足,交流自己的三年发展规划。大家纷纷表示非常感谢这次在工作室的学习机会,希望能够利用这次机会学习先进的教学思想和方法,培养自己的科研能力,以工作室为依托多出成果,真正发挥工作室的价值。为达到这样的目标,在接下来的学习周期里,成员们会积极参与教学观摩和研究活动,定期读书交流,争取每年撰写教育教学论文,出示展示课,督促自己向研究型教师努力。

名师工作室活动为每一位参与的老师搭建了与名师沟通学习的机会,也是一个宝贵的教育资源交流平台,项目式教学是三十九中的教育特色,来自三十九中的荣老师在会议上结合自己的教学体验,鼓励成员们尝试项目教学,为工作室的研究发展提供了方向。"独行快,众行远",成员们各抒己见,为工作室的发展群策群力,相信在大家的共同努力下,工作室一定会越来越好。

学无止境苦与乐 习无终点甜和悦

——记青岛市荣秀梅名师工作室参加"整体教学"
教学研究和实践推广与应用现场会

最美人间四月天。在春风和煦、鸟语花香的 2021 年 4 月 16 日上午,青岛市荣秀梅名师工作室成员从市南、市北、崂山、平度、莱西等多个片区齐聚胶州第十七中学，参加"整体教学"教学研究和实践推广与应用现场会。

上午的会议分为以下 5 个环节。

第一环节　胶州第十七中学刘乃志校长出示青岛市公开课"5.1 分式"

刘校长的课堂以学生为主体，引导学生从更深层次去思考问题，在让学生学习系统完整的数学知识的同时，经历了完整的学习过程，从而达到了发现问题、提出问题、分析问题和解决问题的有机统一。

第二环节　青岛第三十九中学徐永文老师出示
青岛市公开课"寻找身边的数字黑洞"

徐老师引用伟人名言鼓励学生大胆猜想,整堂课学生沉浸其中,享受老师给同学们带来的知识盛宴。最后展示环节,学生大胆猜想,小心求证,很完美地呈现了所设计的项目。

第三环节　评课与交流

参加会议的各位领导和老师对两堂课都给予高度评价。其中,刘乃志校长的课中运用多种数学思想和方法,层层递进地引导学生掌握新知,并且通过大量举例让学生更好地掌握所学知

识。采用整体教学使所学更加系统、完整。

名师工作室成员王永钢老师对徐老师的课进行精彩点评:本堂课三个环节经历了"发现—归纳—猜想—验证"的过程,整个探究过程结构清晰,层层深入,引领学生不断深化认知。徐老师深入小组去聆听、去指导,让小组讨论。这是用结构的环节,学生用所学所思去设计自己的程序,培养了学生的创造性和逻辑思维的严密性。小组合作、小组互助、学生上台展

示等环节表现得淋漓尽致。

第四环节　刘乃志校长进行"'整体教学'教学研究与实践"成果介绍

刘乃志校长给老师们分享了"整体教学"视角下单元教学的设计与研究。他从何为"整体教学"、"整体教学"在单元教学设计中的应用两个方面介绍了自己和自己带领的团队关于整体教学的研究。刘校长的整体教学强调知识与学习的整体性，通过数学整体性学习，提升学生的数学直觉；通过四个不同的应用案例的介绍，让我们明确了要站在数学整体的高度进行教学，让学生不仅在一开始就能"见木知林"，而且可以建立起良好的数学认知结构。

第五环节　第二批教学成果推广应用基地学校(工作室)授牌

授牌仪式上各位专家为学校授牌。

授予：青岛市荣秀梅名师工作室"整体数学"教学研究与实践成果推广应用基地

下午的会议，大家聆听了傅海伦教授的讲座。

一天会议的学习，老师们听得认真，记得仔细。我们相信，通过这次学习，老师们都将会带着满满的收获，在今后

的教学中、在自己的工作岗位上继续进行"整体教学"的研究,并将所学应用到实践中。让学生在面对未来时,能够根据今日之所学,创造未来之所需。

名师引领促成长 砥砺奋进共远航

——荣秀梅名师工作室启动仪式

5月,春和景明,给予新的生命,寄予新的希望。三年规划,未来可期,不负春光,不负职业,不负自己。名师工作室自确立以来,在工作室主持人荣秀梅老师的引领下,紧锣密鼓地开展了一系列工作。翘首以盼,终于迎来了工作室的揭幕仪式。

2021年5月19日下午,荣秀梅名师工作室启动仪式在青岛第三十九中学隆重举行。参加此次仪式的有:青岛市教科院课程中心孙泓老师、刘峰老师;青岛市教科院数学教研员安志军老师;青岛第三十九中学白刚勋校长;李沧区数学教研员万发山老师;青岛第三十九中学教务处杨涛主任;荣秀梅工作室主持人及全体成员。

此次活动分为三个环节。

环节一:听课评课

下午第一节,舒畅老师出示新授课"频率的稳定性"。经过精心准备、深挖教材、巧妙设计,舒老师以娴熟的教学技艺、丰富的教学经验、扎实高效的课堂训练,为全体老师奉献一场视听盛宴。

环节二:工作室启动仪式

1. 青岛市教科院课程中心孙泓老师致辞

孙老师对工作室的成立表示祝贺,并对成员们提出殷切期望。正是有了以白校长为首的青岛第三十九中学各位领导的支持,为成员们搭建良好的平台,并做好学生、家长的工作,工作室才得以顺利启动。荣老师是新时代的四有好老师,成员们要向荣老师学习,早日成为名师。同时,孙老师提

出,希望工作室的成员要有大格局,要立德树人,实现学生的全面发展,培养学生的学科素养;要切实落实三年规划,而不仅仅落于纸上!建议成员们要多读书:读有智慧的书;有思考:形成自己的教育智慧;会表达:传播自己的教育智慧;勤反思:形成自己的教育理论。

2. 工作室成员代表任燕老师发言

任老师针对工作室近期活动做了总结,表示初次接触项目教学就被它深深震撼。并指出:只有不局限于三尺讲台,走出去,才能引进来。最后,任老师代表工作室全体成员做了表态发言:我们将充分发挥工作室全体成员的智慧和教学研究能力,发扬开拓创新精神和团队合作精神,潜心研究,精心总

结,取长补短,不断完善自我,披荆斩棘,迎难而上,携手并进。

3. 工作室主持人荣秀梅老师发言

荣老师首先对青岛市教科院、学校各位领导给予的支持与帮助,以及成员们给予的信心表示感谢!正是这样的支持与帮助,让自己能走出舒适区,去追求教育理想初心;让我们这些志同道合的人走在一起,组建团结互助、持续发展的工作室。同时,荣老师对成员们提出建议:一是青年教师要善于学习,善于发现别人身上的闪光点,谦虚好问,取别人之长,补自己之短;二是

抓住机遇,爱拼才会赢,我们要充分利用好学校为我们搭建的平台,早日成长为名师;三是脚踏实地,但也别忘了仰望星空。在每日忙于备课、批改作业的时候,也要多读书、勤实践、善思考。

4.青岛市教科院安志军老师讲话

安老师指出:青岛第三十九中学的项目教学是起步最早、成型最早的学校。青岛第三十九中学给我们搭建了很好的平台,成员们要借助名师工作室这个难得的舞台,绚丽绽放,传递火种,光大火焰。

5.青岛第三十九中学白刚勋校长讲话

白校长对工作室的成立表示祝贺。白校长认为:荣老师是优秀的教研组长,对 39 中做出突出贡献,也是一位让自己尊敬的老师。她有高尚的职业道德情操。荣老师的课堂轻松、愉快,学生收获很大,让听课的教师也能融入课堂。她从教 24 年,对孩子们付出全部的热忱,得到学生和家长们的一致拥护爱戴,孩子们亲切地称之为"荣妈妈"。同时,白校长表示,感谢市教科

院对 39 中数学组的支持与指导,并对成员们提出殷切希望。一是要做好定位。不仅要定位荣老师,更要定位自己。对荣老师,她是我们学习的榜样,要敬师,这是一种态度;对自己,要自信,落实自己的三年规划,明确自己的起点及目的地。生命的

价值在于创造价值。人应该辛苦,辛苦之后才会幸福,才有实现价值。二是抓住机会。青岛第三十九中学正是因为抓住了海洋教育集团和项目教学的机会才有了现在的傲人成绩,成为国家示范级学校。成员们要不断积累总结,潜心沉淀,成为师德高尚、造诣深厚、业务精湛的"火种"教师。

6. 举行授牌仪式,并合影留念

(1)白校长和孙泓老师给工作室授牌。

(2)白校长和刘峰老师给安志军和孙泓老师颁发导师聘书。

(3)白刚勋校长、孙泓老师、刘峰老师、安志军老师、万发山老师、杨涛主任、荣秀梅老师给成员颁发聘书并赠书。

环节三：青岛市教科院安志军老师讲座

安老师给成员们观看"机器人"视频，告诉我们科技的发展并不匀速，我们要让机器人为我们服务而不是受其奴役。安老师认为，学生是未来的起始，我们要做数学教育而非数学教学，通过我们的行为，让学生有各种生发点，他们在面对未知时可以有生长的空间。教育是一种温度的传递、情感的传递。我们要用我们的感情影响学生、带动学生为未来做出贡献。分数和教育是一致的，他们并不矛盾。因此，教学过程中，学生思维的培养很重要，不要怕浪费时间，要给学生思考的时间。我们要放低姿态，放大胸怀，善学善问。小事靠努力，大事靠人品，而荣老师恰恰是一个人品很好的老师，值得我们学习。安老师对于白校长提出的"定位"也很认同，告诫成员，不仅要定位现在，更要定位未来，期望大家在此基础上团结协作、携手共进，打造一个和谐发展的名师团队。

工作室的成立标志着名师工作室活动正式拉开了序幕，标志着优质资源与先进经验的共享。最后荣老师指出，希望以名师工作室为引领，不断总结教学经验，探索名师培养机制，充分发挥示范、带动、辐射作用，同时也希望名师工作室的全体成员能够科学规划自己的专业发展之路，潜心研修，不断提升自己！

问渠寻源 众行致远

——荣秀梅名师工作室暑期读书活动(3)

莎士比亚说："书籍是全世界的营养品。生活里没有书籍，就好像没有阳光;智慧里没有书籍,就好像鸟儿没有翅膀。"春风和煦,杨柳轻扬,以书香为伴,生活才充实有意义。

荣秀梅名师工作室的老师们暑假线上阅读第三周阅读分享交流如期而至。大家一起主要阅读了史宁中教授著作《数学基本思想18讲》的第四章至第六章。主要学习了无理数的刻画与实数理论的建立、随机变量与数据分析、图形的抽象。各位老师轮流展示自己的阅读篇章,分享阅读心得,共享教育智慧。

数系的扩充历史几乎伴随着数学发展的整个过程,通过第四讲的阅读,我们看到数系由有理数扩充到实数,经历了一个漫长、曲折、艰辛的过程。这也使得我们更清晰地意识到,无理数的学习必然是初中数学学习中一个不可回避的难点。而对于这一难点的突破,必然要溯根求源——从无理数的产生开始研究。

古希腊哲学家认为,没有什么是可以无端发生的,万物都是有理由的,而且都是必然的。但是现实生活中,人们更多遇到的是不确定事件。我们更希望通过数据的收集、整理、分析,对不确定事件进行较准确的推断,数据分析越来越影响着我们现代生活的方方面面。

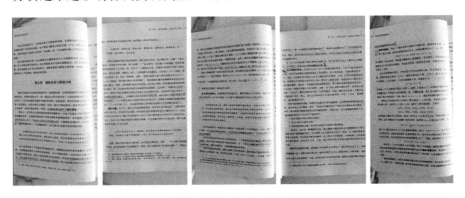

在日常生活中,为了生产实践的需要,人们需要深入地理解所生活的空间。我们应当如何直观合理地说明距离、方向、直线? 这些几何经验又是从何而来? 而对它们的研究不能仅仅停留在符号化、形式化上,更加需要借助我们的生活直观。正如康德所说:"人类的一切知识都是从直观开始。"

"问渠寻源",一个好的数学教学,首先教师需要理解数学本质,了解数学知识的起源与发展,才能创造出合适的教学情境,让学生在情境中理解数学,感悟数学。

秋分结硕果 来年话丰收

——工作室阶段总结与计划交流会

2021年9月23日正值秋分,荣秀梅名师工作室的老师们相约网上。工作室成员们就上半年各自在学习、工作中的收获进行了总结交流,并对下阶段的努力目标做出规划。荣老师总结发言,并对下一阶段的工作和目标进行了部署。

自 2021 年 5 月工作室成立以来,在主持人荣秀梅老师精心设计筹划下,工作室各项阶段性学习工作顺利开展。外出观摩教学现场会,暑期共读一本书、撰写读书笔记、分享读书感悟、申请研究课题等工作的开展,拓宽了成员们的学习平台,极大地促进了成员们的专业成长。在交流会上,大家衷心感谢荣老师的付出,纷纷表示自己在学习中受益匪浅。

綦家武老师:暑假阅读了史宁中教授所著《数学基本思想 18 讲》,并完成 25 000 字左右的读书笔记、1 800 字左右的读书心得,让我对整个现代数学知识体系的形成和发展方向,有了更好的理解,对于今后教学中让学生"知其然,更知其所以然"有了一定的知识和理论储备;关于"项目式教学"方面的学术知识和研究成果,丰富了自己数学理论方面的知识,努力向知识型、研究型的教师方向发展。

任燕老师:在过去一年中通过阅读《数学基本思想 18 讲》并撰写读书笔记,让我对于数学教学的目的有了新的理解。在新学期教学中,我更重视数学基本思想方法的渗透与基本活动经验的积累,精心设计每一节课的教学内容,追问课堂上所提出的每一个问题,努力使课堂上的问题或要求都有意义、有价值。

段琴琴老师:在每一次的工作室活动中,总能感受到伙伴们闪耀智慧的思维火花,总能欣赏到名师们让人茅塞顿开点睛之语。在这一年里,我出示了莱西市级公开课,获得莱西市教学资源微课一等奖,莱西市融合优质课移动终端类一等奖,莱西市融合优秀教学微视频二等奖,青岛市"一师一优课"获奖,申请课题并立项,发表了论文。

曹晓冬老师:外出听课观摩,暑假阅读专业书籍,带给我的不仅是知识上的学习,更是思维上的渗透和提升。与过去的教学相对比,现在我更加重视呈现知识的来龙去脉和内在联系,重视学生数学活动经验的积累,引导学生用数学的眼光去发现问题、解决问题,形成数学思维。本学年获一师一优课一等奖。

在总结收获的同时,老师们也对下一阶段的努力方向提出了规划,并对此充满信心。

王永钢老师:发挥信息技术的特长优势,选择合适课例,将信息技术融入课例之中,融入项目式教学之中;将学到的东西转化成成果在课堂上努力实践,争取发表课例或者研究课型课题;加强学习,继续读书,坚持每日读好书,精读书。坚持做读书笔记,做学习型的教师;积极参加工作室活动,寻找更多的学习机会,以项目式教学为抓手,提升自己的教育教学水平。

袁翠洁老师:现在阅读《科学用脑 高效复习》,尝试在初三复习过程中渗透、运用相关知识,并与项目式教学相结合;整理相关学习感悟,争取本学期再发表1~2篇文章;课堂上进行项目教学案例尝试,精细打磨教学案例,录制一节高水平的录像课;积极参与工作室活动,向各位成员学习,为工作室的发展贡献力量。

姜旗旗老师:本学期读完《项目学习教师指南——21世纪的中学教学法》以及波利亚撰写的经典数学名著《数学的发现》《怎样解题》《数学与猜想》(第一卷、第二卷)并完成读书笔记及读书心得;观摩优课、优质课等优秀课例,写好听、评课记录,在反思中成长。

赵丛丛老师:加强业务理论学习,在工作室浓厚的读书氛围下继续完成读书任务,争取一学期至少研读1本教育教学专著,并撰写读书心得;积极承担公开课任务,本年度承担校级公开课至少1节,积极撰写1篇教学论文,完成教学设计、教学随笔、案例反思、经验总结等至少1篇并争取参加比赛。

舒畅老师:跟随工作室的步伐,积极参加学习交流活动,提升自己的教学能力,形成自己的教学风格;总结现有的教学成果,反思教学中的不足和提高点,撰写优秀课例和教学反思,争取发表成文;继续阅读经典教育教学著作,丰富知识储备,提高学科素养。在平日教学中积极实践项目式教学,积累课堂经验。

荣秀梅老师对大家积极认真的学习予以肯定,并对下一阶段需要完成的工作和目标进行了部署:将个人成果全面认真整理,做好个人成长档案;工作室的课题开题在即,务必做好个人分工部分的研究;整理个人成长资料,为书籍的出版做好准备。工作室成员团结一心共同努力,期待下一阶段的专业成果大丰收。

坚持项目引领 立足教学研究

——荣秀梅名师工作室举行教育学会"名家项目"课题开题论证会

2021年12月1日下午,荣秀梅名师工作室成员在青岛第三十九中学参加了教育学会"名家项目"课题开题论证会,青岛第三十九中学荣秀梅老师作为工作室主持人带领工作室成员成功申报课题《初中数学基于微项目教学的课堂实践研究》，顺利通过评审，成功立项。

开题仪式邀请了青岛市教科院教育资源研发中心的孙泓老师、青岛市教科院教育发展研究中心的刘永洁老师和安志军老师三位专家对项目给予指导，课题组成员曹晓冬、袁翠洁、任燕、綦家武、舒畅、段琴琴、王永钢、赵丛丛、姜旗旗老师参加了开题论证会。

论证会上，工作室主持人荣秀梅老师向与会专家与领导介绍了立项书的内容，从选题背景、研究目标、研究方法、研究过程、预期成果等方面对课题要研究的问题做了详细分析，得到专家们的一致认可。

青岛市教科院孙泓老师就立项书中的具体问题与工作室成员们进行沟通，帮助敲定课题研究的具体细节，孙老师充分肯定了此次课题的研究意义，就如何清楚有效地实施研究给出自己的建议和指导，结合

自己丰富的课题研究经验,指导工作室从平日教学入手,让课题与自己的工作相结合,形成自己的教学主张,做能够对学生进行点拨和引领的教师。

安志军老师结合自己对项目式教学的理解,对课题研究中的问题进行了充分预设,围绕项目式教学素材的选择与工作室成员们进行沟通,就如何将生活中的问题数学化,如何在丰富的情境中选取适合初中孩子学习的数学问题给出自己的思考,大大丰富了课题的维度。

刘永洁老师结合自己的研究经验,从课题解读、研究意义、内容选择、成果推广等方面对开题报告书进行了细致的分析。首先对题目的表述提出了修改意见,然后指出研究现状要紧紧围绕研究的问题,多总结现有的研究方法和成果,总结自己的创新点。刘老师告诉工作室成员们研究问题要切合实际,成果不必拘泥于形式,题材选择、教学模式、教学支持手段、评价方式等都可以作为切入点。三位专家均鼓励老师们进行跨学科的尝试,为后续研究的顺利开展指明方向。

工作室成员代表袁翠洁老师总结了工作室近期的成果。专家们的建议和指导令工作室成员们受益匪浅,大家表示对后续工作有了更清晰的认识,有信心完成后续研究,愿意在自己的教学中积极进行项目式实践,从素材选择、教学模式、支持手段、评价方式、学科融合等方面积累项目式教学经验,总结反思成文,以期结出硕果。

本次活动是工作室在教育研究方面迈出的一大步。此次研究课题的选择立足于新课程标准下对项目式教学提出的新要求,项目式教学一直以来都是青岛第三十九中学教学研究的重点,相信这次思维的碰撞能够为工作室打下坚实基础,指明研究方向,积累活动经验,就像三位专家对工作室的期待那样:做出有推广价值的成果,真正为青岛市数学项目式课程建设、教师素养提升提供可借鉴的经验。

立冬犹暖 携手共进
——数学骨干教师强课提质高级培训班暨荣秀梅工作室与隋淑春工作室教学研讨活动

寒冬之际,积雪未融,齐心聚力,共研共学。为深化课堂教学改革,积极探索初中数学高效课堂的教学模式,发挥初中数学名师工作室团队骨干教师的研究、引领和辐射作用,提高初中数学教师教育教学研究能力和夯实教师专业技能,2022年1月5日下午,在睿师汇平台的组织下,荣秀梅名师工作室的全体成员与隋淑春名师工作室的全体成员齐聚青岛七中,参加数学骨干教师强课提质高级培训班暨荣秀梅工作室与隋淑春工作室教学研讨活动。本次会议诚邀齐鲁名师刘同军老师为全体与会教师做了主题讲座并举行座谈会。

主题一:看见

刘老师以"看见"为题,与我们交流了元旦期间听的28节优质课所引发的思考。

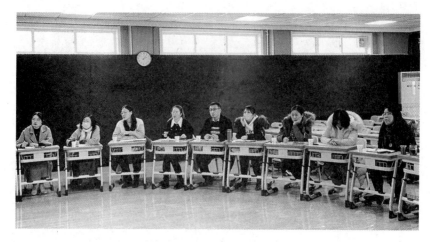

视点一：优质课需要选拔学生吗？

视点二：学生座次怎样安排？学生朝哪座？

视点三：小组讨论自动起立？

视点四：可以用六组 1 号代表同学？

视点五：正襟危坐、课堂秩序与学习效率是什么关系？

视点六：主板书上的课题是必需的吗？

视点七：微课讲解与教师讲解相比，哪个更高效？

视点八：理念是包不住的。

视点九：旋转，你能看出来吗？

视点十：从零星素材到课程资源，中间隔着什么？

主题二：一辈子学做教师

  刘同军老师从如何做专业化教师的角度，希望我们首先给自己正确的定位，正如于漪老师所说：不只是一辈子做教师，而且要一辈子学做教师。

孩子在成长,教师也跟着孩子一起成长。

当今,我们的教育碰到许许多多困惑、许许多多难题,就像张文质老师说的:我们低估了教师这个职业的难度。但是,时代赋予我们的使命是做有理想信念、有道德情操、有扎实知识、有仁爱之心的四有教师。这就要求我们要直面现实、超越世俗,也就是要求我们做专业化教师。而专业就要研究,要不放弃研究,不拒绝技术。

最后,刘老师以"小鸭子爬墙"的视频告诉入会教师:我们的教育也要像鸭妈妈一样,敢于放手。我们要做的是引导孩子去发现、去努力实现,放手让孩子自己去琢磨。我们的教育也要像小鸭子一样,永不放弃。当老师越来越重要,但也越来越难,这就要求教师既不故步自封,也不浪费自己的潜能。

主题三:与会教师交流感悟

隋淑春名师工作室刘伟苗老师:刘同军老师关于优质课的思考也给我们新的启示。刘同军老师提出的问题值得我们在今后的教学中深思。要用数学的眼光观察世界、用数学的思维思考世界、用数学的语言表达世界。

荣秀梅名师工作室段琴琴老师:刘同军老师的讲座让我意犹未尽,感悟颇深。在今后的教学中也要多反思、多学习,战胜自己,超越自己,并且做到关爱学生、在潜移默化中影响学生,让学生感受爱并回报以爱。

最后,荣秀梅老师做了总结:问题就在我们身边,我们要做一个有心人。在日常工作中善思、善言、善于钻研,永不放弃。

世界上最美好的事情,是和一群志同道合的人,一起走在梦想的路上,回头有一路故事,抬头有清晰的远方,我们不忘初心共筑梦,砥砺前行共成长。